KB158720

NCS
한국전력공사
직무능력검사

NCS 한국전력공사
직무능력검사

초판 발행 　　　2021년 10월 13일
2쇄 발행 　　　2023년 1월 13일

편 저 자 ｜ 취업적성연구소
발 행 처 ｜ ㈜서원각
등록번호 ｜ 1999-1A-107호
주　　소 ｜ 경기도 고양시 일산서구 덕산로 88-45(가좌동)
교재주문 ｜ 031-923-2051
팩　　스 ｜ 031-923-3815
교재문의 ｜ 카카오톡 플러스 친구[서원각]
영상문의 ｜ 070-4233-2505
홈페이지 ｜ www.goseowon.com

▷ 이 책은 저작권법에 따라 보호받는 저작물로 무단 전재, 복제, 전송 행위를 금지합니다.
▷ 내용의 전부 또는 일부를 사용하려면 저작권자와 (주)서원각의 서면 동의를 반드시 받아야 합니다.
▷ ISBN과 가격은 표지 뒷면에 있습니다.
▷ 파본은 구입하신 곳에서 교환해드립니다.

PREFACE

우리나라 기업들은 현재까지 비약적인 발전을 이루고 있다. 이렇게 급속한 성장을 이룰 수 있었던 배경에는 우리나라 국민들의 근면성 및 도전정신이 있었다. 그러나 빠르게 변화하는 세계 경제의 환경에 적응하기 위해서는 근면성과 도전정신 이외에 또 다른 성장 요인이 필요하다.

최근 많은 공사·공단에서는 기존의 직무 관련성에 대한 고려 없이 인·적성, 지식 중심으로 치러지던 필기전형을 탈피하고, 산업현장에서 직무를 수행하기 위해 요구되는 능력을 산업부문별·수준별로 체계화 및 표준화한 NCS를 기반으로 하여 채용공고 단계에서 제시되는 '직무 설명자료'상의 직업기초능력과 직무수행능력을 측정하기 위한 직업기초능력평가, 직무수행능력평가 등을 도입하고 있다.

한국전력공사에서도 업무에 필요한 역량 및 책임감과 적응력 등을 구비한 인재를 선발하기 위하여 고유의 직무능력검사를 치르고 있다. 본서는 한국전력공사 채용대비를 위한 필독서로 한국전력공사 직무능력검사의 출제경향을 철저히 분석하여 응시자들이 보다 쉽게 시험유형을 파악하고 효율적으로 대비할 수 있도록 구성하였다.

신념을 가지고 도전하는 사람은 반드시 그 꿈을 이룰 수 있습니다. 처음에 품은 신념과 열정이 취업 성공의 그 날까지 빛바래지 않도록 서원각이 수험생 여러분을 응원합니다.

STRUCTURE

01 의사소통능력

정답 및 해설 p.319

1 〈보기〉는 아래 기사문을 읽고 나눈 직원들의 대화이다. 대화의 흐름상 빈 칸에 들어갈 말로 가장 적절한 것은?

A : 식량 문제가 정말 큰
B : 현재의 기술로 농작물
A : 문제는 (
B : 그래서 생산보다 분배기

① 과학기술이 수요량을 따
② 인구의 증가가 너무

〈보기〉

A : 식량 문제가 정말 큰일이군. 이러다가 대대적인 식량난에 직면하게 될 지도 모르겠다.
B : 현재의 기술로 농작물 수확량을 증가시키면 큰 문제는 없지 않을까?
A : 문제는 ( )
B : 그래서 생산보다 분배가 더 문제라는 거군.

① 과학기술이 수요량을 따라가지 못할 거라는 점이야.
② 인구의 증가가 너무 빠른 속도로 진행되고 있다는 사실이야.
③ 지구의 일부 지역에서는 농작물 수확량 향상 속도가 정체될 거라는 사실이지.
④ 지구의 모든 지역에서 식량 소비 속도가 같지는 않다는 점이지.
⑤ 동물성 식품을 위한 사료의 수요량 증가가 감당할 수 없을 정도로 빨라진다는 점이야.

102 PART Ⅲ NCS 직무능력검사

CHAPTER 02 NCS 직무능력검사 정답 및 해설

PART ❶ 의사소통능력

1	③	2	③	3	⑤	4	⑤	5	④	6	④	7	⑤	8	④	9	④	10	④
11	②	12	④	13	③	14	④	15	②	16	③	17	③	18	③	19	②	20	④
21	②	22	③	23	④	24	⑤	25	⑤	26	④	27	③	28	③	29	③	30	④

1 ③
지문의 도입부에서는 식량 확보 실패의 원인이 생산보다 분배임을 언급하고 있다. 생산보다 분배가 문제인 것은 지구의 모든 지역에서의 농작물 수확량 향상 속도가 동일하지 않기 때문이다. 따라서 분배의 불균형 문제에 대한 원인이 되는 것은 ④의 내용 밖에 없다.

2 ③

3 ⑤
2015년 우리나라에서 지급된 비용은 얼마인지 기사 내용
① 우리나라에서 산업재해
② 선진국 산재지정병원에
③ 외래재활전문센터는 인
④ 산업재해 근로자들의
　　경제적 가치를

319

NCS 핵심이론

NCS 직업기초능력 핵심이론을 체계적으로 정리하여 단기간에 학습할 수 있도록 하였습니다.

NCS 직무능력검사

적중률 높은 영역별 출제예상 문제를 수록하여 학습효율을 확실하게 높였습니다.

정답 및 해설

문제의 핵심을 꿰뚫는 명쾌하고 자세한 해설로 수험생들의 이해를 돕습니다.

CONTENTS

PART

I

한국전력공사 소개

01 공사소개

1 한국전력

> 좋은 품질의 전기를 안정적으로 공급하면서 '에너지전환'과 '디지털변환'을 주도

전기(電氣)로 국민들의 삶을 지켜온 한국전력은 에너지의 새로운 미래를 준비하고 있습니다. 깨끗한 전기를 더 많이 만들어 우리의 안전과 환경을 지키고, 강력한 '에너지플랫폼'을 통해 전기사용을 더 쉽고 편리하게 바꿔가 겠습니다.

2 설립목적 및 임무

(1) 설립목적(한전법 제1조)

전원개발을 촉진하고 전기사업의 합리적인 운영을 기함으로써 전력수급의 안정을 도모하고 국민경제 발전에 이바지하게 함

(2) 임무(한전법 제13조)

① 전력자원의 개발
② 발전, 송전, 변전, 배전 및 이와 관련되는 영업
③ 상기 ①~②호 관련 사업에 대한 연구 및 기술개발
④ 상기 ①~③호 관련 사업에 대한 해외사업
⑤ 상기 ①~④호 관련 사업에 대한 투자 또는 출연
⑥ 상기 ①~⑤호에 부대되는 사업
⑦ 보유부동산 활용사업(2010. 10. 13.부터 시행)
⑧ 기타 정부로부터 위탁받은 사업

3 경영방침 ··· Clean Energy, Smart KEPCO

엄정한 윤리의식을 바탕으로 깨끗하고 효율적인 에너지를 공급하며 디지털 변환을 기반으로 더 나은 에너지 세상을 구현하는 한전

가치경영	공공성과 기업성의 조화를 통해 지속가능한 가치창출
윤리경영	투철한 준법정신과 윤리의식으로 국민 신뢰 확보
열린경영	열린 소통과 협력 강화로 전력사업 생태계 역량 결집
혁신경영	기술 · 사업 · 경영시스템 전반의 혁신을 통한 역량 강화

4 미션 ··· 미래 에너지산업을 이끌 글로벌 기업으로 도약

전력수급 안정으로 국민경제 발전에 이바지

KEPCO는 고품질 전력의 안정적인 공급과 차별화된 고객서비스 제공 및 글로벌 경쟁력 강화를 위해 노력하며, 끊임없는 도전과 혁신으로 미래 에너지산업을 이끌 글로벌 기업으로 도약합니다.

5 비전 ··· KEPCO-A Smart Energy Creator

사람 중심의 깨끗하고 따뜻한 에너지	
Smart Energy	'Smart Energy'란 전력의 생산, 수송, 소비의 전 과정에 친환경 · ICT 기술을 결합하여 생산과 소비의 효율을 제고하고 새로운 가치를 창조하는 에너지를 의미합니다. 한전은 Smart Energy를 통해 고객에게는 편리하고 효율적인 에너지를 제공하고, 사회를 위한 더 나은 환경을 만드는 한편, 기업에게는 한전과의 협력을 통한 새로운 비즈니스 기회를 제공하여 새로운 수익과 일자리를 창출해나갈 것입니다.
Creator	기술과 가치의 융합이 거대한 시대의 물결로 다가오고 있습니다. 전력산업은 국가경제발전의 근간을 넘어 새로운 기술과 가치가 융합되는 가치창조의 핵심인프라가 될 것입니다. 한국전력은 기존 전력공급 서비스에서 한 차원 더 나아가, 새로운 서비스와 에너지 플랫폼을 통해 고객의 삶의 질을 높이는 기업, '1등'을 넘어 '에너지의 미래'를 이끄는 'First Mover' 한전으로 도약할 것입니다.

6 핵심가치

미래지향 (Future)	도전혁신 (Innovation)	고객존중 (Respect)	사회적 가치 (Social Value)	신뢰소통 (Trust)
우리는 먼저 미래를 준비하고 나아갑니다.	우리는 먼저 변화와 혁신을 추구합니다.	우리는 먼저 고객의 가치를 실천합니다.	우리는 먼저 사회와 환경을 생각합니다.	우리는 먼저 소통을 통한 신뢰를 추구합니다.

7 EHS 경영방침 … 환경 · 보건 · 안전

한국전력공사는 전력산업의 선도 기업으로서 인간 존중 정신을 바탕으로 지속적인 기업 발전과 깨끗하고 안전한 사회를 구현하기 위해 환경 · 보건 · 안전(EHS) 경영에 앞장서며 다음 사항을 적극 실천

(1) 기업 활동에 있어 타협 불가의 최우선 가치는 EHS 경영

국제표준 EHS 경영 시스템을 국내외 사업장에 구축 · 운영하고 모든 임직원은 EHS 경영 이행에 최선을 다한다.

(2) EHS 관련 법 규정을 준수

전력사업에서 발생 가능한 환경 위험요소를 발굴, 제거하고 친환경 경영에 주력하며, 기업 활동 중의 안전위험을 평가, 대응하고, 임직원에게 안전하고 건강한 근무 환경을 제공한다.

(3) 모든 이해관계자(협력사, 사업 파트너 등)에 EHS 경영을 전파

적극적인 의사소통으로 동참을 유도하여 EHS 파트너십을 강화한다.

(4) EHS 경영의 지속적 개선을 위한 목표와 세부 실천 계획을 수립

임직원에게 EHS 교육 · 훈련을 시행하고, 신기술과 아이디어를 자유롭게 소통 · 공유한다.

02 사업소개

1 국내사업

(1) 송배전 사업 ··· 송변전 사업, 배전 사업

• 전력공급의 안정성 및 효율성을 향상시켜 세계 최고수준의 고품질 전력을 공급하기 위해 노력
• 신뢰도 높은 송배전 계통 구축과 기술개발로 고품질 전력을 공급

(2) 전력판매

• 노후설비 보강, 고장정전 예방진단 시스템 구축, 고효율 기자재 개발·보급으로 최고품질의 전기를 제공

〈전력산업 구조〉

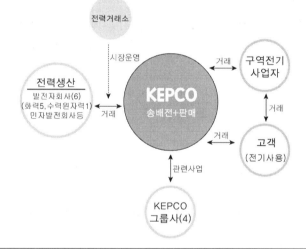

(3) 수요관리 ··· DSM ; Demand Side Management

• 정의
　－최소의 비용으로 소비자의 전기에너지 서비스 욕구를 충족시키기 위하여 소비자의 전기사용 패턴을 합리적인 방향으로 유도하기 위한 전력회사의 제반활동
　－전력공급설비 확충에 중점을 두어 온 종전의 공급측관리(SSM ; Supply Side Management)에 대응되는 개념으로써의 부하관리(負荷管理) 및 에너지 효율향상을 포괄하는 개념
• 목적 : 전력수요를 합리적으로 조절하여 부하율 향상을 통한 원가절감과 전력 수급안정 도모 및 국가적인 에너지 자원 절약에 기여

② 해외산업

(1) 발전사업

- 화력사업 – 아시아 및 중동 발전시장에서 중남미, 아프리카 등지로 활동무대를 확대
- 원자력사업 – 한국형 원전UAE 수출, 세계적으로 인정받은 APR1400
- 신재생 에너지사업 – 파리 기후변화협약(COP21) 발효 이후 기후변화 대응 및 온실가스 감축 요구에 대한 세계적인 높은 관심 아래, KEPCO는 선진 해외 신재생시장 거점 확대

(2) 송배전사업

KEPCO는 송배전 사업을 통해 축적된 기술, 인적 네트워크를 활용하여 단계별 후속사업을 확대하여 고부가가치를 창출하고, 국내기업과의 협업시스템을 구축하여 해외시장 동반진출을 실현해 나갈 계획

(3) 에너지신사업

해외 신에너지시장 공략 본격화 ⋯ Smart Grid, AMI 등 신사업 기술개발 및 실증경험을 바탕으로 해외 에너지신사업 시장 진출을 본격적으로 추진

(4) 그리드 사업

해외 전력망 투자/운영사업 진출 ⋯ '01년 '미얀마 전력망 진단 및 개발조사 사업(컨설팅)'으로 시작한 송변전분야 해외사업은 '21년 "UAE 해저송전망 사업"을 수주함으로써 KEPCO 최초의 전력망분야 투자 및 운영사업 해외진출의 쾌거를 이룩

③ 에너지신사업

(1) 전기차충전사업

- KEPCO는 전기차 보급 활성화 및 전력 신수요 창출을 위해 2016년부터 본격적으로 전기차 충전인프라 구축사업을 시행

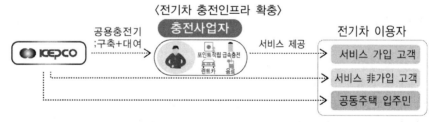

〈전기차 충전인프라 확충〉

- 2019년, 자체 전기차 충전서비스 브랜드 'KEPCO PLUG'를 출시하였고, 이용자에게 다양한 편의 서비스를 제공하고자 충전 네트워크를 활용한 플랫폼 서비스를 확대
- 플랫폼 사업 추진 : EV충전시스템 Cloud 서비스, 로밍(Roaming) 중개 서비스

(2) 태양광발전사업

- 학교 옥상, 공공부지 및 산업단지의 유휴부지를 활용한 태양광과 765kV 송전선로 주변 부지를 활용한 태양광 발전 사업을 시행
- 농업과 태양광 발전의 병행을 통해 국토를 효율적으로 활용하고, 농가소득 증대에 도움이 되는 'KEPCO 영농형 태양광 기술모델 개발'을 추진

(3) 스마트시티사업

국가별 온실가스 감축 목표	• 산업화 이전 대비 온도 상승을 2°C 이내로 유지 • 모든 국가가 스스로 감축목표 설정 • 매년 1,000억불 이상 기후 변화 재원 조성 • 2030년까지 온실가스 감축목표 : 한국 37%(BAU 대비)
EVC	• 사업규모 200억 원(한전, KT, 현대기아차, 비긴스, SG조합) • 15~18년 충전기 3,660기 구축
신재생	• 산업부 : 태양광 대여사업 실시 • 세종시 : 태양광 지열 등 2종 이상 복합 • 수원시 : 태양광 40kW, ESS, 200kWh 구축 • 충북 : 50% 국비 지원공공기관, 사회복지시설에 신재생 설치 • 전주시 : 태양광 설치비 50% 지원 – 연간 16만원, 7년 내 회수 • 제주시 : FR/ESS 의무화 – 2030년 전력량 57% 풍력발전
ESS	• ESS BAT 기업평가 　– LG화학(84점) > 삼성SDI(83.5점 > BYD(72.9점) > 코캄(71.2점) • 중국 리센, 한국배터리 표준 회득 • 공공기관 냉난방 온도제한 제외(산업부) • 계약 전력의 5% ESS 설치, 1000kW에서 100kW 이하로 조정

(4) 그린수소사업

- 전 세계적 탄소중립 달성을 위해 재생에너지를 연계한 MW급 그린수소 생산 프로젝트 등 친환경 에너지 정책을 추진
- 향후 재생에너지 등 분산전원 확대에 따른 전력계통의 안정화와 유연성 자원을 확보하기 위해 그린수소 핵심기술을 개발, 실증사업을 추진
- 그린수소 프로젝트
  - 울산테크노산단 : P2G 기반 다중 MG 운영기술 확보 및 MW급 수소생산 실증
  - 나주혁신산단 : P2G 핵심기술(수전해, LOHC, 메탄화) 개발 및 실증운전

4 연구개발

전력산업 미래 트렌드 분석을 통해 신성장동력 사업을 선정, 미래 전력시장을 리드

- 친환경 전력 기술개발 및 디지털화 선도
- 연구개발 성과를 활용한 부가가치 창출
- 기술개발 글로벌 거버넌스 구축

PART ❸ 인사제도

---

1 인재상

KEPCO는 무한 경쟁 글로벌 시장에서 패기와 열정으로 창의적이고 혁신적인 미래가치를 실행할 수 있는 인재상을 추구한다.

Global Pioneer	
통섭형 인재 (Generalist)	융합적 사고를 바탕으로 Multi-specialist를 넘어 오케스트라 지휘자와 같이 조직 역량의 시너지를 극대화하는 인재
기업가형 인재 (Entrepreneur)	회사에 대한 무한 책임과 주인의식을 가지고 개인의 이익보다는 회사를 먼저 생각하는 인재
가치창조형 인재 (Value Creator)	현재 가치에 안주하지 않고 글로벌 마인드에 기반을 둔 날카로운 통찰력과 혁신적인 아이디어로 새로운 미래가치를 충족해 내는 인재
도전적 인재 (Passionate Challenger)	뜨거운 열정과 창의적 사고를 바탕으로 실패와 좌절을 두려워하지 않고 지속적으로 새로운 도전과 모험을 감행하는 역동적 인재

2 인재육성 ··· 직원의 역량은 곧 KEPCO의 미래이다.

KEPCO는 능력과 성과에 따른 적절한 평가와 보상, 다양한 교육프로그램 등을 통해 도전적이고 창의적인 글로벌 인재를 양성하기 위해 노력한다.

KEPCO 인재육성	
해외사업 전문인력 육성	KEPCO는 해외사업 전문인력 Pool을 구축하고 직원들이 실무 및 언어 마인드 혁신에 관한 교육을 집중적으로 받아 글로벌 역량을 증가시킬 수 있도록 한다. • 해외사업 Shift교육 프로그램을 시행 • 해외사업 전문인력 교육체계 및 Course Track 구축 • 전략지역 현지화과정, 자원트레이딩해외사업 전문가반(IB-MBA) 등의 장기위탁 교육실행 • 글로벌 사회에서 직원들이 해외사업 전문가로서 역할을 수행할 수 있도록 지원
직무역량개발	KEPCO는 직원의 직무역량 개발 강화를 위해 혁신교육 프로그램, 시뮬레이션 교육프로그램을 실행하고 있다. • 신임간부 적응과정, 전문역량 강화과정 등 멘토링 시스템 강화를 통한 현업 적응능력 향상 도모 • 실무연계성을 높인 e-Learning과 On/Off-Line이 병행되는 Blended-Learning 확대 • 교육포탈 시스템을 통한 주요 교육과정의 정보제공 및 피드백을 통한 자발적인 역량 개발 환경 조성 • 아웃플레이스먼트 교육 등 생애 주기에 맞는 교육 체계화 구축 평생학습 운영을 통한 평생학습 지원
미래 성장동력분야 전문인재양성	KEPCO는 앞으로의 미래성장의 핵심이 될 분야의 전문인재 육성에도 많은 지원을 하고 있다. • 녹색기술 사업을 위해 HVDC 등 전력계통분야의 핵심인력 양성을 위해 국내외 유명 연구기관과 기술인력을 교류 • 송변전·배전, 전력IT 등 전문기술분야의 첨단기술 습득을 위해 해외교육 지원 활발하게 실행 • 관리자가 전문지식을 습득하여 보다 높은 경영관리능력을 키울 수 있도록 서울대 행정대학원과정, 국내외 대학원 MBA 등을 적극적으로 지원
차세대 인력역량개발	KEPCO는 KEPCO에서의 생활에 보다 빠르고 편하게 적응할 수 있도록 멘토링 제도 및 첫돌맞이 워크숍 등의 프로그램을 실행하고 있다. • 사이버 교육과 어학 교육 등을 통해 다양한 방법으로 역량을 개발 • 주니어보드 활동을 통해 청년 사원들의 참여를 적극적으로 유도 • 다양한 관점에서 경영개선 아이디어를 제안 • 분야별 멘토와의 교류와 글로벌 벤치마킹 등을 통해 KEPCO를 이끌어갈 차세대 글로벌 리더의 역량을 키우는데 적극 노력

공정, 합리적 성과 평가제도	KEPCO는 연공서열 중심 인사를 과감히 철폐하고 직급과 관계없이 능력과 성과에 따라 인재를 파격적으로 발탁하는 전방위 보직제도를 도입·운영하여 직원들이 자발적인 역량 개발을 할 수 있는 환경을 조성하기 위해 노력하고 있다. • 모든 직원을 대상으로 연1회 성과를 평가 • 결과에 따라 성과급 차등 지급 • 경영환경의 변화에 대응하기 위해 유연한 평가제도를 운영 • 해외사업 등 미래 성장동력 분야에 전문성을 갖춘 핵심인재 집중 배치 • 역량 펼칠 기회 확대로 인한 직원 독려

PART ④ 채용안내 🔍

① 지원 자격

구분	주요내용
연령	제한없음(단, 공사 정년(만 60세)에 도달한 자는 지원불가)
병역	병역법 제76조에서 정한 병역의무 불이행 사실이 없는 자
기타	• 당사 인사관리규정 제11조 신규채용자의 결격사유가 없는 자 • 지원서 접수마감일 현재 한전 4직급 직원으로 재직 중이지 않은 자[단, 상위 채용수준으로는 지원가능 : (예시) 고졸→대졸(○), 대졸→대졸(X)] • 인턴근무 시작일부터 근무 가능한 자 • 광주전남권 지원시 해당권역 내 소재 학교(대학까지의 최종학력 기준, 대학원 이상 제외) 졸업(예정)·중퇴·재학·휴학중인 자만 지원 가능

학력·전공	사무	제한 없음
	사무 외	관련학과 전공자 또는 해당분야 기사 이상 자격증 보유자 ※ 단, 배전·송변전 분야는 산업기사 이상

외국어	• 대 상 : 영어 등 10개 외국어 • 자격기준(TOEIC 기준) : 700점 이상 • 유효성적 : '20. 12. 30부터 응시하고 접수 마감일까지 발표한 국내 정기시험 성적만 인정 (국외응시, 조회불가 성적, 특별시험 성적 등은 불인정) * 고급자격증 보유자는 외국어성적 면제(변호사, 변리사, 공인노무사, 공인회계사, 세무사, AICPA, 기술사, 건축사 : 모든 자격증은 최종 단계까지 합격한 경우 및 관련 분야에 지원하는 경우에만 인정) * 해외학위자도 국내외국어 유효성적을 보유해야 지원 가능

② 접수방법

- 채용홈페이지(http://recruit.kepco.co.kr) 온라인 접수
- 자기소개서는 필기전형 합격자에 한하여 합격자 발표시 입력 : 자기소개서 작성 등을 위해 채용홈페이지에 장시간 접속할 경우, 시스템 과부하로 인해 작성내용 미저장 등 오류발생 가능성이 있으므로 사전에 워드프로세서를 이용하여 작성완료 후 웹화면에 복사입력 요망

③ 채용절차

(1) 4(나)직급 대졸 수준(일반전형)

① 전형단계

전형단계	평가기준(배점)	합격배수
1차전형(서류전형)	① 외국어성적(100) ② 자격증가점(사무 20, 기술 40) ※ 국어성적 계산방법 : (TOEIC 환산점수÷850)×100, 　단 850점 이상 시 100점으로 처리	• 사무 70배수 • 배전·송변전 30배수 • 기타 20배수
2차전형(필기전형)	① 직무능력검사(100) ② 인성·인재상·조직적합도 검사 결과(적·부) ※ 직무능력검사 과락제 시행	• 사무·배전·송변전 2.5배수 • 기타 4배수
3차전형 (역량면접 등)	① 역량면접(150) ② 직무능력검사(2차전형 결과, 50)	• 사무·배전·송변전 1.5배수 • 기타 2배수
4차전형(종합면접)	종합면접(100)	분야별 1배수
신원조사 및 건강검진	적·부	

※ 전형별 동점자 처리기준

- 1차전형 : ① 자격증 ② 어학
- 2차전형 : 동점자 전원합격
- 3차전형 : ① 취업지원대상자 ② 장애인 ③ 역량면접 ④ 2차전형 ⑤ 1차전형
- 4차전형 : ① 취업지원대상자 ② 장애인 ③ 3차전형 ④ 2차전형 ⑤ 1차전형

※ 1차 서류전형 커트라인이 아래 점수 이상일 경우에는 동점자 처리기준을 적용하지 않고, 아래 점수 이상인 지원자는 전원 1차 전형 합격 처리

구분	사무	배전	송변전	ICT	토목	건축	발전(기계)
점수	120	130	130	120	120	120	130

② 전형별 평가요소

구분	사무	배전 · 송변전	ICT · 토목 · 건축 · 발전
직무능력검사	(공통) 의사소통능력, 수리능력, 문제해결능력		
	자원관리능력, 정보능력	자원관리능력, 기술능력(전공문항)	정보능력, 기술능력(전공문항)
인성 · 인재상 · 조직적합도검사	한전 인재상 및 핵심가치, 태도, 직업윤리, 대인관계능력 등 인성 전반		
역량면접	PT발표 · 토론 · 실무(전공)면접 등의 방법으로 직무수행능력 평가		
종합면접	인성, 조직적합도, 청렴수준, 안전역량 등 종합평가		

(2) 4(나)직급 대졸 수준(장애인전형)

전형단계	평가기준(배점)	합격배수
1차전형 (서류전형)	① 외국어성적(100) ② 자격증가점(사무 20) ※ 외국어성적 계산방법 : (TOEIC 환산점수÷850)×100, 단 850점 이상 시 100점으로 처리	전원합격
2차전형 (필기전형)	① 직무능력검사(100) ② 인성 · 인재상 · 조직적합도 검사 결과(적 · 부) ※ 장애인 전형은 영역별 과락제 적용 없음	2.5배수
3차전형 (역량면접 등)	① 역량면접(150) ② 직무능력검사(2차전형 결과, 50)	1.5배수
4차전형(종합면접)	종합면접(100)	1배수
신원조사 및 건강검진	적 · 부	

※ 전형별 동점자 처리기준

• 2차전형 : 동점자 전원합격

• 3차전형 : ① 취업지원대상자 ② 역량면접 ③ 2차전형 ④ 1차전형

• 4차전형 : ① 취업지원대상자 ② 3차전형 ③ 2차전형 ④ 1차전형

② 채용 시 우대제도

구분	2차전형	3차, 4차전형	비고
고급자격증 보유자	10% 가점	–	
한전 장애인 인턴	5% 가점	5% 가점	계약종료일로부터 3년 이내 1회 한정

※ 한전 장애인 인턴 우대 기준

- 장애인 인턴 12개월 이상 근무자에 한함
- 접수마감일 기준 근무중인 경우는 접수마감일까지, 퇴직한 경우는 계약종료일까지 기간 산정
- 가점 해당기간 근로계약 횟수가 2회 이상인 경우 근무경력 모두 합산
- 이전 타 채용에 지원하여 가점을 사용한 경우 가점 사용기간 제외하고 이후 근무기간만 인정
- 분할 사용 불가(예시 : 2년 근무한 경우 1년만 가점 기간에 반영 불가, 2년 근무 기간 모두 사용한 것으로 간주)

③ 전형별 평가요소

구분	평가요소
직무능력검사	의사소통능력, 수리능력, 문제해결능력, 자원관리능력, 정보능력
인성·인재상·조직적합도검사	한전 인재상 및 핵심가치, 태도, 직업윤리, 대인관계능력 등 인성 전반
역량면접	PT발표·토론·실무(전공)면접 등의 방법으로 직무수행능력 평가
종합면접	인성, 조직적합도, 청렴수준, 안전역량 등 종합평가

4 근무지

- 전국권 : 본사 및 전국 사업소 등(본인의 희망과 다르게 배치될 수 있음)
- 지역전문사원 : 입사 후 해당 지역 또는 본사에서 10년간 의무근무(단, 3직급으로 승진 시 의무근무 해제)

PART

II

NCS 핵심이론 및 기출유형문제

01 NCS 핵심이론

PART ① 의사소통능력 🔍

① 의사소통과 의사소통능력

(1) 의사소통

① 개념 : 사람들 간에 생각이나 감정, 정보, 의견 등을 교환하는 총체적인 행위로, 직장생활에서의 의사소통은 조직과 팀의 효율성과 효과성을 성취할 목적으로 이루어지는 구성원 간의 정보와 지식 전달 과정이라고 할 수 있다.

② 기능 : 공동의 목표를 추구해 나가는 집단 내의 기본적 존재 기반이며 성과를 결정하는 핵심 기능이다.

③ 의사소통의 종류

  ㉠ 언어적인 것 : 대화, 전화통화, 토론 등

  ㉡ 문서적인 것 : 메모, 편지, 기획안 등

  ㉢ 비언어적인 것 : 몸짓, 표정 등

④ 의사소통을 저해하는 요인 : 정보의 과다, 메시지의 복잡성 및 메시지 간의 경쟁, 상이한 직위와 과업지향형, 신뢰의 부족, 의사소통을 위한 구조상의 권한, 잘못된 매체의 선택, 폐쇄적인 의사소통 분위기 등

(2) 의사소통능력

① 개념 : 직장생활에서 문서나 상대방이 하는 말의 의미를 파악하는 능력, 자신의 의사를 정확하게 표현하는 능력, 간단한 외국어 자료를 읽거나 외국인의 의사표시를 이해하는 능력을 포함한다.

② 의사소통능력 개발을 위한 방법

  ㉠ 사후검토와 피드백을 활용한다.

  ㉡ 명확한 의미를 가진 이해하기 쉬운 단어를 선택하여 이해도를 높인다.

  ㉢ 적극적으로 경청한다.

  ㉣ 메시지를 감정적으로 곡해하지 않는다.

2 의사소통능력을 구성하는 하위능력

(1) 문서이해능력

① 문서와 문서이해능력

　㉠ 문서 : 제안서, 보고서, 기획서, 이메일, 팩스 등 문자로 구성된 것으로 상대방에게 의사를 전달하여 설득하는 것을 목적으로 한다.

　㉡ 문서이해능력 : 직업현장에서 자신의 업무와 관련된 문서를 읽고, 내용을 이해하고 요점을 파악할 수 있는 능력을 말한다.

예제 1

다음은 신용카드 약관의 주요내용이다. 규정 약관을 제대로 이해하지 못한 사람은?

[부가서비스]
카드사는 법령에서 정한 경우를 제외하고 상품을 새로 출시한 후 1년 이내에 부가서비스를 줄이거나 없앨 수가 없다. 또한 부가서비스를 줄이거나 없앨 경우에는 그 세부내용을 변경일 6개월 이전에 회원에게 알려주어야 한다.

[중도 해지 시 연회비 반환]
연회비 부과기간이 끝나기 이전에 카드를 중도해지하는 경우 남은 기간에 해당하는 연회비를 계산하여 10 영업일 이내에 돌려줘야 한다. 다만, 카드 발급 및 부가서비스 제공에 이미 지출된 비용은 제외된다.

[카드 이용한도]
카드 이용한도는 카드 발급을 신청할 때에 회원이 신청한 금액과 카드사의 심사기준을 종합적으로 반영하여 회원이 신청한 금액 범위 이내에서 책정되며 회원의 신용도가 변동되었을 때에는 카드사는 회원의 이용한도를 조정할 수 있다.

[부정사용 책임]
카드 위조 및 변조로 인하여 발생된 부정사용 금액에 대해서는 카드사가 책임을 진다. 다만, 회원이 비밀번호를 다른 사람에게 알려주거나 카드를 다른 사람에게 빌려주는 등의 중대한 과실로 인해 부정사용이 발생하는 경우에는 회원이 그 책임의 전부 또는 일부를 부담할 수 있다.

① 혜수 : 카드사는 법령에서 정한 경우를 제외하고는 1년 이내에 부가서비스를 줄일 수 없어

② 진성 : 카드 위조 및 변조로 인하여 발생된 부정사용 금액은 일괄 카드사가 책임을 지게 돼

③ 영훈 : 회원의 신용도가 변경되었을 때 카드사가 이용한도를 조정할 수 있어

④ 영호 : 연회비 부과기간이 끝나기 이전에 카드를 중도해지하는 경우에는 남은 기간에 해당하는 연회비를 카드사는 돌려줘야 해

출제의도

주어진 약관의 내용을 읽고 그에 대한 상세 내용의 정보를 이해하는 능력을 측정하는 문항이다.

해 설

② 부정사용에 대해 고객의 과실이 있으면 회원이 그 책임의 전부 또는 일부를 부담할 수 있다.

답 ②

② 문서의 종류

    ㉠ 공문서 : 정부기관에서 공무를 집행하기 위해 작성하는 문서로, 단체 또는 일반회사에서 정부기관을 상대로 사업을 진행할 때 작성하는 문서도 포함된다. 엄격한 규격과 양식이 특징이다.

    ㉡ 기획서 : 아이디어를 바탕으로 기획한 프로젝트에 대해 상대방에게 전달하여 시행하도록 설득하는 문서이다.

    ㉢ 기안서 : 업무에 대한 협조를 구하거나 의견을 전달할 때 작성하는 사내 공문서이다.

    ㉣ 보고서 : 특정한 업무에 관한 현황이나 진행 상황, 연구·검토 결과 등을 보고하고자 할 때 작성하는 문서이다.

    ㉤ 설명서 : 상품의 특성이나 작동 방법 등을 소비자에게 설명하기 위해 작성하는 문서이다.

    ㉥ 보도자료 : 정부기관이나 기업체 등이 언론을 상대로 자신들의 정보를 기사화 되도록 하기 위해 보내는 자료이다.

    ㉦ 자기소개서 : 개인이 자신의 성장과정이나, 입사 동기, 포부 등에 대해 구체적으로 기술하여 자신을 소개하는 문서이다.

    ㉧ 비즈니스 레터(E-mail) : 사업상의 이유로 고객에게 보내는 편지다.

    ㉨ 비즈니스 메모 : 업무상 확인해야 할 일을 메모형식으로 작성하여 전달하는 글이다.

③ 문서이해의 절차 : 문서의 목적 이해→문서 작성 배경·주제 파악→정보 확인 및 현안문제 파악→문서 작성자의 의도 파악 및 자신에게 요구되는 행동 분석→목적 달성을 위해 취해야 할 행동 고려→문서 작성자의 의도를 도표나 그림 등으로 요약·정리

(2) 문서작성능력

① 작성되는 문서에는 대상과 목적, 시기, 기대효과 등이 포함되어야 한다.

② 문서작성의 구성요소

    ㉠ 짜임새 있는 골격, 이해하기 쉬운 구조

    ㉡ 객관적이고 논리적인 내용

    ㉢ 명료하고 설득력 있는 문장

    ㉣ 세련되고 인상적인 레이아웃

다음은 들은 내용을 구조적으로 정리하는 방법이다. 순서에 맞게 배열하면?

> ⊙ 관련 있는 내용끼리 묶는다.
> ⓒ 묶은 내용에 적절한 이름을 붙인다.
> ⓒ 전체 내용을 이해하기 쉽게 구조화한다.
> ② 중복된 내용이나 덜 중요한 내용을 삭제한다.

① ㉠ㄴㄷㄹ   ② ㉠ㄴㄹㄷ
③ ㄴㄱㄷㄹ   ④ ㄴㄱㄹㄷ

출제의도

음성정보는 문자정보와는 달리 쉽게 잊혀지기 때문에 음성정보를 구조화 시키는 방법을 묻는 문항이다.

해 설

내용을 구조적으로 정리하는 방법은 '⊙ 관련 있는 내용끼리 묶는다. → ⓒ 묶은 내용에 적절한 이름을 붙인다. → ② 중복된 내용이나 덜 중요한 내용을 삭제한다. → ⓒ 전체 내용을 이해하기 쉽게 구조화 한다.'가 적절하다.

답 ②

③ 문서의 종류에 따른 작성방법

  ㉠ 공문서

- 육하원칙이 드러나도록 써야 한다.
- 날짜는 반드시 연도와 월, 일을 함께 언급하며, 날짜 다음에 괄호를 사용할 때는 마침표를 찍지 않는다.
- 대외문서이며, 장기간 보관되기 때문에 정확하게 기술해야 한다.
- 내용이 복잡할 경우 '−다음−', '−아래−'와 같은 항목을 만들어 구분한다.
- 한 장에 담아내는 것을 원칙으로 하며, 마지막엔 반드시 '끝'자로 마무리 한다.

  ㉡ 설명서

- 정확하고 간결하게 작성한다.
- 이해하기 어려운 전문용어의 사용은 삼가고, 복잡한 내용은 도표화 한다.
- 명령문보다는 평서문을 사용하고, 동어 반복보다는 다양한 표현을 구사하는 것이 바람직하다.

  ㉢ 기획서

- 상대를 설득하여 기획서가 채택되는 것이 목적이므로 상대가 요구하는 것이 무엇인지 고려하여 작성하며, 기획의 핵심을 잘 전달하였는지 확인한다.
- 분량이 많을 경우 전체 내용을 한눈에 파악할 수 있도록 목차구성을 신중히 한다.
- 효과적인 내용 전달을 위한 표나 그래프를 적절히 활용하고 산뜻한 느낌을 줄 수 있도록 한다.
- 인용한 자료의 출처 및 내용이 정확해야 하며 제출 전 충분히 검토한다.

  ㉣ 보고서

- 도출하고자 하는 핵심내용을 구체적이고 간결하게 작성한다.
- 내용이 복잡할 경우 도표나 그림을 활용하고, 참고자료는 정확하게 제시한다.

• 제출하기 전에 최종점검을 하며 질의를 받을 것에 대비한다.

예제 3

다음 중 공문서 작성에 대한 설명으로 가장 적절하지 못한 것은?

① 공문서나 유가증권 등에 금액을 표시할 때에는 한글로 기재하고 그 옆에 괄호를 넣어 숫자로 표기한다.
② 날짜는 숫자로 표기하되 년, 월, 일의 글자는 생략하고 그 자리에 온점(.)을 찍어 표시한다.
③ 첨부물이 있는 경우에는 붙임 표시문 끝에 1자 띄우고 "끝."이라고 표시한다.
④ 공문서의 본문이 끝났을 경우에는 1자를 띄우고 "끝."이라고 표시한다.

출제의도

업무를 할 때 필요한 공문서 작성법을 잘 알고 있는지를 측정하는 문항이다.

해 설

공문서 금액 표시

아라비아 숫자로 쓰고, 숫자 다음에 괄호를 하여 한글로 기재한다.
예) 123,456원의 표시 : 금 123,456(금 일십이만삼천사백오십육원)

답 ①

④ 문서작성의 원칙

　　㉠ 문장은 짧고 간결하게 작성한다.(간결체 사용)

　　㉡ 상대방이 이해하기 쉽게 쓴다.

　　㉢ 불필요한 한자의 사용을 자제한다.

　　㉣ 문장은 긍정문의 형식을 사용한다.

　　㉤ 간단한 표제를 붙인다.

　　㉥ 문서의 핵심내용을 먼저 쓰도록 한다.(두괄식 구성)

⑤ 문서작성 시 주의사항

　　㉠ 육하원칙에 의해 작성한다.

　　㉡ 문서 작성시기가 중요하다.

　　㉢ 한 사안은 한 장의 용지에 작성한다.

　　㉣ 반드시 필요한 자료만 첨부한다.

　　㉤ 금액, 수량, 일자 등은 기재에 정확성을 기한다.

　　㉥ 경어나 단어사용 등 표현에 신경 쓴다.

　　㉦ 문서작성 후 반드시 최종적으로 검토한다.

⑥ 효과적인 문서작성 요령

    ㉠ 내용이해 : 전달하고자 하는 내용과 핵심을 정확하게 이해해야 한다.

    ㉡ 목표설정 : 전달하고자 하는 목표를 분명하게 설정한다.

    ㉢ 구성 : 내용 전달 및 설득에 효과적인 구성과 형식을 고려한다.

    ㉣ 자료수집 : 목표를 뒷받침할 자료를 수집한다.

    ㉤ 핵심전달 : 단락별 핵심을 하위목차로 요약한다.

    ㉥ 대상파악 : 대상에 대한 이해와 분석을 통해 철저히 파악한다.

    ㉦ 보충설명 : 예상되는 질문을 정리하여 구체적인 답변을 준비한다.

    ㉧ 문서표현의 시각화 : 그래프, 그림, 사진 등을 적절히 사용하여 이해를 돕는다.

(3) 경청능력

① 경청의 중요성 : 경청은 다른 사람의 말을 주의 깊게 들으며 공감하는 능력으로 경청을 통해 상대방을 한 개인으로 존중하고 성실한 마음으로 대하게 되며, 상대방의 입장에 공감하고 이해하게 된다.

② 경청을 방해하는 습관 : 짐작하기, 대답할 말 준비하기, 걸러내기, 판단하기, 다른 생각하기, 조언하기, 언쟁하기, 옳아야만 하기, 슬쩍 넘어가기, 비위 맞추기 등

③ 효과적인 경청방법

    ㉠ 준비하기 : 강연이나 프레젠테이션 이전에 나누어주는 자료를 읽어 미리 주제를 파악하고 등장하는 용어를 익혀둔다.

    ㉡ 주의 집중 : 말하는 사람의 모든 것에 집중해서 적극적으로 듣는다.

    ㉢ 예측하기 : 다음에 무엇을 말할 것인가를 추측하려고 노력한다.

    ㉣ 나와 관련짓기 : 상대방이 전달하고자 하는 메시지를 나의 경험과 관련지어 생각해 본다.

    ㉤ 질문하기 : 질문은 듣는 행위를 적극적으로 하게 만들고 집중력을 높인다.

    ㉥ 요약하기 : 주기적으로 상대방이 전달하려는 내용을 요약한다.

    ㉦ 반응하기 : 피드백을 통해 의사소통을 점검한다.

다음은 면접스터디 중 일어난 대화이다. 민아의 고민을 해소하기 위한 조언으로 가장 적절한 것은?

> 지섭 : 민아씨, 어디 아파요? 표정이 안 좋아 보여요.
> 민아 : 제가 원서 넣은 공단이 내일 면접이어서요. 그동안 스터디를 통해서 면접
> 연습을 많이 했는데도 벌써부터 긴장이 되네요.
> 지섭 : 민아씨는 자기 의견도 명확히 피력할 줄 알고 조리 있게 설명을 잘 하시
> 니 걱정 안하셔도 될 것 같아요. 아, 손에 꽉 쥐고 계신 건 뭔가요?
> 민아 : 아, 제가 예상 답변을 정리해서 모아둔거에요. 내용은 거의 외웠는데 이렇
> 게 쥐고 있지 않으면 불안해서..
> 지섭 : 그 정도로 준비를 철저히 하셨으면 걱정할 이유 없을 것 같아요.
> 민아 : 그래도 압박면접이거나 예상치 못한 질문이 들어오면 어떻게 하죠?
> 지섭 : _____

① 시선을 적절히 처리하면서 부드러운 어투로 말하는 연습을 해보는 건 어때요?
② 공식적인 자리인 만큼 옷차림을 신경 쓰는 게 좋을 것 같아요.
③ 당황하지 말고 질문자의 의도를 잘 파악해서 침착하게 대답하면 되지 않을까요?
④ 예상 질문에 대한 답변을 좀 더 정확하게 외워보는 건 어떨까요?

출제의도

상대방이 하는 말을 듣고 질문 의도에 따라 올바르게 답하는 능력을 측정하는 문항이다.

해 설

민아는 압박질문이나 예상치 못한 질문에 대해 걱정을 하고 있으므로 침착하게 대응하라고 조언을 해주는 것이 좋다.

답 ③

(4) 의사표현능력

① 의사표현의 개념과 종류

　㉠ 개념 : 화자가 자신의 생각과 감정을 청자에게 음성언어나 신체언어로 표현하는 행위이다.

　㉡ 종류

　　• 공식적 말하기 : 사전에 준비된 내용을 대중을 대상으로 말하는 것으로 연설, 토의, 토론 등이 있다.
　　• 의례적 말하기 : 사회·문화적 행사에서와 같이 절차에 따라 하는 말하기로 식사, 주례, 회의 등이 있다.
　　• 친교적 말하기 : 친근한 사람들 사이에서 자연스럽게 주고받는 대화 등을 말한다.

② 의사표현의 방해요인

　㉠ 연단공포증 : 연단에 섰을 때 가슴이 두근거리거나 땀이 나고 얼굴이 달아오르는 등의 현상으로 충분한 분석과 준비, 더 많은 말하기 기회 등을 통해 극복할 수 있다.

　㉡ 말 : 말의 장단, 고저, 발음, 속도, 쉼 등을 포함한다.

　㉢ 음성 : 목소리와 관련된 것으로 음색, 고저, 명료도, 완급 등을 의미한다.

　㉣ 몸짓 : 비언어적 요소로 화자의 외모, 표정, 동작 등이다.

　㉤ 유머 : 말하기 상황에 따른 적절한 유머를 구사할 수 있어야 한다.

③ 상황과 대상에 따른 의사표현법

    ㉠ 잘못을 지적할 때 : 모호한 표현을 삼가고 확실하게 지적하며, 당장 꾸짖고 있는 내용에만 한정한다.

    ㉡ 칭찬할 때 : 자칫 아부로 여겨질 수 있으므로 센스 있는 칭찬이 필요하다.

    ㉢ 부탁할 때 : 먼저 상대방의 사정을 듣고 응하기 쉽게 구체적으로 부탁하며 거절을 당해도 싫은 내색을 하지 않는다.

    ㉣ 요구를 거절할 때 : 먼저 사과하고 응해줄 수 없는 이유를 설명한다.

    ㉤ 명령할 때 : 강압적인 말투보다는 '○○을 이렇게 해주는 것이 어떻겠습니까?'와 같은 식으로 부드럽게 표현하는 것이 효과적이다.

    ㉥ 설득할 때 : 일방적으로 강요하기보다는 먼저 양보해서 이익을 공유하겠다는 의지를 보여주는 것이 좋다.

    ㉦ 충고할 때 : 충고는 가장 최후의 방법이다. 반드시 충고가 필요한 상황이라면 예화를 들어 비유적으로 깨우쳐주는 것이 바람직하다.

    ㉧ 질책할 때 : 샌드위치 화법(칭찬의 말 + 질책의 말 + 격려의 말)을 사용하여 청자의 반발을 최소화한다.

예제 5

당신은 팀장님께 업무 지시내용을 수행하고 결과물을 보고 드렸다. 하지만 팀장님께서는 "최대리 업무를 이렇게 처리하면 어떡하나? 누락된 부분이 있지 않은가."라고 말하였다. 이에 대해 당신이 행할 수 있는 가장 부적절한 대처 자세는?

① "죄송합니다. 제가 잘 모르는 부분이라 이수혁 과장님께 부탁을 했는데 과장님께서 실수를 하신 것 같습니다."
② "주의를 기울이지 못해 죄송합니다. 어느 부분을 수정보완하면 될까요?"
③ "지시하신 내용을 제가 충분히 이해하지 못하였습니다. 내용을 다시 한 번 여쭤보아도 되겠습니까?"
④ "부족한 내용을 보완하는 자료를 취합하기 위해서 하루정도가 더 소요될 것 같습니다. 언제까지 재작성하여 드리면 될까요?"

출제의도

상사가 잘못을 지적하는 상황에서 어떻게 대처해야 하는지를 묻는 문항이다.

해 설

상사가 부탁한 지시사항을 다른 사람에게 부탁하는 것은 옳지 못하며 설사 그렇다고 해도 그 일의 과오에 대해 책임을 전가하는 것은 지양해야 할 자세이다.

답 ①

---

④ 원활한 의사표현을 위한 지침

    ㉠ 올바른 화법을 위해 독서를 하라.

    ㉡ 좋은 청중이 되라.

    ㉢ 칭찬을 아끼지 마라.

    ㉣ 공감하고, 긍정적으로 보이게 하라.

◎ 겸손은 최고의 미덕임을 잊지 마라.

◉ 과감하게 공개하라.

◉ 뒷말을 숨기지 마라.

◉ 첫마디 말을 준비하라.

◉ 이성과 감성의 조화를 꾀하라.

◉ 대화의 룰을 지켜라.

◉ 문장을 완전하게 말하라.

⑤ 설득력 있는 의사표현을 위한 지침

㉠ 'Yes'를 유도하여 미리 설득 분위기를 조성하라.

㉡ 대비 효과로 분발심을 불러 일으켜라.

㉢ 침묵을 지키는 사람의 참여도를 높여라.

㉣ 여운을 남기는 말로 상대방의 감정을 누그러뜨려라.

㉤ 하던 말을 갑자기 멈춤으로써 상대방의 주의를 끌어라.

㉥ 호칭을 바꿔서 심리적 간격을 좁혀라.

㉦ 끄집어 말하여 자존심을 건드려라.

㉧ 정보전달 공식을 이용하여 설득하라.

㉨ 상대방의 불평이 가져올 결과를 강조하라.

㉩ 권위 있는 사람의 말이나 작품을 인용하라.

㉪ 약점을 보여 주어 심리적 거리를 좁혀라.

㉫ 이상과 현실의 구체적 차이를 확인시켜라.

㉬ 자신의 잘못도 솔직하게 인정하라.

㉭ 집단의 요구를 거절하려면 개개인의 의견을 물어라.

ⓐ 동조 심리를 이용하여 설득하라.

ⓑ 지금까지의 노고를 치하한 뒤 새로운 요구를 하라.

ⓒ 담당자가 대변자 역할을 하도록 하여 윗사람을 설득하게 하라.

ⓓ 겉치레 양보로 기선을 제압하라.

ⓔ 변명의 여지를 만들어 주고 설득하라.

ⓕ 혼자 말하는 척하면서 상대의 잘못을 지적하라.

(5) 기초외국어능력

① 기초외국어능력의 개념과 필요성

    ㉠ 개념 : 외국어로 된 간단한 자료를 이해하거나, 외국인과의 전화응대와 간단한 대화 등 외국인의 의사표현을 이해하고, 자신의 의사를 기초외국어로 표현할 수 있는 능력이다.

    ㉡ 필요성 : 국제화·세계화 시대에 다른 나라와의 무역을 위해 우리의 언어가 아닌 국제적인 통용어를 사용하거나 그들의 언어로 의사소통을 해야 하는 경우가 생길 수 있다.

② 외국인과의 의사소통에서 피해야 할 행동

    ㉠ 상대를 볼 때 흘겨보거나, 노려보거나, 아예 보지 않는 행동

    ㉡ 팔이나 다리를 꼬는 행동

    ㉢ 표정이 없는 것

    ㉣ 다리를 흔들거나 펜을 돌리는 행동

    ㉤ 맞장구를 치지 않거나 고개를 끄덕이지 않는 행동

    ㉥ 생각 없이 메모하는 행동

    ㉦ 자료만 들여다보는 행동

    ㉧ 바르지 못한 자세로 앉는 행동

    ㉨ 한숨, 하품, 신음소리를 내는 행동

    ㉩ 다른 일을 하며 듣는 행동

    ㉪ 상대방에게 이름이나 호칭을 어떻게 부를지 묻지 않고 마음대로 부르는 행동

③ 기초외국어능력 향상을 위한 공부법

    ㉠ 외국어공부의 목적부터 정하라.

    ㉡ 매일 30분씩 눈과 손과 입에 밸 정도로 반복하라.

    ㉢ 실수를 두려워하지 말고 기회가 있을 때마다 외국어로 말하라.

    ㉣ 외국어 잡지나 원서와 친해져라.

    ㉤ 소홀해지지 않도록 라이벌을 정하고 공부하라.

    ㉥ 업무와 관련된 주요 용어의 외국어는 꼭 알아두자.

    ㉦ 출퇴근 시간에 외국어 방송을 보거나, 듣는 것만으로도 귀가 트인다.

    ㉧ 어린이가 단어를 배우듯 외국어 단어를 암기할 때 그림카드를 사용해 보라.

    ㉨ 가능하면 외국인 친구를 사귀고 대화를 자주 나눠 보라.

1 직장생활과 수리능력

(1) 기초직업능력으로서의 수리능력

① 개념 : 직장생활에서 요구되는 사칙연산과 기초적인 통계를 이해하고 도표의 의미를 파악하거나 도표를 이용해서 결과를 효과적으로 제시하는 능력을 말한다.

② 수리능력은 크게 기초연산능력, 기초통계능력, 도표분석능력, 도표작성능력으로 구성된다.

    ㉠ 기초연산능력 : 직장생활에서 필요한 기초적인 사칙연산과 계산방법을 이해하고 활용할 수 있는 능력

    ㉡ 기초통계능력 : 평균, 합계, 빈도 등 직장생활에서 자주 사용되는 기초적인 통계기법을 활용하여 자료의 특성과 경향성을 파악하는 능력

    ㉢ 도표분석능력 : 그래프, 그림 등 도표의 의미를 파악하고 필요한 정보를 해석하는 능력

    ㉣ 도표작성능력 : 도표를 이용하여 결과를 효과적으로 제시하는 능력

(2) 업무수행에서 수리능력이 활용되는 경우

① 업무상 계산을 수행하고 결과를 정리하는 경우

② 업무비용을 측정하는 경우

③ 고객과 소비자의 정보를 조사하고 결과를 종합하는 경우

④ 조직의 예산안을 작성하는 경우

⑤ 업무수행 경비를 제시해야 하는 경우

⑥ 다른 상품과 가격비교를 하는 경우

⑦ 연간 상품 판매실적을 제시하는 경우

⑧ 업무비용을 다른 조직과 비교해야 하는 경우

⑨ 상품판매를 위한 지역조사를 실시해야 하는 경우

⑩ 업무수행과정에서 도표로 주어진 자료를 해석하는 경우

⑪ 도표로 제시된 업무비용을 측정하는 경우

예제 1

다음 자료를 보고 주어진 상황에 대한 물음에 답하시오.

〈근로소득에 대한 간이 세액표〉

월 급여액(천 원) [비과세 및 학자금 제외]		공제대상 가족 수				
이상	미만	1	2	3	4	5
2,500	2,520	38,960	29,280	16,940	13,570	10,190
2,520	2,540	40,670	29,960	17,360	13,990	10,610
2,540	2,560	42,380	30,640	17,790	14,410	11,040
2,560	2,580	44,090	31,330	18,210	14,840	11,460
2,580	2,600	45,800	32,680	18,640	15,260	11,890
2,600	2,620	47,520	34,390	19,240	15,680	12,310
2,620	2,640	49,230	36,100	19,900	16,110	12,730
2,640	2,660	50,940	37,810	20,560	16,530	13,160
2,660	2,680	52,650	39,530	21,220	16,960	13,580
2,680	2,700	54,360	41,240	21,880	17,380	14,010
2,700	2,720	56,070	42,950	22,540	17,800	14,430
2,720	2,740	57,780	44,660	23,200	18,230	14,850
2,740	2,760	59,500	46,370	23,860	18,650	15,280

※ 갑근세는 제시되어 있는 간이 세액표에 따름
※ 주민세＝갑근세의 10%
※ 국민연금＝급여액의 4.50%
※ 고용보험＝국민연금의 10%
※ 건강보험＝급여액의 2.90%
※ 교육지원금＝분기별 100,000원(매 분기별 첫 달에 지급)

박○○ 사원의 5월 급여내역이 다음과 같고 전월과 동일하게 근무하였으나, 특별수당은 없고 차량지원금으로 100,000원을 받게 된다면, 6월에 받게 되는 급여는 얼마인가? (단, 원 단위 절삭)

(주) 서원플랜테크 5월 급여내역			
성명	박○○	지급일	5월 12일
기본급여	2,240,000	갑근세	39,530
직무수당	400,000	주민세	3,950
명절 상여금		고용보험	11,970
특별수당	20,000	국민연금	119,700
차량지원금		건강보험	77,140
교육지원		기타	
급여계	2,660,000	공제합계	252,290
		지급총액	2,407,710

① 2,443,910
② 2,453,910
③ 2,463,910
④ 2,473,910

출제의도

업무상 계산을 수행하거나 결과를 정리하고 업무비용을 측정하는 능력을 평가하기 위한 문제로서, 주어진 자료에서 문제를 해결하는 데에 필요한 부분을 빠르고 정확하게 찾아내는 것이 중요하다.

해 설

기본급여	2,240,000	갑근세	46,370
직무수당	400,000	주민세	4,630
명절 상여금		고용보험	12,330
특별수당		국민연금	123,300
차량지원금	100,000	건강보험	79,460
교육지원		기타	
급여계	2,740,000	공제합계	266,090
		지급총액	2,473,910

답 ④

(3) 수리능력의 중요성

① 수학적 사고를 통한 문제해결

② 직업세계의 변화에의 적응

③ 실용적 가치의 구현

(4) 단위환산표

구분	단위환산
길이	$1cm = 10mm$, $1m = 100cm$, $1km = 1,000m$
넓이	$1cm^2 = 100mm^2$, $1m^2 = 10,000cm^2$, $1km^2 = 1,000,000m^2$
부피	$1cm^3 = 1,000mm^3$, $1m^3 = 1,000,000cm^3$, $1km^3 = 1,000,000,000m^3$
들이	$1m\ell = 1cm^3$, $1d\ell = 100cm^3$, $1L = 1,000cm^3 = 10d\ell$
무게	$1kg = 1,000g$, $1t = 1,000kg = 1,000,000g$
시간	$1분 = 60초$, $1시간 = 60분 = 3,600초$
할푼리	$1푼 = 0.1할$, $1리 = 0.01할$, $1모 = 0.001할$

예제 2

둘레의 길이가 4.4km인 정사각형 모양의 공원이 있다. 이 공원의 넓이는 몇 a 인가?

① 12,100a

② 1,210a

③ 121a

④ 12.1a

출제의도

길이, 넓이, 부피, 들이, 무게, 시간, 속도 등 단위에 대한 기본적인 환산 능력을 평가하는 문제로서, 소수점 계산이 필요하며, 자릿수를 읽고 구분할 줄 알아야 한다.

해 설

공원의 한 변의 길이는
$4.4 \div 4 = 1.1(km)$이고
$1km^2 = 10000a$이므로
공원의 넓이는
$1.1km \times 1.1km = 1.21km^2 = 12100a$

답 ①

② 수리능력을 구성하는 하위능력

(1) 기초연산능력

① 사칙연산 : 수에 관한 덧셈, 뺄셈, 곱셈, 나눗셈의 네 종류의 계산법으로 업무를 원활하게 수행하기 위해서는 기본적인 사칙연산뿐만 아니라 다단계의 복잡한 사칙연산까지도 수행할 수 있어야 한다.

② 검산 : 연산의 결과를 확인하는 과정으로 대표적인 검산방법으로 역연산과 구거법이 있다.

  ㉠ 역연산 : 덧셈은 뺄셈으로, 뺄셈은 덧셈으로, 곱셈은 나눗셈으로, 나눗셈은 곱셈으로 확인하는 방법이다.

  ㉡ 구거법 : 원래의 수와 각 자리 수의 합이 9로 나눈 나머지가 같다는 원리를 이용한 것으로 9를 버리고 남은 수로 계산하는 것이다.

예제 3

다음 식을 바르게 계산한 것은?

$$1 + \frac{2}{3} + \frac{1}{2} - \frac{3}{4}$$

① $\frac{13}{12}$ 　　　　② $\frac{15}{12}$

③ $\frac{17}{12}$ 　　　　④ $\frac{19}{12}$

출제의도

직장생활에서 필요한 기초적인 사칙연산과 계산방법을 이해하고 활용할 수 있는 능력을 평가하는 문제로서, 분수의 계산과 통분에 대한 기본적인 이해가 필요하다.

해 설

$$\frac{12}{12} + \frac{8}{12} + \frac{6}{12} - \frac{9}{12} = \frac{17}{12}$$

답 ③

---

(2) 기초통계능력

① 업무수행과 통계

  ㉠ 통계의 의미 : 통계란 집단현상에 대한 구체적인 양적 기술을 반영하는 숫자이다.

  ㉡ 업무수행에 통계를 활용함으로써 얻을 수 있는 이점

  • 많은 수량적 자료를 처리가능하고 쉽게 이해할 수 있는 형태로 축소

  • 표본을 통해 연구대상 집단의 특성을 유추

  • 의사결정의 보조수단

  • 관찰 가능한 자료를 통해 논리적으로 결론을 추줄·검증

ⓒ 기본적인 통계치
- 빈도와 빈도분포 : 빈도란 어떤 사건이 일어나거나 증상이 나타나는 정도를 의미하며, 빈도분포란 빈도를 표나 그래프로 종합적으로 표시하는 것이다.
- 평균 : 모든 사례의 수치를 합한 후 총 사례 수로 나눈 값이다.
- 백분율 : 전체의 수량을 100으로 하여 생각하는 수량이 그중 몇이 되는가를 퍼센트로 나타낸 것이다.

② 통계기법
ⓐ 범위와 평균
- 범위 : 분포의 흩어진 정도를 가장 간단히 알아보는 방법으로 최곳값에서 최젓값을 뺀 값을 의미한다.
- 평균 : 집단의 특성을 요약하기 위해 가장 자주 활용하는 값으로 모든 사례의 수치를 합한 후 총 사례 수로 나눈 값이다.
- 관찰값이 1, 3, 5, 7, 9일 경우 범위는 $9 - 1 = 8$이 되고, 평균은 $\dfrac{1+3+5+7+9}{5} = 5$가 된다.

ⓑ 분산과 표준편차
- 분산 : 관찰값의 흩어진 정도로, 각 관찰값과 평균값의 차의 제곱의 평균이다.
- 표준편차 : 평균으로부터 얼마나 떨어져 있는가를 나타내는 개념으로 분산값의 제곱근 값이다.
- 관찰값이 1, 2, 3이고 평균이 2인 집단의 분산은 $\dfrac{(1-2)^2 + (2-2)^2 + (3-2)^2}{3} = \dfrac{2}{3}$이고 표준편 차는 분산값의 제곱근 값인 $\sqrt{\dfrac{2}{3}}$이다.

③ 통계자료의 해석
ⓐ 다섯숫자요약
- 최솟값 : 원자료 중 값의 크기가 가장 작은 값
- 최댓값 : 원자료 중 값의 크기가 가장 큰 값
- 중앙값 : 최솟값부터 최댓값까지 크기에 의하여 배열했을 때 중앙에 위치하는 사례의 값
- 하위 25%값·상위 25%값 : 원자료를 크기 순으로 배열하여 4등분한 값
ⓑ 평균값과 중앙값 : 평균값과 중앙값은 그 개념이 다르기 때문에 명확하게 제시해야 한다.

예제 4

인터넷 쇼핑몰에서 회원가입을 하고 디지털캠코더를 구매하려고 한다. 다음은 구입하고자 하는 모델에 대하여 인터넷 쇼핑몰 세 곳의 가격과 조건을 제시한 표이다. 표에 있는 모든 혜택을 적용하였을 때 디지털캠코더의 배송비를 포함한 실제 구매가격을 바르게 비교한 것은?

구분	A 쇼핑몰	B 쇼핑몰	C 쇼핑몰
정상가격	129,000원	131,000원	130,000원
회원혜택	7,000원 할인	3,500원 할인	7% 할인
할인쿠폰	5% 쿠폰	3% 쿠폰	5,000원
중복할인여부	불가	가능	불가
배송비	2,000원	무료	2,500원

① A<B<C

② B<C<A

③ C<A<B

④ C<B<A

출제의도

직장생활에서 자주 사용되는 기초적인 통계기법을 활용하여 자료의 특성과 경향성을 파악하는 능력이 요구되는 문제이다.

해 설

㉠ A 쇼핑몰
- 회원혜택을 선택한 경우 : $129,000 - 7,000 + 2,000 = 124,000$(원)
- 5% 할인쿠폰을 선택한 경우 : $129,000 \times 0.95 + 2,000 = 124,550$

㉡ B 쇼핑몰 : $131,000 \times 0.97 - 3,500 = 123,570$

㉢ C 쇼핑몰
- 회원혜택을 선택한 경우 : $130,000 \times 0.93 + 2,500 = 123,400$
- 5,000원 할인쿠폰을 선택한 경우 : $130,000 - 5,000 + 2,500 = 127,500$

$\therefore$ C<B<A

답 ④

(3) 도표분석능력

① 도표의 종류

  ㉠ 목적별 : 관리(계획 및 통제), 해설(분석), 보고

  ㉡ 용도별 : 경과 그래프, 내역 그래프, 비교 그래프, 분포 그래프, 상관 그래프, 계산 그래프

  ㉢ 형상별 : 선 그래프, 막대 그래프, 원 그래프, 점 그래프, 층별 그래프, 레이더 차트

② 도표의 활용

  ㉠ 선 그래프

    • 주로 시간의 경과에 따라 수량에 의한 변화 상황(시계열 변화)을 절선의 기울기로 나타내는 그래프이다.

    • 경과, 비교, 분포를 비롯하여 상관관계 등을 나타낼 때 쓰인다.

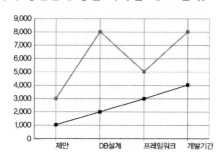

  ㉡ 막대 그래프

    • 비교하고자 하는 수량을 막대 길이로 표시하고 그 길이를 통해 수량 간의 대소관계를 나타내는 그래프이다.

    • 내역, 비교, 경과, 도수 등을 표시하는 용도로 쓰인다.

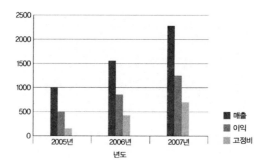

  ㉢ 원 그래프

    • 내역이나 내용의 구성비를 원을 분할하여 나타낸 그래프이다.

    • 전체에 대해 부분이 차지하는 비율을 표시하는 용도로 쓰인다.

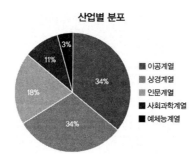

산업별 분포

ⓔ 점 그래프

• 종축과 횡축에 2요소를 두고 보고자 하는 것이 어떤 위치에 있는가를 나타내는 그래프이다.
• 지역분포를 비롯하여 도시, 기방, 기업, 상품 등의 평가나 위치·성격을 표시하는데 쓰인다.

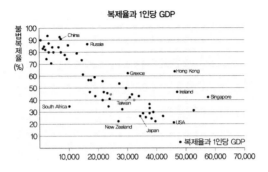

ⓜ 층별 그래프

• 선 그래프의 변형으로 연속내역 봉 그래프라고 할 수 있다. 선과 선 사이의 크기로 데이터 변화를 나타낸다.
• 합계와 부분의 크기를 백분율로 나타내고 시간적 변화를 보고자 할 때나 합계와 각 부분의 크기를 실수로 나타내고 시간적 변화를 보고자 할 때 쓰인다.

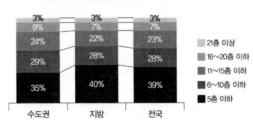

ⓗ 레이더 차트(거미줄 그래프)

• 원 그래프의 일종으로 비교하는 수량을 직경, 또는 반경으로 나누어 원의 중심에서의 거리에 따라 각 수량의 관계를 나타내는 그래프이다.
• 비교하거나 경과를 나타내는 용도로 쓰인다.

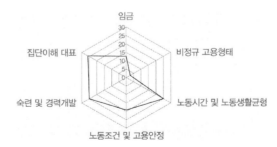

③ 도표 해석상의 유의사항

　　㉠ 요구되는 지식의 수준을 넓힌다.

　　㉡ 도표에 제시된 자료의 의미를 정확히 숙지한다.

　　㉢ 도표로부터 알 수 있는 것과 없는 것을 구별한다.

　　㉣ 총량의 증가와 비율의 증가를 구분한다.

　　㉤ 백분위수와 사분위수를 정확히 이해하고 있어야 한다.

예제 5

다음 표는 2009 ~ 2010년 지역별 직장인들의 자기개발에 관해 조사한 내용을 정리한 것이다. 이에 대한 분석으로 옳은 것은?

(단위 : %)

연도 지역 구분	2009				2010			
	자기 개발 하고 있음	자기개발 비용 부담 주체			자기 개발 하고 있음	자기개발 비용 부담 주체		
		직장 100%	본인 100%	직장50% + 본인50%		직장 100%	본인 100%	직장50% + 본인50%
충청도	36.8	8.5	88.5	3.1	45.9	9.0	65.5	24.5
제주도	57.4	8.3	89.1	2.9	68.5	7.9	68.3	23.8
경기도	58.2	12	86.3	2.6	71.0	7.5	74.0	18.5
서울시	60.6	13.4	84.2	2.4	72.7	11.0	73.7	15.3
경상도	40.5	10.7	86.1	3.2	51.0	13.6	74.9	11.6

① 2009년과 2010년 모두 자기개발 비용을 본인이 100% 부담하는 사람의 수는 응답자의 절반 이상이다.

② 자기개발을 하고 있다고 응답한 사람의 수는 2009년과 2010년 모두 서울시가 가장 많다.

③ 자기개발 비용을 직장과 본인이 각각 절반씩 부담하는 사람의 비율은 2009년과 2010년 모두 서울시가 가장 높다.

④ 2009년과 2010년 모두 자기개발을 하고 있다고 응답한 비율이 가장 높은 지역에서 자기개발비용을 직장이 100% 부담한다고 응답한 사람의 비율이 가장 높다.

출제의도

그래프, 그림, 도표 등 주어진 자료를 이해하고 의미를 파악하여 필요한 정보를 해석하는 능력을 평가하는 문제이다.

해 설

② 지역별 인원수가 제시되어 있지 않으므로, 각 지역별 응답자 수는 알 수 없다.

③ 2009년에는 경상도에서, 2010년에는 충청도에서 가장 높은 비율을 보인다.

④ 2009년과 2010년 모두 '자기 개발을 하고 있다'고 응답한 비율이 가장 높은 지역은 서울시이며, 2010년의 경우 자기개발 비용을 직장이 100% 부담한다고 응답한 사람의 비율이 가장 높은 지역은 경상도이다.

답 ①

(4) 도표작성능력

① 도표작성 절차

ㄱ 어떠한 도표로 작성할 것인지를 결정

ㄴ 가로축과 세로축에 나타낼 것을 결정

ㄷ 한 눈금의 크기를 결정

ㄹ 자료의 내용을 가로축과 세로축이 만나는 곳에 표현

ㅁ 표현한 점들을 선분으로 연결

ㅂ 도표의 제목을 표기

② 도표작성 시 유의사항

ㄱ 선 그래프 작성 시 유의점

- 세로축에 수량, 가로축에 명칭구분을 제시한다.
- 선의 높이에 따라 수치를 파악하는 경우가 많으므로 세로축의 눈금을 가로축보다 크게 하는 것이 효과적이다.
- 선이 두 종류 이상일 경우 반드시 그 명칭을 기입한다.

ㄴ 막대 그래프 작성 시 유의점

- 막대 수가 많을 경우에는 눈금선을 기입하는 것이 알아보기 쉽다.
- 막대의 폭은 모두 같게 하여야 한다.

ㄷ 원 그래프 작성 시 유의점

- 정각 12시의 선을 기점으로 오른쪽으로 그리는 것이 보통이다.
- 분할선은 구성비율이 큰 순서로 그린다.

ㄹ 층별 그래프 작성 시 유의점

- 눈금은 선 그래프나 막대 그래프보다 적게 하고 눈금선은 넣지 않는다.
- 층별로 색이나 모양이 완전히 다른 것이어야 한다.
- 같은 항목은 옆에 있는 층과 선으로 연결하여 보기 쉽도록 한다.

❶ 문제와 문제해결

(1) 문제의 정의와 분류

① 정의 : 업무를 수행함에 있어서 답을 요구하는 질문이나 의논하여 해결해야 되는 사항이다.

② 문제의 분류

구분	창의적 문제	분석적 문제
문제세시 방법	현재 문제가 없더라도 보다 나은 방법을 찾기 위한 문제 탐구→문제 자체가 명확하지 않음	현재의 문제점이나 미래의 문제로 예견될 것에 대한 문제 탐구→문제 자체가 명확함
해결방법	창의력에 의한 많은 아이디어의 작성을 통해 해결	분석, 논리, 귀납과 같은 논리적 방법을 통해 해결
해답 수	해답의 수가 많으며, 많은 답 가운데 보다 나은 것을 선택	답의 수가 적으며 한정되어 있음
주요특징	주관적, 직관적, 감각적, 정성적, 개별적, 특수성	객관적, 논리적, 정량적, 이성적, 일반적, 공통성

(2) 업무수행과정에서 발생하는 문제 유형

① 발생형 문제(보이는 문제) : 현재 직면하여 해결하기 위해 고민하는 문제이다. 원인이 내재되어 있기 때문에 원인지향적인 문제라고도 한다.

   ㉠ 일탈문제 : 어떤 기준을 일탈함으로써 생기는 문제

   ㉡ 미달문제 : 어떤 기준에 미달하여 생기는 문제

② 탐색형 문제(찾는 문제) : 현재의 상황을 개선하거나 효율을 높이기 위한 문제이다. 방치할 경우 큰 손실이 따르거나 해결할 수 없는 문제로 나타나게 된다.

   ㉠ 잠재문제 : 문제가 잠재되어 있어 인식하지 못하다가 확대되어 해결이 어려운 문제

   ㉡ 예측문제 : 현재로는 문제가 없으나 현 상태의 진행 상황을 예측하여 찾아야 앞으로 일어날 수 있는 문제가 보이는 문제

   ㉢ 발견문제 : 현재로서는 담당 업무에 문제가 없으나 선진기업의 업무 방법 등 보다 좋은 제도나 기법을 발견하여 개선시킬 수 있는 문제

③ 설정형 문제(미래 문제) : 장래의 경영전략을 생각하는 것으로 앞으로 어떻게 할 것인가 하는 문제이다. 문제해결에 창조적인 노력이 요구되어 창조적 문제라고도 한다.

예제 1

D회사 신입사원으로 입사한 귀하는 신입사원 교육에서 업무수행과정에서 발생하는 문제 유형 중 설정형 문제를 하나씩 찾아오라는 지시를 받았다. 이에 대해 귀하는 교육받은 내용을 다시 복습하려고 한다. 설정형 문제에 해당하는 것은?

① 현재 직면하여 해결하기 위해 고민하는 문제
② 현재의 상황을 개선하거나 효율을 높이기 위한 문제
③ 앞으로 어떻게 할 것인가 하는 문제
④ 원인이 내재되어 있는 원인지향적인 문제

출제의도

업무수행 중 문제가 발생하였을 때 문제 유형을 구분하는 능력을 측정하는 문항이다.

해 설

업무수행과정에서 발생하는 문제 유형으로는 발생형 문제, 탐색형 문제, 설정형 문제가 있으며 ①④는 발생형 문제이며 ②는 탐색형 문제, ③이 설정형 문제이다.

답 ③

(3) 문제해결

① 정의 : 목표와 현상을 분석하고 이 결과를 토대로 과제를 도출하여 최적의 해결책을 찾아 실행·평가해 가는 활동이다.

② 문제해결에 필요한 기본적 사고

　㉠ 전략적 사고 : 문제와 해결방안이 상위 시스템과 어떻게 연결되어 있는지를 생각한다.

　㉡ 분석적 사고 : 전체를 각각의 요소로 나누어 그 의미를 도출하고 우선순위를 부여하여 구체적인 문제해결방법을 실행한다.

　㉢ 발상의 전환 : 인식의 틀을 전환하여 새로운 관점으로 바라보는 사고를 지향한다.

　㉣ 내·외부자원의 활용 : 기술, 재료, 사람 등 필요한 자원을 효과적으로 활용한다.

③ 문제해결의 장애요소

　㉠ 문제를 철저하게 분석하지 않는 경우

　㉡ 고정관념에 얽매이는 경우

　㉢ 쉽게 떠오르는 단순한 정보에 의지하는 경우

　㉣ 너무 많은 자료를 수집하려고 노력하는 경우

④ 문제해결방법

　㉠ 소프트 어프로치 : 문제해결을 위해서 직접적인 표현보다는 무언가를 시사하거나 암시를 통하여 의사를 전달하여 문제해결을 도모하고자 한다.

　㉡ 하드 어프로치 : 상이한 문화적 토양을 가지고 있는 구성원을 가정하고, 서로의 생각을 직설적으로 주장하고 논쟁이나 협상을 통해 서로의 의견을 조정해 가는 방법이다.

ⓒ 퍼실리테이션(facilitation) : 촉진을 의미하며 어떤 그룹이나 집단이 의사결정을 잘 하도록 도와주는 일을 의미한다.

2 문제해결능력을 구성하는 하위능력

(1) 사고력

① 창의적 사고 : 개인이 가지고 있는 경험과 지식을 통해 새로운 가치 있는 아이디어를 산출하는 사고능력이다.

    ㉠ 창의적 사고의 특징
- 정보와 정보의 조합
- 사회나 개인에게 새로운 가치 창출
- 창조적인 가능성

예제 2

M사 홍보팀에서 근무하고 있는 귀하는 입사 5년차로 창의적인 기획안을 제출하기로 유명하다. S부장은 이번 신입사원 교육 때 귀하에게 창의적인 사고란 무엇인지 교육을 맡아달라고 부탁하였다. 창의적인 사고에 대한 귀하의 설명으로 옳지 않은 것은?

① 창의적인 사고는 새롭고 유용한 아이디어를 생산해 내는 정신적인 과정이다.
② 창의적인 사고는 특별한 사람들만이 할 수 있는 대단한 능력이다.
③ 창의적인 사고는 기존의 정보들을 특정한 요구조건에 맞거나 유용하도록 새롭게 조합시킨 것이다.
④ 창의적인 사고는 통상적인 것이 아니라 기발하거나, 신기하며 독창적인 것이다.

출제의도

창의적 사고에 대한 개념을 정확히 파악하고 있는지를 묻는 문항이다.

해 설

흔히 사람들은 창의적인 사고에 대해 특별한 사람들만이 할 수 있는 대단한 능력이라고 생각하지만 그리 대단한 능력이 아니며 이미 알고 있는 경험과 지식을 해체하여 다시 새로운 정보로 결합하여 가치 있는 아이디어를 산출하는 사고라고 할 수 있다.

답 ②

    ㉡ 발산적 사고 : 창의적 사고를 위해 필요한 것으로 자유연상법, 강제연상법, 비교발상법 등을 통해 개발할 수 있다.

구분	내용
자유연상법	생각나는 대로 자유롭게 발상 ex) 브레인스토밍
강제연상법	각종 힌트에 강제적으로 연결 지어 발상 ex) 체크리스트
비교발상법	주제의 본질과 닮은 것을 힌트로 발상 ex) NM법, Synectics

POINT 브레인스토밍

    ㉠ 진행방법

- 주제를 구체적이고 명확하게 정한다.
- 구성원의 얼굴을 볼 수 있는 좌석 배치와 큰 용지를 준비한다.
- 구성원들의 다양한 의견을 도출할 수 있는 사람을 리더로 선출한다.
- 구성원은 다양한 분야의 사람들로 5~8명 정도로 구성한다.
- 발언은 누구나 자유롭게 할 수 있도록 하며, 모든 발언 내용을 기록한다.
- 아이디어에 대한 평가는 비판해서는 안 된다.

    ㉡ 4대 원칙

- 비판엄금(Support) : 평가 단계 이전에 결코 비판이나 판단을 해서는 안 되며 평가는 나중까지 유보한다.
- 자유분방(Silly) : 무엇이든 자유롭게 말하고 이런 바보 같은 소리를 해서는 안 된다는 등의 생각은 하지 않아야 한다.
- 질보다 양(Speed) : 질에는 관계없이 가능한 많은 아이디어들을 생성해내도록 격려한다.
- 결합과 개선(Synergy) : 다른 사람의 아이디어에 자극되어 보다 좋은 생각이 떠오르고, 서로 조합하면 재미있는 아이디어가 될 것 같은 생각이 들면 즉시 조합시킨다.

② 논리적 사고 : 사고의 전개에 있어 전후의 관계가 일치하고 있는가를 살피고 아이디어를 평가하는 사고능력이다.

    ㉠ 논리적 사고를 위한 5가지 요소 : 생각하는 습관, 상대 논리의 구조화, 구체적인 생각, 타인에 대한 이해, 설득

    ㉡ 논리적 사고 개발 방법

- 피라미드 구조 : 하위의 사실이나 현상부터 사고하여 상위의 주장을 만들어가는 방법
- so what기법 : '그래서 무엇이지?'하고 자문자답하여 주어진 정보로부터 가치 있는 정보를 이끌어내는 사고 기법

③ 비판적 사고 : 어떤 주제나 주장에 대해서 적극적으로 분석하고 종합하며 평가하는 능동적인 사고이다.

    ㉠ 비판적 사고 개발 태도 : 비판적 사고를 개발하기 위해서는 지적 호기심, 객관성, 개방성, 융통성, 지적 회의성, 지적 정직성, 체계성, 지속성, 결단성, 다른 관점에 대한 존중과 같은 태도가 요구된다.

    ㉡ 비판적 사고를 위한 태도

- 문제의식 : 비판적인 사고를 위해서 가장 먼저 필요한 것은 바로 문제의식이다. 자신이 지니고 있는 문제와 목적을 확실하고 정확하게 파악하는 것이 비판적인 사고의 시작이다.
- 고정관념 타파 : 지각의 폭을 넓히는 일은 정보에 대한 개방성을 가지고 편견을 갖지 않는 것으로 고정관념을 타파하는 일이 중요하다.

(2) 문제처리능력과 문제해결절차

① 문제처리능력 : 목표와 현상을 분석하고 이를 토대로 문제를 도출하여 최적의 해결책을 찾아 실행·평가하는 능력이다.

② 문제해결절차 : 문제 인식 → 문제 도출 → 원인 분석 → 해결안 개발 → 실행 및 평가

   ㉠ 문제 인식 : 문제해결과정 중 'waht'을 결정하는 단계로 환경 분석 → 주요 과제 도출 → 과제 선정의 절차를 통해 수행된다.

     • 3C 분석 : 환경 분석 방법의 하나로 사업환경을 구성하고 있는 요소인 자사(Company), 경쟁사(Competitor), 고객(Customer)을 분석하는 것이다.

예제 3

L사에서 주력 상품으로 밀고 있는 TV의 판매 이익이 감소하고 있는 상황에서 귀하는 B부장으로부터 3C분석을 통해 해결방안을 강구해 오라는 지시를 받았다. 다음 중 3C에 해당하지 않는 것은?

① Customer   ② Company
③ Competitor   ④ Content

출제의도

3C의 개념과 구성요소를 정확히 숙지하고 있는지를 측정하는 문항이다.

해 설

3C 분석에서 사업 환경을 구성하고 있는 요소인 자사(Company), 경쟁사(Competitor), 고객을 3C(Customer)라고 한다. 3C 분석에서 고객 분석에서는 '고객은 자사의 상품·서비스에 만족하고 있는지를, 자사 분석에서는 '자사가 세운 달성목표와 현상 간에 차이가 없는지를 경쟁사 분석에서는 '경쟁기업의 우수한 점과 자사의 현상과 차이가 없는지에 대한 질문을 통해서 환경을 분석하게 된다.

답 ④

     • SWOT 분석 : 기업내부의 강점과 약점, 외부환경의 기회와 위협요인을 분석·평가하여 문제해결 방안을 개발하는 방법이다.

		내부환경요인	
		강점(Strengths)	약점(Weaknesses)
외부환경요인	기회 (Opportunities)	SO 내부강점과 외부기회 요인을 극대화	WO 외부기회를 이용하여 내부약점을 강점으로 전환
	위협 (Threat)	ST 외부위협을 최소화하기 위해 내부강점을 극대화	WT 내부약점과 외부위협을 최소화

ⓛ 문제 도출 : 선정된 문제를 분석하여 해결해야 할 것이 무엇인지를 명확히 하는 단계로, 문제 구조 파악→핵심 문제 선정 단계를 거쳐 수행된다.
- Logic Tree : 문제의 원인을 파고들거나 해결책을 구체화할 때 제한된 시간 안에서 넓이와 깊이를 추구하는데 도움이 되는 기술로 주요 과제를 나무모양으로 분해·정리하는 기술이다.
ⓒ 원인 분석 : 문제 도출 후 파악된 핵심 문제에 대한 분석을 통해 근본 원인을 찾는 단계로 Issue 분석→Data 분석→원인 파악의 절차로 진행된다.
ⓔ 해결안 개발 : 원인이 밝혀지면 이를 효과적으로 해결할 수 있는 다양한 해결안을 개발하고 최선의 해결안을 선택하는 것이 필요하다.
ⓜ 실행 및 평가 : 해결안 개발을 통해 만들어진 실행계획을 실제 상황에 적용하는 활동으로 실행계획 수립→실행→Follow-up의 절차로 진행된다.

예제 4

C사는 최근 국내 매출이 지속적으로 하락하고 있어 사내 분위기가 심상치 않다. 이에 대해 Y부장은 이 문제를 극복하고자 문제처리 팀을 구성하여 해결방안을 모색하도록 지시하였다. 문제처리 팀의 문제해결 절차를 올바른 순서로 나열한 것은?

① 문제 인식 → 원인 분석 → 해결안 개발 → 문제 도출 → 실행 및 평가
② 문제 도출 → 문제 인식 → 해결안 개발 → 원인 분석 → 실행 및 평가
③ 문제 인식 → 원인 분석 → 문제 도출 → 해결안 개발 → 실행 및 평가
④ 문제 인식 → 문제 도출 → 원인 분석 → 해결안 개발 → 실행 및 평가

출제의도

실제 업무 상황에서 문제가 일어났을 때 해결 절차를 알고 있는지를 측정하는 문항이다.

해 설

일반적인 문제해결절차는 '문제 인식 → 문제 도출 → 원인 분석 → 해결안 개발 → 실행 및 평가'로 이루어진다.

답 ④

1 자원과 자원관리

(1) 자원

① 자원의 종류 : 시간, 돈, 물적자원, 인적자원

② 자원의 낭비요인 : 비계획적 행동, 편리성 추구, 자원에 대한 인식 부재, 노하우 부족

(2) 자원관리 기본 과정

① 필요한 자원의 종류와 양 확인

② 이용 가능한 자원 수집하기

③ 자원 활용 계획 세우기

④ 계획대로 수행하기

예제 1

당신은 A출판사 교육훈련 담당자이다. 조직의 효율성을 높이기 위해 전사적인 시간관리에 대한 교육을 실시하기로 하였지만 바쁜 일정상 직원들을 집합교육에 동원할 수 있는 시간은 제한적이다. 다음 중 귀하가 최우선의 교육 대상으로 삼아야 하는 것은 어느 부분인가?

구분	긴급한 일	긴급하지 않은 일
중요한 일	제1사분면	제2사분면
중요하지 않은 일	제3사분면	제4사분면

출제의도

주어진 일들을 중요도와 긴급도에 따른 시간관리 매트릭스에서 우선순위를 구분할 수 있는가를 측정하는 문항이다.

① 중요하고 긴급한 일로 위기사항이나 급박한 문제, 기간이 정해진 프로젝트 등이 해당되는 제1사분면

② 긴급하지는 않지만 중요한 일로 인간관계구축이나 새로운 기회의 발굴, 중장기 계획 등이 포함되는 제2사분면

③ 긴급하지만 중요하지 않은 일로 잠깐의 급한 질문, 일부 보고서, 눈 앞의 급박한 사항이 해당되는 제3사분면

④ 중요하지 않고 긴급하지 않은 일로 하찮은 일이나 시간낭비거리, 즐거운 활동 등이 포함되는 제4사분면

해 설

교육훈련에서 최우선 교육대상으로 삼아야 하는 것은 긴급하지 않지만 중요한 일이다. 이를 긴급하지 않다고 해서 뒤로 미루다보면 급박하게 처리해야하는 업무가 증가하여 효율적인 시간관리가 어려워진다.

구분	긴급한 일	긴급하지 않은 일
중요한 일	위기사항, 급박한 문제, 기간이 정해진 프로젝트	인간관계구축, 새로운 기회의 발굴, 중장기계획
중요하지 않은 일	잠깐의 급한 질문, 일부 보고서, 눈앞의 급박한 사항	하찮은 일, 우편물, 전화, 시간낭비거리, 즐거운 활동

답 ②

② 자원관리능력을 구성하는 하위능력

(1) 시간관리능력

① 시간의 특성

　㉠ 시간은 매일 주어지는 기적이다.

　㉡ 시간은 똑같은 속도로 흐른다.

　㉢ 시간의 흐름은 멈추게 할 수 없다.

　㉣ 시간은 꾸거나 저축할 수 없다.

　㉤ 시간은 사용하기에 따라 가치가 달라진다.

② 시간관리의 효과

　㉠ 생산성 향상

　㉡ 가격 인상

　㉢ 위험 감소

　㉣ 시장 점유율 증가

③ 시간계획

　　㉠ 개념 : 시간 자원을 최대한 활용하기 위하여 가장 많이 반복되는 일에 가장 많은 시간을 분배하고, 최단시간에 최선의 목표를 달성하는 것을 의미한다.

　　㉡ 60 : 40의 Rule

계획된 행동 (60%)	계획 외의 행동 (20%)	자발적 행동 (20%)
총 시간		

예제 2

유아용품 홍보팀의 사원 은이씨는 일산 킨텍스에서 열리는 유아용품박람회에 참여하고자 한다. 당일 회의 후 출발해야 하며 회의 종료 시간은 오후 3시이다.

장소	일시
일산 킨텍스 제2전시장	2016. 1. 20(금) PM 15:00~19:00 * 입장가능시간은 종료 2시간 전 까지

오시는 길

지하철 : 4호선 대화역(도보 30분 거리)

버스 : 8109번, 8407번(도보 5분 거리)

• 회사에서 버스정류장 및 지하철역까지 소요시간

출발지	도착지		소요시간
회사	×× 정류장	도보	15분
		택시	5분
	지하철역	도보	30분
		택시	10분

• 일산 킨텍스 가는 길

교통편	출발지	도착지	소요시간
지하철	강남역	대화역	1시간 25분
버스	×× 정류장	일산 킨텍스 정류장	1시간 45분

위의 제시 상황을 보고 은이씨가 선택할 교통편으로 가장 적절한 것은?

① 도보 – 지하철　　　　　　② 도보 – 버스

③ 택시 – 지하철　　　　　　④ 택시 – 버스

출제의도

주어진 여러 시간정보를 수집하여 실제 업무 상황에서 시간자원을 어떻게 활용할 것인지 계획하고 할당하는 능력을 측정하는 문항이다.

해 설

④ 택시로 버스정류장까지 이동해서 버스를 타고 가게 되면 택시(5분), 버스(1시간 45분), 도보(5분)으로 1시간 55분이 걸린다.

① 도보-지하철 : 도보(30분), 지하철(1시간 25분), 도보(30분)이므로 총 2시간 25분이 걸린다.

② 도보-버스 : 도보(15분), 버스(1시간 45분), 도보(5분)이므로 총 2시간 5분이 걸린다.

③ 택시-지하철 : 택시(10분), 지하철(1시간 25분), 도보(30분)이므로 총 2시간 5분이 걸린다.

답 ④

(2) 예산관리능력

① 예산과 예산관리

    ㉠ 예산 : 필요한 비용을 미리 헤아려 계산하는 것이나 그 비용을 말한다.

    ㉡ 예산관리 : 활동이나 사업에 소요되는 비용을 산정하고, 예산을 편성하는 것뿐만 아니라 예산을 통제하는 것 모두를 포함한다.

② 예산의 구성요소

비용	직접비용	재료비, 원료와 장비, 시설비, 여행(출장) 및 잡비, 인건비 등
	간접비용	보험료, 건물관리비, 광고비, 통신비, 사무비품비, 각종 공과금 등

③ 예산수립 과정 : 필요한 과업 및 활동 구명 → 우선순위 결정 → 예산 배정

예제 3

당신은 가을 체육대회에서 총무를 맡으라는 지시를 받았다. 다음과 같은 계획에 따라 예산을 진행하였으나 확보된 예산이 생각보다 적게 되어 불가피하게 비용항목을 줄여야 한다. 다음 중 귀하가 비용 항목을 없애기에 가장 적절한 것은 무엇인가?

〈○○산업공단 춘계 1차 워크숍〉

1. 해당부서 : 인사관리팀, 영업팀, 재무팀
2. 일　　정 : 2016년 4월 21일~23일(2박 3일)
3. 장　　소 : 강원도 속초 ○○연수원
4. 행사내용 : 바다열차탑승, 체육대회, 친교의 밤 행사, 기타

① 숙박비　　　　　　　　　　② 식비
③ 교통비　　　　　　　　　　④ 기념품비

출제의도

업무에 소요되는 예산 중 꼭 필요한 것과 예산을 감축해야할 때 삭제 또는 감축이 가능한 것을 구분해내는 능력을 묻는 문항이다.

해　설

한정된 예산을 가지고 과업을 수행할 때에는 중요도를 기준으로 예산을 사용한다. 위와 같이 불가피하게 비용 항목을 줄여야 한다면 기본적인 항목인 숙박비, 식비, 교통비는 유지되어야 하기에 항목을 없애기 가장 적절한 정답은 ④번이 된다.

답 ④

(3) 물적관리능력

① 물적자원의 종류

ㄱ 자연자원 : 자연상태 그대로의 자원 ex) 석탄, 석유 등

ㄴ 인공자원 : 인위적으로 가공한 자원 ex) 시설, 장비 등

② 물적자원관리 : 물적자원을 효과적으로 관리할 경우 경쟁력 향상이 향상되어 과제 및 사업의 성공으로 이어지며, 관리가 부족할 경우 경제적 손실로 인해 과제 및 사업의 실패 가능성이 커진다.

③ 물적자원 활용의 방해요인

ㄱ 보관 장소의 파악 문제

ㄴ 훼손

ㄷ 분실

④ 물적자원관리 과정

과정	내용
사용 물품과 보관 물품의 구분	• 반복 작업 방지 • 물품활용의 편리성
동일 및 유사 물품으로의 분류	• 동일성의 원칙 • 유사성의 원칙
물품 특성에 맞는 보관 장소 선정	• 물품의 형상 • 물품의 소재

S호텔의 외식사업부 소속인 K씨는 예약일정 관리를 담당하고 있다. 아래의 예약일정과 정보를 보고 K씨의 판단으로 옳지 않은 것은?

출제의도

주어진 정보와 일정표를 토대로 이용 가능한 물적자원을 확보하여 이를 정확하게 안내할 수 있는 능력을 측정하는 문항이다. 고객이 제공한 정보를 정확하게 파악하고 그 조건 안에서 가능한 자원을 제공할 수 있어야 한다.

〈S호텔 일식 뷔페 1월 ROOM 예약 일정〉

* 예약 : ROOM 이름(시작시간)

SUN	MON	TUE	WED	THU	FRI	SAT
					1	2
					백합(16)	장미(11) 백합(15)
3	4	5	6	7	8	9
라일락(15)		백향목(10) 백합(15)	장미(10) 백향목(17)	백합(11) 라일락(18)	백향목(15)	장미(10) 라일락(15)

ROOM 구분	수용가능인원	최소투입인력	연회장 이용시간
백합	20	3	2시간
장미	30	5	3시간
라일락	25	4	2시간
백향목	40	8	3시간

– 오후 9시에 모든 업무를 종료함
– 한 타임 끝난 후 1시간씩 세팅 및 정리
– 동 시간 대 서빙 투입인력은 총 10명을 넘을 수 없음

해 설

③ 조건을 고려했을 때 5일 장미 ROOM과 7일 장미ROOM이 예약 가능하다.
① 참석 인원이 27명이므로 30명 수용 가능한 장미ROOM과 40명 수용 가능한 백향목ROOM 두 곳이 적합하다.
② 만약 2명이 안 온다면 총 참석인원 25명이므로 라일락ROOM, 장미 ROOM, 백향목ROOM이 예약 가능하다.
④ 오후 8시에 마무리하려고 계획하고 있으므로 적절하다.

안녕하세요, 1월 첫째 주 또는 둘째 주에 신년회 행사를 위해 ROOM을 예약하려고 하는데요, 저희 동호회의 총 인원은 27명이고 오후 8시쯤 마무리하려고 합니다. 신정과 주말, 월요일은 피하고 싶습니다. 예약이 가능할까요?

① 인원을 고려했을 때 장미ROOM과 백향목ROOM이 적합하겠군
② 만약 2명이 안 온다면 예약 가능한 ROOM이 늘어나겠구나
③ 조건을 고려했을 때 예약 가능한 ROOM은 5일 장미ROOM뿐이겠구나
④ 오후 5시부터 8시까지 가능한 ROOM을 찾아야해

답 ③

(4) 인적자원관리능력

① 인맥 : 가족, 친구, 직장동료 등 자신과 직접적인 관계에 있는 사람들인 핵심인맥과 핵심인맥들로부터 알게 된 파생인맥이 존재한다.

② 인적자원의 특성 : 능동성, 개발가능성, 전략적 자원

③ 인력배치의 원칙

    ㉠ 적재적소주의 : 팀의 효율성을 높이기 위해 팀원의 능력이나 성격 등과 가장 적합한 위치에 배치하여 팀원 개개인의 능력을 최대로 발휘해 줄 것을 기대하는 것

    ㉡ 능력주의 : 개인에게 능력을 발휘할 수 있는 기회와 장소를 부여하고 그 성과를 바르게 평가하며 평가된 능력과 실적에 대해 그에 상응하는 보상을 주는 원칙

    ㉢ 균형주의 : 모든 팀원에 대한 적재적소를 고려

④ 인력배치의 유형

    ㉠ 양적 배치 : 부문의 작업량과 조업도, 여유 또는 부족 인원을 감안하여 소요인원을 결정하여 배치하는 것

    ㉡ 질적 배치 : 적재적소의 배치

    ㉢ 적성 배치 : 팀원의 적성 및 흥미에 따라 배치하는 것

예제 5

최근 조직개편 및 연봉협상 과정에서 직원들의 불만이 높아지고 있다. 온갖 루머가 난무한 가운데 인사팀원인 당신에게 사내 게시판의 직원 불만사항에 대한 진위여부를 파악하고 대안을 세우라는 팀장의 지시를 받았다. 다음 중 당신이 조치를 취해야 하는 직원은 누구인가?

① 사원 A는 팀장으로부터 업무 성과가 탁월하다는 평가를 받았는데도 조직개편으로 인한 부서 통합으로 인해 승진을 못한 것이 불만이다.

② 사원 B는 회사가 예년에 비해 높은 영업 이익을 얻었는데도 불구하고 연봉 인상에 인색한 것이 불만이다.

③ 사원 C는 회사가 급여 정책을 변경해서 고정급 비율을 낮추고 기본급과 인센티브를 지급하는 제도로 바꾼 것이 불만이다.

④ 사원 D는 입사 동기인 동료가 자신보다 업무 실적이 좋지 않고 불성실한 근무태도를 가지고 있는데, 팀장과의 친분으로 인해 자신보다 높은 평가를 받은 것이 불만이다.

출제의도

주어진 직원들의 정보를 통해 시급하게 진위여부를 가리고 조치하여 인력배치를 해야 하는 사항을 확인하는 문제이다.

해 설

사원 A, B, C는 각각 조직 정책에 대한 불만이기에 논의를 통해 조직적으로 대처하는 것이 옳지만, 사원 D는 팀장의 독단적인 전횡에 대한 불만이기 때문에 조사하여 시급히 조치할 필요가 있다. 따라서 가장 적절한 답은 ④번이 된다.

답 ④

① 정보화사회와 정보능력

(1) 정보와 정보화사회

① 자료 · 정보 · 지식

구분	특징
자료Data)	객관적 실제의 반영이며, 그것을 전달할 수 있도록 기호화한 것
정보(Information)	자료를 특정한 목적과 문제해결에 도움이 되도록 가공한 것
지식(Knowledge)	정보를 집적하고 체계화하여 장래의 일반적인 사항에 대비해 보편성을 갖도록 한 것

② 정보화사회 : 필요로 하는 정보가 사회의 중심이 되는 사회

(2) 업무수행과 정보능력

① 컴퓨터의 활용 분야

　㉠ 기업 경영 분야에서의 활용 : 판매, 회계, 재무, 인사 및 조직관리, 금융 업무 등

　㉡ 행정 분야에서의 활용 : 민원처리, 각종 행정 통계 등

　㉢ 산업 분야에서의 활용 : 공장 자동화, 산업용 로봇, 판매시점관리시스템(POS) 등

　㉣ 기타 분야에서의 활용 : 교육, 연구소, 출판, 가정, 도서관, 예술 분야 등

② 정보처리과정

　㉠ 정보 활용 절차 : 기획 → 수집 → 관리 → 활용

　㉡ 5W2H : 정보 활용의 전략적 기획

　　• WHAT(무엇을?) : 정보의 입수대상을 명확히 한다.

　　• WHERE(어디에서?) : 정보의 소스(정보원)를 파악한다.

　　• WHEN(언제까지) : 정보의 요구(수집)시점을 고려한다.

　　• WHY(왜?) : 정보의 필요목적을 염두에 둔다.

　　• WHO(누가?) : 정보활동의 주체를 확정한다.

　　• HOW(어떻게) : 정보의 수집방법을 검토한다.

　　• HOW MUCH(얼마나?) : 정보수집의 비용성(효용성)을 중시한다.

예제 1

5W2H는 정보를 전략적으로 수집 · 활용할 때 주로 사용하는 방법이다. 5W2H에 대한 설명으로 옳지 않은 것은?

① WHAT : 정보의 수집방법을 검토한다.
② WHERE : 정보의 소스(정보원)를 파악한다.
③ WHEN : 정보의 요구(수집)시점을 고려한다.
④ HOW : 정보의 수집방법을 검토한다.

출제의도

방대한 정보들 중 꼭 필요한 정보와 수집 방법 등을 전략적으로 기획하고 정보수집이 이루어질 때 효과적인 정보 수집이 가능해진다. 5W2H는 이러한 전략적 정보 활용 기획의 방법으로 그 개념을 이해하고 있는지를 묻는 질문이다.

해 설

5W2H의 'WHAT'은 정보의 입수대상을 명확히 하는 것이다. 정보의 수집방법을 검토하는 것은 HOW(어떻게)에 해당되는 내용이다.

답 ①

(3) 사이버공간에서 지켜야 할 예절

① 인터넷의 역기능

  ㉠ 불건전 정보의 유통

  ㉡ 개인 정보 유출

  ㉢ 사이버 성폭력

  ㉣ 사이버 언어폭력

  ㉤ 언어 훼손

  ㉥ 인터넷 중독

  ㉦ 불건전한 교제

  ㉧ 저작권 침해

② 네티켓(netiquette) : 네트워크(network) + 에티켓(etiquette)

(4) 정보의 유출에 따른 피해사례

① 개인정보의 종류

　　㉠ 일반 정보 : 이름, 주민등록번호, 운전면허정보, 주소, 전화번호, 생년월일, 출생지, 본적지, 성별, 국적 등

　　㉡ 가족 정보 : 가족의 이름, 직업, 생년월일, 주민등록번호, 출생지 등

　　㉢ 교육 및 훈련 정보 : 최종학력, 성적, 기술자격증/전문면허증, 이수훈련 프로그램, 서클 활동, 상벌사항, 성격/행태보고 등

　　㉣ 병역 정보 : 군번 및 계급, 제대유형, 주특기, 근무부대 등

　　㉤ 부동산 및 동산 정보 : 소유주택 및 토지, 자동차, 저축현황, 현금카드, 주식 및 채권, 수집품, 고가의 예술품 등

　　㉥ 소득 정보 : 연봉, 소득의 원천, 소득세 지불 현황 등

　　㉦ 기타 수익 정보 : 보험가입현황, 수익자, 회사의 판공비 등

　　㉧ 신용 정보 : 대부상황, 저당, 신용카드, 담보설정 여부 등

　　㉨ 고용 정보 : 고용주, 회사주소, 상관의 이름, 직무수행 평가 기록, 훈련기록, 상벌기록 등

　　㉩ 법적 정보 : 전과기록, 구속기록, 이혼기록 등

　　㉪ 의료 정보 : 가족병력기록, 과거 의료기록, 신체장애, 혈액형 등

　　㉫ 조직 정보 : 노조가입, 정당가입, 클럽회원, 종교단체 활동 등

　　㉬ 습관 및 취미 정보 : 흡연/음주량, 여가활동, 도박성향, 비디오 대여기록 등

② 개인정보 유출방지 방법

　　㉠ 회원 가입 시 이용 약관을 읽는다.

　　㉡ 이용 목적에 부합하는 정보를 요구하는지 확인한다.

　　㉢ 비밀번호는 정기적으로 교체한다.

　　㉣ 정체불명의 사이트는 멀리한다.

　　㉤ 가입 해지 시 정보 파기 여부를 확인한다.

　　㉥ 남들이 쉽게 유추할 수 있는 비밀번호는 자제한다.

❷ 정보능력을 구성하는 하위능력

(1) 컴퓨터활용능력

① 인터넷 서비스 활용

  ㉠ 전자우편(E-mail) 서비스 : 정보 통신망을 이용하여 다른 사용자들과 편지나 여러 정보를 주고받는 통신 방법

  ㉡ 인터넷 디스크/웹 하드 : 웹 서버에 대용량의 저장 기능을 갖추고 사용자가 개인용 컴퓨터의 하드디스크와 같은 기능을 인터넷을 통하여 이용할 수 있게 하는 서비스

  ㉢ 메신저 : 인터넷에서 실시간으로 메시지와 데이터를 주고받을 수 있는 소프트웨어

  ㉣ 전자상거래 : 인터넷을 통해 상품을 사고팔거나 재화나 용역을 거래하는 사이버 비즈니스

② 정보검색 : 여러 곳에 분산되어 있는 수많은 정보 중에서 특정 목적에 적합한 정보만을 신속하고 성확하게 찾아내어 수집, 분류, 축적하는 과정

  ㉠ 검색엔진의 유형

    • 키워드 검색 방식 : 찾고자 하는 정보와 관련된 핵심적인 언어인 키워드를 직접 입력하여 이를 검색 엔진에 보내어 검색 엔진이 키워드와 관련된 정보를 찾는 방식

    • 주제별 검색 방식 : 인터넷상에 존재하는 웹 문서들을 주제별, 계층별로 정리하여 데이터베이스를 구축한 후 이용하는 방식

    • 통합형 검색방식 : 사용자가 입력하는 검색어들이 연계된 다른 검색 엔진에게 보내고 이를 통하여 얻어진 검색 결과를 사용자에게 보여주는 방식

  ㉡ 정보 검색 연산자

기호	연산자	검색조건
*, &	AND	두 단어가 모두 포함된 문서를 검색
|	OR	두 단어가 모두 포함되거나 두 단어 중에서 하나만 포함된 문서를 검색
-, !	NOT	'-' 기호나 '!' 기호 다음에 오는 단어는 포함하지 않는 문서를 검색
~, near	인접검색	앞/뒤의 단어가 가깝게 있는 문서를 검색

③ 소프트웨어의 활용

  ㉠ 워드프로세서

    • 특징 : 문서의 내용을 화면으로 확인하면서 쉽게 수정 가능, 문서 작성 후 인쇄 및 저장 가능, 글이나 그림의 입력 및 편집 가능

    • 기능 : 입력기능, 표시기능, 저장기능, 편집기능, 인쇄기능 등

ⓛ 스프레드시트
- 특징 : 쉽게 계산 수행, 계산 결과를 차트로 표시, 문서를 작성하고 편집 가능
- 기능 : 계산, 수식, 차트, 저장, 편집, 인쇄기능 등

예제 2

귀하는 커피 전문점을 운영하고 있다. 아래와 같이 엑셀 워크시트로 4개 지점의 원두 구매 수량과 단가를 이용하여 금액을 산출하고 있다. 귀하가 다음 중 D3셀에서 사용하고 있는 함수식으로 옳은 것은? (단, 금액 = 수량 × 단가)

	A	B	C	D	E
1	지점	원두	수량(100g)	금액	
2	A	케냐	15	150000	
3	B	콜롬비아	25	175000	
4	C	케냐	30	300000	
5	D	브라질	35	210000	
6					
7		원두	100g당 단가		
8		케냐	10,000		
9		콜롬비아	7,000		
10		브라질	6,000		
11					

① =C3*VLOOKUP(B3, $B$8:$C$10, 1, 1)

② =B3*HLOOKUP(C3, $B$8:$C$10, 2, 0)

③ =C3*VLOOKUP(B3, $B$8:$C$10, 2, 0)

④ =C3*HLOOKUP($B$8:$C$10, 2, B3)

출제의도

본 문항은 엑셀 워크시트 함수의 활용도를 확인하는 문제이다.

해 설

"VLOOKUP(B3,$B$8:$C$10, 2, 0)"의 함수를 해설해보면 B3의 값(콜롬비아)을 B8:C10에서 찾은 후 그 영역의 2번째 열(C열, 100g당 단가)에 있는 값을 나타내는 함수이다. 금액은 "수량 × 단가"으로 나타내므로 D3셀에 사용되는 함수식은 "=C3*VLOOKUP(B3, $B$8:$C$10, 2, 0)"이다.

※ HLOOKUP과 VLOOKUP

ⓐ HLOOKUP : 배열의 첫 행에서 값을 검색하여, 지정한 행의 같은 열에서 데이터를 추출

ⓑ VLOOKUP : 배열의 첫 열에서 값을 검색하여, 지정한 열의 같은 행에서 데이터를 추출

답 ③

ⓒ 프레젠테이션
- 특징 : 각종 정보를 사용자 또는 대상자에게 쉽게 전달
- 기능 : 저장, 편집, 인쇄, 슬라이드 쇼 기능 등

ⓓ 유틸리티 프로그램 : 파일 압축 유틸리티, 바이러스 백신 프로그램

④ 데이터베이스의 필요성

ⓐ 데이터의 중복을 줄인다.

ⓑ 데이터의 무결성을 높인다.

ⓒ 검색을 쉽게 해준다.

ⓓ 데이터의 안정성을 높인다.

ⓔ 개발기간을 단축한다.

(2) 정보처리능력

① 정보원 : 1차 자료는 원래의 연구성과가 기록된 자료이며, 2차 자료는 1차 자료를 효과적으로 찾아보기 위한 자료 또는 1차 자료에 포함되어 있는 정보를 압축·정리한 형태로 제공하는 자료이다.

ⓐ 1차 자료 : 단행본, 학술지와 논문, 학술회의자료, 연구보고서, 학위논문, 특허정보, 표준 및 규격자료, 레터, 출판 전 배포자료, 신문, 잡지, 웹 정보자원 등

ⓑ 2차 자료 : 사전, 백과사전, 편람, 연감, 서지데이터베이스 등

② 정보분석 및 가공

ⓐ 정보분석의 절차 : 분석과제의 발생 → 과제(요구)의 분석 → 조사항목의 선정 → 관련정보의 수집(기존자료 조사/신규자료 조사) → 수집정보의 분류 → 항목별 분석 → 종합·결론 → 활용·정리

ⓑ 가공 : 서열화 및 구조화

③ 정보관리

ⓐ 목록을 이용한 정보관리

ⓑ 색인을 이용한 정보관리

ⓒ 분류를 이용한 정보관리

예제 3

인사팀에서 근무하는 J씨는 회사가 성장함에 따라 직원 수가 급증하기 시작하면서 직원들의 정보관리 방법을 모색하던 중 다음과 같은 A사의 직원 정보관리 방법을 보게 되었다. J씨는 A사가 하고 있는 이 방법을 회사에도 도입하고자 한다. 이 방법은 무엇인가?

> A사의 인사부서에 근무하는 H씨는 직원들의 개인정보를 관리하는 업무를 담당하고 있다. A사에서 근무하는 직원은 수천 명에 달하기 때문에 H씨는 주요 키워드나 주제어를 가지고 직원들의 정보를 구분하여 관리하여, 찾을 때도 쉽고 내용을 수정할 때도 이전보다 훨씬 간편할 수 있도록 했다.

① 목록을 활용한 정보관리
② 색인을 활용한 정보관리
③ 분류를 활용한 정보관리
④ 1:1 매칭을 활용한 정보관리

출제의도

본 문항은 정보관리 방법의 개념을 이해하고 있는가를 묻는 문제이다.

해 설

주어진 자료의 A사에서 사용하는 정보관리는 주요 키워드나 주제어를 가지고 정보를 관리하는 방식인 색인을 활용한 정보관리이다. 디지털 파일에 색인을 저장할 경우 추가, 삭제, 변경 등이 쉽다는 점에서 정보관리에 효율적이다.

 ②

1 기술과 기술능력

(1) 기술과 과학

① 노하우(know-how)와 노와이(know-why)
- ㉠ 노하우 : 특허권을 수반하지 않는 과학자, 엔지니어 등이 가지고 있는 체화된 기술로 경험적이고 반복적인 행위에 의해 얻어진다.
- ㉡ 노와이 : 기술이 성립하고 작용하는가에 관한 원리적 측면에 중심을 둔 개념으로 이론적인 지식으로서 과학적인 탐구에 의해 얻어진다.

② 기술의 특징
- ㉠ 하드웨어나 인간에 의해 만들어진 비자연적인 대상, 혹은 그 이상을 의미한다.
- ㉡ 기술은 노하우(know-how)를 포함한다.
- ㉢ 기술은 하드웨어를 생산하는 과정이다.
- ㉣ 기술은 인간의 능력을 확장시키기 위한 하드웨어와 그것의 활용을 뜻한다.
- ㉤ 기술은 정의 가능한 문제를 해결하기 위해 순서화되고 이해 가능한 노력이다.

③ 기술과 과학 : 기술은 과학과 같이 추상적 이론보다는 실용성, 효용, 디자인을 강조하고 과학은 그 반대로 추상적 이론, 지식을 위한 지식, 본질에 대한 이해를 강조한다.

(2) 기술능력

① 기술능력과 기술교양 : 기술능력은 기술교양의 개념을 보다 구체화시킨 개념으로, 기술교양은 모든 사람들이 광범위한 관점에서 기술의 특성, 기술적 행동, 기술의 힘, 기술의 결과에 대해 어느 정도의 지식을 가지는 것을 의미한다.

② 기술능력이 뛰어난 사람의 특징
- ㉠ 실질적 해결을 필요로 하는 문제를 인식한다.
- ㉡ 인식된 문제를 위한 다양한 해결책을 개발하고 평가한다.
- ㉢ 실제적 문제를 해결하기 위해 지식이나 기타 자원을 선택 · 최적화시키며 적용한다.
- ㉣ 주어진 한계 속에서 제한된 자원을 가지고 일한다.
- ㉤ 기술적 해결에 대한 효용성을 평가한다.
- ㉥ 여러 상황 속에서 기술의 체계와 도구를 사용하고 배울 수 있다.

Y그룹 기술연구소에 근무하는 정호는 연구 역량 강화를 위한 업계 워크숍에 참석해 기술 능력이 뛰어난 사람의 특징에 대해 기조 발표를 하려고 한다. 다음 중 정호가 발표에 포함시킬 내용으로 옳지 않은 것은?

① 기술의 체계와 같은 무형의 기술에 대한 능력과는 무관하다.
② 주어진 한계 속에서 제한된 자원을 가지고 일한다.
③ 기술적 해결에 대한 효용성을 평가한다.
④ 실질적 해결을 필요로 하는 문제를 인식한다.

기술능력이 뛰어난 사람의 특징에 대해 묻는 문제로 문제의 길이가 길 경우 그 속에 포함된 핵심 어구를 찾는다면 쉽게 풀 수 있는 문제다.

① 여러 상황 속에서 기술의 체계와 도구를 사용하고 배울 수 있다.

답 ①

③ 새로운 기술능력 습득방법

　　㉠ 전문 연수원을 통한 기술과정 연수

　　㉡ E-learning을 활용한 기술교육

　　㉢ 상급학교 진학을 통한 기술교육

　　㉣ OJT를 활용한 기술교육

(3) 분야별 유망 기술 전망

① 전기전자정보공학분야 : 지능형 로봇 분야

② 기계공학분야 : 하이브리드 자동차 기술

③ 건설환경공학분야 : 지속가능한 건축 시스템 기술

④ 화학생명공학분야 : 재생에너지 기술

(4) 지속가능한 기술

① 지속가능한 발전 : 지금 우리의 현재 욕구를 충족시키면서 동시에 후속 세대의 욕구 충족을 침해하지 않는 발전

② 지속가능한 기술

　　㉠ 이용 가능한 자원과 에너지를 고려하는 기술

　　㉡ 자원이 사용되고 그것이 재생산되는 비율의 조화를 추구하는 기술

　　㉢ 자원의 질을 생각하는 기술

　　㉣ 자원이 생산적인 방식으로 사용되는가에 주의를 기울이는 기술

(5) 산업재해

① 산업재해란 산업 활동 중의 사고로 인해 사망하거나 부상을 당하고, 또는 유해 물질에 의한 중독 등으로 직업성 질환에 걸리거나 신체적 장애를 가져오는 것을 말한다.

② 산업 재해의 기본적 원인

  ㉠ 교육적 원인 : 안전 지식의 불충분, 안전 수칙의 오해, 경험이나 훈련의 불충분과 작업관리자의 작업 방법의 교육 불충분, 유해 위험 작업 교육 불충분 등

  ㉡ 기술적 원인 : 건물·기계 장치의 설계 불량, 구조물의 불안정, 재료의 부적합, 생산 공정의 부적당, 점검·정비·보존의 불량 등

  ㉢ 작업 관리상 원인 : 안전 관리 조직의 결함, 안전 수칙 미제정, 작업 준비 불충분, 인원 배치 및 작업 지시 부적당 등

예제 2

다음은 철재가 알아낸 산업재해 원인과 관련된 자료이다. 다음 자료에 해당하는 산업재해의 기본적인 원인은 무엇인가?

〈2015년 산업재해 현황분석 자료에 따른 사망자의 수〉

(단위 : 명)

사망원인	사망자 수
안전 지식의 불충분	120
안전 수칙의 오해	56
경험이나 훈련의 불충분	73
작업관리자의 작업방법 교육 불충분	28
유해 위험 작업 교육 불충분	91
기타	4

출처 : 고용노동부 2015 산업재해 현황분석

① 정책적 원인   ② 작업 관리상 원인
③ 기술적 원인   ④ 교육적 원인

출제의도

산업재해의 원인은 크게 기본적 원인과 직접적 원인으로 나눌 수 있고 이들 원인은 다시 여러 개의 세부 원인들로 나뉜다. 표에 나와 있는 각각의 원인들이 어디에 속하는지 잘 구분할 수 있어야 한다.

해 설

④ 안전 지식의 불충분, 안전 수칙의 오해, 경험이나 훈련의 불충분, 작업관리자의 작업방법 교육 불충분, 유해 위험 작업 교육 불충분 등은 산업재해의 기본적 원인 중 교육적 원인에 해당한다.

답 ④

---

③ 산업 재해의 직접적 원인

  ㉠ 불안전한 행동 : 위험 장소 접근, 안전장치 기능 제거, 보호 장비의 미착용 및 잘못 사용, 운전 중인 기계의 속도 조작, 기계·기구의 잘못된 사용, 위험물 취급 부주의, 불안전한 상태 방치, 불안전한 자세와 동장, 감독 및 연락 잘못 등

  ㉡ 불안전한 상태 : 시설물 자체 결함, 전기 기설물의 누전, 구조물의 불안정, 소방기구의 미확보, 안전 보호 장치 결함, 복장·보호구의 결함, 시설물의 배치 및 장소 불량, 작업 환경 결함, 생산 공정의 결함, 경계 표시 설비의 결함 등

④ 산업 재해의 예방 대책

　　㉠ 안전 관리 조직 : 경영자는 사업장의 안전 목표를 설정하고, 안전 관리 책임자를 선정해야 하며, 안전 관리 책임자는 안전 계획을 수립하고, 이를 시행·후원·감독해야 한다.

　　㉡ 사실의 발견 : 사고 조사, 안전 점검, 현장 분석, 작업자의 제안 및 여론 조사, 관찰 및 보고서 연구, 면담 등을 통하여 사실을 발견한다.

　　㉢ 원인 분석 : 재해의 발생 장소, 재해 형태, 재해 정도, 관련 인원, 직원 감독의 적절성, 공구 및 장비의 상태 등을 정확히 분석한다.

　　㉣ 시정책의 선정 : 원인 분석을 토대로 적절한 시정책, 즉 기술적 개선, 인사 조정 및 교체, 교육, 설득, 호소, 공학적 조치 등을 선정한다.

　　㉤ 시정책 적용 및 뒤처리 : 안전에 대한 교육 및 훈련 실시, 안전시설과 장비의 결함 개선, 안전 감독 실시 등의 선정된 시정책을 적용한다.

❷ 기술능력을 구성하는 하위능력

(1) 기술이해능력

① 기술시스템

　　㉠ 개념 : 기술시스템은 인공물의 집합체만이 아니라 회사, 투자회사, 법적 제도, 정치, 과학, 자연자원을 모두 포함하는 것이기 때문에, 기술적인 것(the technical)과 사회적인 것(the social)이 결합해서 공존한다.

　　㉡ 기술시스템의 발전 단계 : 발명·개발·혁신의 단계 → 기술 이전의 단계 → 기술 경쟁의 단계 → 기술 공고화 단계

② 기술혁신

　　㉠ 기술혁신의 특성

　　　• 기술혁신은 그 과정 자체가 매우 불확실하고 장기간의 시간을 필요로 한다.
　　　• 기술혁신은 지식 집약적인 활동이다.
　　　• 혁신 과정의 불확실성과 모호함은 기업 내에서 많은 논쟁과 갈등을 유발할 수 있다.
　　　• 기술혁신은 조직의 경계를 넘나드는 특성을 갖고 있다.

ⓛ 기술혁신의 과정과 역할

기술혁신 과정	혁신 활동	필요한 자질과 능력
아이디어 창안	• 아이디어를 창출하고 가능성을 검증 • 일을 수행하는 새로운 방법 고안 • 혁신적인 진보를 위한 탐색	• 각 분야의 전문지식 • 추상화와 개념화 능력 • 새로운 분야의 일을 즐김
챔피언	• 아이디어의 전파 • 혁신을 위한 자원 확보 • 아이디어 실현을 위한 헌신	• 정력적이고 위험을 감수함 • 아이디어의 응용에 관심
프로젝트 관리	• 리더십 발휘 • 프로젝트의 기획 및 조직 • 프로젝트의 효과적인 진행 감독	• 의사결정 능력 • 업무 수행 방법에 대한 지식
정보 수문장	• 조직외부의 정보를 내부 구성원들에게 전달 • 조직 내 정보원 기능	• 높은 수준의 기술적 역량 • 원만한 대인 관계 능력
후원	• 혁신에 대한 격려와 안내 • 불필요한 제약에서 프로젝트 보호 • 혁신에 대한 자원 획득을 지원	• 조직의 주요 의사결정에 대한 영향력

(2) 기술선택능력

① 기술선택 : 기업이 어떤 기술을 외부로부터 도입하거나 자체 개발하여 활용할 것인가를 결정하는 것이다.

ⓐ 기술선택을 위한 의사결정

- 상향식 기술선택 : 기업 전체 차원에서 필요한 기술에 대한 체계적인 분석이나 검토 없이 연구자나 엔지니어들이 자율적으로 기술을 선택하는 것
- 하향식 기술선택 : 기술경영진과 기술기획담당자들에 의한 체계적인 분석을 통해 기업이 획득해야 하는 대상기술과 목표기술수준을 결정하는 것

ⓛ 기술선택을 위한 절차

```
외부환경분석
    ↓
중장기 사업목표 설정 → 사업 전략 수립 → 요구기술 분석 → 기술전략 수립 → 핵심기술 선택
    ↓
내부 역량 분석
```

- 외부환경분석 : 수요변화 및 경쟁자 변화, 기술 변화 등 분석
- 중장기 사업목표 설정 : 기업의 장기비전, 중장기 매출목표 및 이익목표 설정
- 내부 역량 분석 : 기술능력, 생산능력, 마케팅/영업능력, 재무능력 등 분석
- 사업 전략 수립 : 사업 영역결정, 경쟁 우위 확보 방안 수립
- 요구기술 분석 : 제품 설계/디자인 기술, 제품 생산공정, 원재료/부품 제조기술 분석
- 기술전략 수립 : 기술획득 방법 결정

ⓒ 기술선택을 위한 우선순위 결정

- 제품의 성능이나 원가에 미치는 영향력이 큰 기술
- 기술을 활용한 제품의 매출과 이익 창출 잠재력이 큰 기술
- 쉽게 구할 수 없는 기술
- 기업 간에 모방이 어려운 기술
- 기업이 생산하는 제품 및 서비스에 보다 광범위하게 활용할 수 있는 기술
- 최신 기술로 진부화될 가능성이 적은 기술

예제 3

주현은 건설회사에 근무하면서 프로젝트 관리를 한다. 얼마 전 대규모 프로젝트에 참가한 한 하청업체가 중간 보고회를 열고 다음과 같이 자신들이 이번 프로젝트의 성공적 마무리를 위해 노력하고 있음을 설명하고 있다. 다음 중 **총괄 책임자**로서 주현이 하청업체의 올바른 추진 방향으로 인정해줘야 하는 부분으로 바르게 묶인 것은?

> ⓐ 정부 및 환경단체가 요구하는 성과평가의 실천 방안을 연구하여 반영하고 있습니다.
> ⓑ 이번 프로젝트 성공을 위해 기술적 효용과 함께 환경적 효용도 추구하고 있습니다.
> ⓒ 오염 예방을 위한 청정 생산기술을 진단하고 컨설팅하면서 협력회사와 연대하고 있습니다.
> ⓓ 환경영향평가에 대해서는 철저한 사후평가 방식으로 진행하고 있습니다.

① ⓐⓑⓒ   ② ⓐⓑⓓ
③ ⓐⓒⓓ   ④ ⓑⓒⓓ

출제의도

실제 현장에서 사용하는 기술들에 대해 바람직한 평가요소는 무엇인지 묻는 문제다.

해 설

ⓓ 환경영향평가에 대해서는 철저한 사전평가 방식으로 진행해야 한다.

답 ①

② 벤치마킹

ⓐ 벤치마킹의 종류

기준	종류
비교대상에 따른 분류	• 내부 벤치마킹 : 같은 기업 내의 다른 지역, 타 부서, 국가 간의 유사한 활동을 비교대상으로 함 • 경쟁적 벤치마킹 : 동일 업종에서 고객을 직접적으로 공유하는 경쟁기업을 대상으로 함 • 비경쟁적 벤치마킹 : 제품, 서비스 및 프로세스의 단위 분야에 있어 가장 우수한 실무를 보이는 비경쟁적 기업 내의 유사 분야를 대상으로 함 • 글로벌 벤치마킹 : 프로세스에 있어 최고로 우수한 성과를 보유한 동일업종의 비경쟁적 기업을 대상으로 함
수행방식에 따른 분류	• 직접적 벤치마킹 : 벤치마킹 대상을 직접 방문하여 수행하는 방법 • 간접적 벤치마킹 : 인터넷 및 문서형태의 자료를 통해서 수행하는 방법

ⓛ 벤치마킹의 주요 단계
- 범위결정 : 벤치마킹이 필요한 상세 분야를 정의하고 목표와 범위를 결정하며 벤치마킹을 수행할 인력들을 결정
- 측정범위 결정 : 상세분야에 대한 측정항목을 결정하고, 측정항목이 벤치마킹의 목표를 달성하는 데 적정한가를 검토
- 대상 결정 : 비교분석의 대상이 되는 기업/기관들을 결정하고, 대상 후보별 벤치마킹 수행의 타당성을 검토하여 최종적인 대상 및 대상별 수행방식을 결정
- 벤치마킹 : 직접 또는 간접적인 벤치마킹을 진행
- 성과차이 분석 : 벤치마킹 결과를 바탕으로 성과차이를 측정항목별로 분석
- 개선계획 수립 : 성과차이에 대한 원인 분석을 진행하고 개선을 위한 성과목표를 결정하며, 성과목표를 달성하기 위한 개선계획을 수립
- 변화 관리 : 개선목표 달성을 위한 변화사항을 지속적으로 관리하고, 개선 후 변화사항과 예상했던 변화 사항을 비교

③ 매뉴얼 : 매뉴얼의 사전적 의미는 어떤 기계의 조작 방법을 설명해 놓은 사용 지침서이다.

ⓒ 매뉴얼의 종류
- 제품 매뉴얼 : 사용자를 위해 제품의 특징이나 기능 설명, 사용방법과 고장 조치방법, 유지 보수 및 A/S, 폐기까지 제품에 관련된 모든 서비스에 대해 소비자가 알아야 할 모든 정보를 제공하는 것
- 업무 매뉴얼 : 어떤 일의 진행 방식, 지켜야할 규칙, 관리상의 절차 등을 일관성 있게 여러 사람이 보고 따라할 수 있도록 표준화하여 설명하는 지침서

ⓛ 매뉴얼 작성을 위한 Tip
- 내용이 정확해야 한다.
- 사용자가 알기 쉽게 쉬운 문장으로 쓰여야 한다.
- 사용자의 심리적 배려가 있어야 한다.
- 사용자가 찾고자 하는 정보를 쉽게 찾을 수 있어야 한다.
- 사용하기 쉬어야 한다.

(3) 기술적용능력

① 기술적용

ⓐ 기술적용 형태
- 선택한 기술을 그대로 적용한다.
- 선택한 기술을 그대로 적용하되, 불필요한 기술은 과감히 버리고 적용한다.
- 선택한 기술을 분석하고 가공하여 활용한다.

ⓛ 기술적용 시 고려 사항

- 기술적용에 따른 비용이 많이 드는가?
- 기술의 수명 주기는 어떻게 되는가?
- 기술의 전략적 중요도는 어떻게 되는가?
- 잠재적으로 응용 가능성이 있는가?

② 기술경영자와 기술관리자

ⓐ 기술경영자에게 필요한 능력

- 기술을 기업의 전반적인 전략 목표에 통합시키는 능력
- 빠르고 효과적으로 새로운 기술을 습득하고 기존의 기술에서 탈피하는 능력
- 기술을 효과적으로 평가할 수 있는 능력
- 기술 이선을 효과석으로 할 수 있는 능력
- 새로운 제품개발 시간을 단축할 수 있는 능력
- 크고 복잡하고 서로 다른 분야에 걸쳐 있는 프로젝트를 수행할 수 있는 능력
- 조직 내의 기술 이용을 수행할 수 있는 능력
- 기술 전문 인력을 운용할 수 있는 능력

예제 4

다음은 기술경영자의 어떤 부분을 이야기하고 있는가?

> 어떤 일을 마무리하는 데 있어서 6개월의 시간이 걸린다면 그는 그 일을 한 달 안으로 끝낼 것을 원한다. 그에게 강한 밀어붙임을 경험한 사람들은 그에 대해 비판적인 입장을 취하기도 한다. 그의 직원 중 일부는 그 무게를 이겨내지 못하고, 다른 일부의 직원들은 그것을 스스로 더욱 열심히 할 수 있는 자극제로 사용한다고 말한다.

① 빠르고 효과적으로 새로운 기술을 습득하는 능력
② 기술 이전을 효과적으로 할 수 있는 능력
③ 기술 전문 인력을 운용할 수 있는 능력
④ 조직 내의 기술 이용을 수행할 수 있는 능력

출제의도

해당 사례가 기술경영자에게 필요한 능력 중 무엇에 해당하는 내용인지 묻는 문제로 각 능력에 대해 확실하게 이해하고 있어야 한다.

해 설

③ 기술경영자는 기술 전문 인력을 운용함에 있어 강한 리더십을 발휘하고 직원 스스로 움직일 수 있게 이끌 수 있어야 한다.

답 ③

ⓛ 기술관리자에게 필요한 능력

- 기술을 운용하거나 문제 해결을 할 수 있는 능력
- 기술직과 의사소통을 할 수 있는 능력
- 혁신적인 환경을 조성할 수 있는 능력
- 기술적, 사업적, 인간적인 능력을 통합할 수 있는 능력
- 시스템적인 관점
- 공학적 도구나 지원방식에 대한 이해 능력
- 기술이나 추세에 대한 이해 능력
- 기술팀을 통합할 수 있는 능력

③ 네트워크 혁명

ⓘ 네트워크 혁명의 3가지 법칙

- 무어의 법칙 : 컴퓨터의 파워가 18개월마다 2배씩 증가한다는 법칙
- 메트칼피의 법칙 : 네트워크의 가치는 사용자 수의 제곱에 비례한다는 법칙
- 카오의 법칙 : 창조성은 네트워크에 접속되어 있는 다양한 지수함수로 비례한다는 법칙

ⓛ 네트워크 혁명의 역기능 : 디지털 격차(digital divide), 정보화에 따른 실업의 문제, 인터넷 게임과 채팅 중독, 범죄 및 반사회적인 사이트의 활성화, 정보기술을 이용한 감시 등

예제 5

직표는 J그룹의 기술연구팀에서 근무하고 있는데 하루는 공정 개선 워크숍이 열려 최근 사내에서 이슈로 떠오른 신 제조공법의 도입과 관련해 토론을 벌이고 있다. 신 제조공법 도입으로 인한 이해득실에 대해 의견이 분분한 가운데 직표가 할 수 있는 발언으로 옳지 않은 것은?

① "기술의 수명 주기뿐만 아니라 기술의 전략적 중요성과 잠재적 응용 가능성 등도 따져봐야 합니다."
② "다른 것은 그냥 넘어가도 되지만 기계 교체로 인한 막대한 비용만큼은 철저히 고려해야 합니다."
③ "신 제조공법 도입이 우리 회사의 어떤 시장 전략과 연관되어 있는지 궁금합니다."
④ "신 제조공법의 수명을 어떻게 예상하고 있는지 알고 싶군요."

출제의도

기술적용능력에 대해 포괄적으로 묻는 문제로 신기술 적용 시 중요하게 생각해야 할 요소로는 무엇이 있는지 파악하고 있어야 한다.

해 설

② 기계 교체로 인한 막대한 비용뿐만 아니라 신 기술도입과 관련된 모든 사항에 대해 사전에 철저히 고려해야 한다.

답 ②

02 NCS 기출유형문제

정답 및 해설 p.312

1 다음은 정부와 한전에서 중점 추진하고 있는 에너지 신산업에 대한 글이다. 다음 글의 밑줄 친 부분이 의미하는 변화를 이루기 위해 가장 핵심적으로 요구되는 두 가지 기술 요소를 적절하게 연결한 것은 어느 것인가?

> 우리나라는 에너지 신산업의 일환으로 에너지 프로슈머 사업을 적극적으로 추진한다는 계획 하에 소규모 시범사업부터 대규모 프로슈머의 시범사업을 추진하고 있다. 기본적으로 에너지 프로슈머 사업이 활성화되기 위해서는 소비자 스스로 태양광 발전설비를 설치하고, 이웃과 거래할 수 있는 유인이 있어야 한다. 이러한 유인이 존재하려면 전력회사가 제공하는 전기의 요금보다 신재생에너지 발전단가가 낮아야 할 것이다. 앞으로도 소비자들의 프로슈머화는 가속화될 것이고 궁극적으로는 <u>자급자족 에너지 시스템으로의 변화</u>로 이어질 것으로 예상되고 있다.
>
> 에너지 프로슈머는 전력회사로부터 전력을 공급받아 단순히 소비만 하던 에너지 사용방식에서 탈피하여 신재생에너지원을 활용하여 직접 생산하여 소비한 후 남는 전력을 판매하기도 하는 소비자를 일컫는다. 소비자는 주로 태양광 발전설비를 이용하여 낮에 전력을 생산하여 자가 소비 후 잉여전력을 전력회사나 이웃에게 판매하는 방식으로 처리할 수 있다. 이 과정에서 소비자는 생산된 전력량으로부터 자가 소비량과 잉여전력량을 조절하는 한편, 전력회사로부터의 전력구입량도 관리하는 등 에너지 관리에 대한 선택이 확대된다. 더구나 전력저장장치가 결합된다면 저녁시간대의 전력 활용에 대한 선택이 커지므로 보다 전략적으로 에너지 관리를 할 수 있을 것이다.
>
> 소비자의 에너지 사용에 대한 행동변화는 소비자의 에너지 프로슈머화를 촉진시킬 뿐만 아니라 현재 대규모 설비위주의 중앙집중적 에너지 공급시스템을 분산형 전원을 활용하여 자급자족이 가능한 에너지 시스템으로 변화되도록 유도하고 있다. 그리고 소비자의 에너지 활용과 관련한 선택의 범위가 확대됨에 따라 다양한 에너지 서비스의 활성화에도 기여하고 있다. 소비자의 행동변화에 따라 에너지 사용데이터를 기반으로 공급자들도 에너지 수요관리와 관련된 다양한 서비스를 제공하는 한편, 에너지 프로슈머와의 경쟁적 환경에 놓이게 된 것이다.

① 전력저장장치, 전력구입량 관리 설비

② 전력저장장치, 분산형 전원

③ 중앙집중적 에너지 공급시스템, 전력구입량 관리 설비

④ 에너지 사용데이터 관리 시스템, 전력저장장치

⑤ 분산형 전원, 전력구입량 관리 설비

2 야산 한 쪽에 태양광 설비 설치를 위해 필요한 부품을 트럭에서 내려 설치 장소까지 리어카를 이용하여 시속 4km로 이동한 K씨는 설치 후 트럭이 있는 곳까지 시속 8km의 속도로 다시 돌아왔다. 처음 트럭을 출발하여 작업을 마치고 다시 트럭의 위치로 돌아오니 총 4시간이 걸렸다. 작업에 소요된 시간이 1시간 30분이라면, 트럭에서 태양광 설치 장소까지의 거리는 얼마인가? (거리는 반올림하여 소수 둘째 자리까지 표시함)

① 약 4.37km

② 약 4.95km

③ 약 5.33km

④ 약 6.28km

⑤ 약 6.67km

3 다음에 제시되는 글과 내용에 포함된 표를 참고할 때, 뒤에 이어질 단락에서 다루어질 내용이라고 보기 어려운 것은 어느 것인가?

에너지의 사용량을 결정하는 매우 중요한 핵심인자는 함께 거주하는 가구원의 수이다. 다음의 표에서 가구원수가 많아질수록 연료비 지출액 역시 함께 증가하는 것을 확인할 수 있다.

가구원수	비율	가구소득(천 원, %)	연료비(원, %)	연료비 비율
1명	17.0%	1,466,381 (100.0)	59,360 (100.0)	8.18%
2명	26.8%	2,645,290 (180.4)	96,433 (162.5)	6.67%
3명	23.4%	3,877,247 (264.4)	117,963 (198.7)	4.36%
4명	25.3%	4,470,861 (304.9)	129,287 (217.8)	3.73%
5명 이상	7.5%	4,677,671 (319.0)	148,456 (250.1)	4.01%

하지만 가구원수와 연료비는 비례하여 증가하는 것은 아니며, 특히 1인 가구의 지출액은 3인이나 4인 가구의 절반 수준, 2인 가구와 비교하여서도 61.5% 수준에 그친다. 연료비 지출액이 1인 가구에서 상대적으로 큰 폭으로 떨어지는 이유는 1인 가구의 가구유형에서 찾을 수 있다. 1인 가구의 40.8%가 노인가구이며, 노인가구의 낮은 소득수준이 연료비 지출을 더욱 압박하는 효과를 가져왔을 것이다. 하지만 1인 가구의 연료비 감소폭에 비해 가구소득의 감소폭이 훨씬 크며, 그 결과 1인 가구의 연료비 비율 역시 3인 이상인 가구들에 비해 두 배 가까이 높게 나타난다. 한편, 2인 가구 역시 노인가구의 비율이 21.7%로, 3인 이상 가구 6.8%에 비해 3배 이상 높게 나타난다.

① 가구 소득분위별 연료비 지출 현황

② 가구의 유형별 연료비 지출 현황

③ 연령대별 가구소득 및 노인가구 소득과의 격차 비교

④ 가구주 연령대별 연료비 지출 내역

⑤ 과거 일정 기간 동안의 연료비 증감 내역

4 다음은 전기요금 산정 방법을 표로 나타낸 것이다. 주택용 전기 사용량별 요금 체계에 따라 길동이는 월 165kwh를, 을순이는 월 240kwh를 사용하였다면, 길동이와 을순이의 전기요금 청구액은 순서대로 각각 얼마인가?

기본요금(원/호)		전력량 요금(원/kwh)	
200kwh 이하 사용	910	처음 200kwh까지	93.3
201~400kwh 사용	1,600	다음 200kwh까지	187.9
400kwh 초과 사용	7,300	400kwh 초과	280.6

※ 필수사용량 보장공제 : 200kwh 이하 사용 시 월 4,000원 한도 감액(감액 후 최저요금 1,000원)
※ 필수사용량 보장공제 포함 부가세 징수 및 별도 기반기금은 470원 가산
※ 계산된 금액은 절삭하여 원 단위로 표시함

① 15,887원, 29,707원
② 15,350원, 30,446원
③ 15,904원, 30,895원
④ 14,004원, 31,023원
⑤ 14,830원, 31,540원

5 다음은 주요 ESS(에너지저장장치) 기술의 형태별 특징을 나타낸 도표이다. ESS 기술을 물리적인 방식과 화학적인 방식으로 구분할 때, 다음 중 물리적인 방식에 해당한다고 볼 수 있는 두 가지 형태는 어느 것인가?

형태	특징
Flywheel	(원리) 전기에너지를 회전하는 운동에너지로 저장하였다가 다시 전기에너지로 변환하여 사용 (장점) 에너지효율이 높아서(고출력) UPS, 전력망 안정화용으로 적용 가능하고 수명이 긺(20년), 급속저장(분 단위) (단점) 초기 구축비용 과다, 에너지밀도가 작음, 장기간 사용 시 동력 효율 저하
양수발전	(원리) 물의 위치에너지를 전기에너지로 바꾸는 방식으로, 펌프를 이용해 하부 저수지 물을 상부로 양수하고 필요시 하부로 방류하여 발전 (장점) 1일 1회 방전 시 양수발전기를 약 30~50년 이상 사용이 가능할 정도로 내구성이 긺 (단점) 지형지물을 이용하기 때문에 지리적 제약이 많음
LiB (리튬이온 전지)	(원리) 리튬이온이 양극과 음극을 오가면서 전위차 발생 (장점) 에너지밀도가 높고, 에너지효율이 높아서(고출력) 적용범위가 가장 넓음 (단점) 낮은 안전성, 고비용, 수명 미검증, 저장용량이 3kW~3MW로 500MW 이상 대용량 용도에서는 불리
VRB	(원리) 전해질 용액을 순환시켜 작동시키는 Flow Battery의 일종으로 전해액 내 이온들의 전위차를 이용하여 전기에너지를 충·방전 (장점) 저비용, 대용량화 용이, 장시간 사용 가능 (단점) 반응속도가 낮고, 에너지밀도 및 에너지효율이 낮음
CAES (공기 압축식)	(원리) 잉여전력으로 공기를 동굴이나 지하에 압축하고, 압축된 공기를 가열하여 터빈을 돌리는 방식 (장점) 대규모 저장이 가능하며(100MW 이상), 발전단가가 낮음 (단점) 초기 구축비용이 과다, 지하 굴착 등으로 지리적 제약이 많음
NaS (나트륨 유황 전지)	(원리) 300~350℃의 온도에서 용융상태의 나트륨(Na) 이온이 베타-alumina 고체전해질을 이동하면서 전기화학에너지 저장 (장점) 에너지밀도가 높고, 비용은 저렴하고, 대용량화 용이 (단점) 에너지효율이 낮고(저출력), 고온시스템이 필요하여 저장용량이 30MW로 제한적

① CASE, LiB

② 양수발전, VRB

③ NaS, CAES

④ CAES, LiB

⑤ 양수발전, CAES

6 에너지 신산업에 대한 다음과 같은 정의를 참고할 때, 다음 중 에너지 신산업 분야의 사업으로 보기에 가장 적절하지 않은 것은 어느 것인가?

2015년 12월, 세계 195개국은 프랑스 파리에서 UN 기후변화협약을 체결, 파리기후변화협약에 따른 신기후체제의 출범으로 온실가스 감축은 선택이 아닌 의무가 되었으며, 이에 맞춰 친환경 에너지시스템인 에너지 신산업이 대두되었다. 에너지 신산업은 기후변화 대응, 미래 에너지 개발, 에너지 안보, 수요 관리 등 에너지 분야의 주요 현안을 효과적으로 해결하기 위한 '문제 해결형 산업'이다. 에너지 신산업 정책으로는 전력 수요관리, 에너지관리 통합서비스, 독립형 마이크로그리드, 태양광 렌탈, 전기차 서비스 및 유료충전, 화력발전 온배수열 활용, 친환경에너지타운, 스마트그리드 확산사업 등이 있다.

① 에너지 프로슈머 시장의 적극 확대를 위한 기반 산업 보강

② 선기차 확내보급을 실시하기 위하여 전기차 충전소 미비 지역에 충전소 보급 사업

③ 신개념 건축물에 대한 관심도 제고를 위한 고효율 제로에너지 빌딩 확대 사업

④ 폐열과 폐냉기의 재활용을 통한 에너지 사용량 감축과 친환경 에너지 창출 유도 산업

⑤ 분산형 전원으로 에너지 자립 도시 건립을 위한 디젤 발전기 추가 보급 사업

7 다음은 특정 시점의 국가별 에너지 순위를 나타낸 자료이다. 다음 자료를 보고 해석한 〈보기〉와 같은 의견 중 자료의 내용에 비추어 합리적이라고 볼 수 없는 것을 모두 고른 것은 무엇인가?

구분	1위	2위	3위	4위	5위	6위	7위	8위	9위	10위
에너지소비 (백만toe)	중국 3,052	미국 2,216	인도 823	러시아 711	일본 442	독일 306	브라질 303	캐나다 280	한국 268	프랑스 243
석유소비 (백만tCO$_2$)	미국 838	중국 527	일본 197	인도 181	사우디 160	러시아 151	브라질 143	독일 110	한국 108	캐나다 103
전력소비 (TWh)	중국 5,357	미국 4,137	인도 1,042	일본 995	러시아 949	독일 569	캐나다 552	한국 533	브라질 531	프랑스 460

〈보기〉
가. 인구가 많은 나라는 에너지와 전력의 소비가 대체적으로 많다고 볼 수 있다.
나. 1~5위권 국가 중, 에너지 소비량 대비 석유 소비량이 가장 많은 나라는 사우디를 제외하면 미국이다.
다. 1~5위권 국가 중, 석유와 전력의 소비량 비율 차이가 가장 큰 나라는 인도이다.

① 가, 나
② 가, 다
③ 나, 다
④ 다
⑤ 가, 나, 다

8 다음은 전력수급 현황을 나타내고 있는 자료이다. 다음 자료에 대한 〈보기〉의 설명 중 올바른 것만을 모두 고른 것은 어느 것인가?

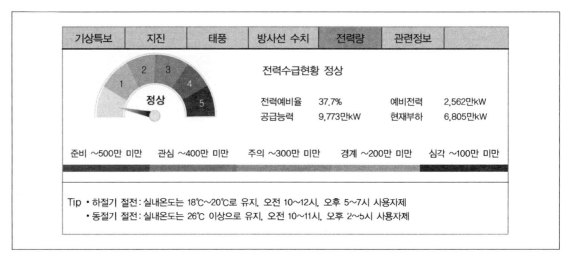

| 기상특보 | 지진 | 태풍 | 방사선 수치 | 전력량 | 관련정보 | |

전력수급현황 정상

전력예비율 37.7%	예비전력 2,562만kW
공급능력 9,773만kW	현재부하 6,805만kW

준비 ~500만 미만   관심 ~400만 미만   주의 ~300만 미만   경계 ~200만 미만   심각 ~100만 미만

Tip • 하절기 절전 : 실내온도는 18℃~20℃로 유지, 오전 10~12시, 오후 5~7시 사용자제
    • 동절기 절전 : 실내온도는 26℃ 이상으로 유지, 오전 10~11시, 오후 2~5시 사용자제

〈보기〉
가. 공급능력에 대한 예비전력의 비율이 전력예비율이다.
나. 예비전력이 현재의 10분의 1 수준이라면 주의단계에 해당된다.
다. 오전 10~11시경은 여름과 겨울에 모두 전력소비가 많은 시간대이다.
라. 일정한 공급능력 상황에서 현재부하가 올라가면 전력예비율은 낮아지게 된다.

① 나, 다, 라   ② 가, 다, 라
③ 가, 나, 라   ④ 가, 나, 다
⑤ 가, 나, 다, 라

9 다음 자료는 '발전량' 필드를 기준으로 발전량과 발전량이 많은 순위를 엑셀로 나타낸 표이다. 태양광의 발전량 순위를 구하기 위한 함수식으로 'C3'셀에 들어가야 할 알맞은 것은 어느 것인가?

	A	B	C
1	<에너지원별 발전량(단위: Mwh)>		
2	에너지원	발전량	순위
3	태양광	88	2
4	풍력	100	1
5	수력	70	4
6	바이오	75	3
7	양수	65	5

① = ROUND(B3,$B$3:$B$7,0)

② = ROUND(B3,$B$3:$B$7,1)

③ = RANK(B3,$B$3:$B$7,1)

④ = RANK(B3,$B$2:$B$7,0)

⑤ = RANK(B3,$B$3:$B$7,0)

10 산업 재해를 예방하기 위한 대책을 다음 〈보기〉와 같은 5단계로 나누어 볼 때, 행동 요령에 맞는 순서대로 나열한 것은?

〈보기〉

가. 사고 조사, 안전 점검, 현장 분석, 작업자의 제안 및 여론 조사, 관찰 및 보고서 연구 등을 통하여 사실을 발견한다.

나. 안전에 대한 교육 및 훈련 실시, 안전시설과 장비의 결함 개선, 안전 감독 실시 등의 선정된 시정책을 적용한다.

다. 원인 분석을 토대로 적절한 시정책 즉, 기술적 개선, 인사 조정 및 교체, 교육, 설득, 공학적 조치 등을 선정한다.

라. 경영자는 안전 목표를 설정하고, 안전 관리 책임자를 선정 하며, 안전 계획을 수립하고, 이를 시행 · 감독해야 한다.

마. 재해의 빌생 장소, 재해 형태, 재해 정도, 관련 인원, 직원 감독의 적절성, 공구 및 장비의 상태 등을 정확히 분석한다.

---

① 라 – 가 – 마 – 다 – 나

② 가 – 다 – 나 – 라 – 마

③ 나 – 라 – 가 – 다 – 마

④ 라 – 마 – 가 – 나 – 다

⑤ 가 – 라 – 다 – 나 – 마

11 다음은 어느 시의회의 2018년도 업무보고 청취 회의의 회의록의 일부이다. 회의에 임하는 태도로 가장 부적절한 것은?

A 위원장 : 2018년도 업무보고 청취의 건을 계속해서 상정합니다. 다음은 부문별 보고로 보건관리과 소관 업무 보고를 받도록 하겠습니다. ㉠보건관리과장 나오셔서 신규사업 위주로 보고해 주시기 바랍니다.

보건관리과장 : 보건관리과장 ○○○입니다. 보건관리과 소관 2018년도 주요업무 계획을 보고 드리겠습니다.
(보고사항 생략)

A 위원장 : 수고하셨습니다. 다음은 질의하실 위원 질의하여 주시기 바랍니다.

B 위원 : ㉡B 위원입니다. ○○○과장님 보고 잘 받았습니다. 우리 시 시민의 건강을 위해 늘 애쓰심에 감사의 말씀을 드리고요. 질의 들어가겠습니다. 보고서 11쪽, 보건소 제증명 인터넷 재발급 서비스를 보면 신규사업인데 비예산 사업이네요. 저는 이런 부분에 대해서 직원 분한테 감사하다는 말씀드리고 싶어요. 기존에 있는 시스템, 프로그램을 활용해서 제증명을 발급하는 거죠?

보건관리과장 : 동은 작년도에 실시했고요. 59.3%를 동에서 발급했습니다.

B 위원 : 비예산으로 사업을 함으로써 우리 시민이 편안하게 행정서비스를 받을 수 있다는 것에 박수를 보내드립니다. 이런 것들이 정말 중요한 사업이 아닌가 생각을 합니다. 감사하고요. 14쪽 '4분의 기적' 꼭 필요한 겁니다. 지금 우리 시 전체 설치된 자동심장충격기가 몇 개죠? 2017년 실적을 보면 종합운동장 등 78개소라고 돼 있는데요.

보건관리과장 : ㉢올해부터 5월 31일까지 500세대 이상 되는 아파트라든지 집단시설에 의무적으로 설치하도록 되어 있습니다.

B 위원 : 강제조항이 있습니까?

보건관리과장 : 법이 개정돼서 올해부터 점검을 통해서 주택과에서 감사도 하고요. 저희 점검을 통해서, 관리비로 다 세우기 때문에…….

B 위원 : ㉣잘 하시는 사업인데요. 본 위원이 걱정스러운 게 4분의 기적이에요. 일반적으로 평상 시 다니다 보면 '자동심장충격기 여기 있구나.' 알아요. 그런데 급한 시 사용하잖아요. 그때 "자동심장충격기 보신 분 가져다 주세요." 하면 사람들이 위치가 어디인지 파악할 수가 없게 되어 있어요. ㉤효과적으로 홍보가 안됐다는 거죠.

---

① ㉠
② ㉡
③ ㉢
④ ㉣
⑤ ㉤

12 한전 원전수출본부에 근무하는 甲은 일본 후쿠오카로 출장을 가게 되었다. 지하철이 한 정거장을 이동하는 데에는 3분이 소요되며 다른 노선으로 환승을 하는 경우에는 10분이 소요된다. 오전 9시에 후쿠오카공항역에서 출발하면 지요겐초구치역에 도착하는 시간은?

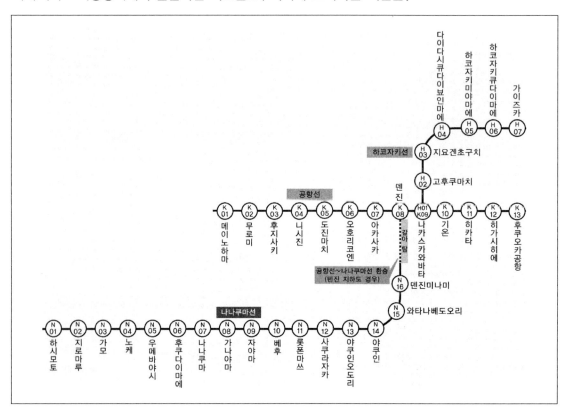

① 9시 28분   ② 9시 31분
③ 9시 34분   ④ 9시 37분
⑤ 9시 40분

13 다음 표는 A~C 도시에 대한 시차를 나타낸 것이다. 제시문의 (가)~(라) 중 옳은 것을 모두 고르면?

도시명	위치		국가명	시차
	경도	위도		
A	105˚E	30˚N	중국	+8
B	105˚E	10˚N	캄보디아	+7
C	120˚E	30˚N	중국	+8

※ 경도와 위도는 5˚ 단위로 표시함
※ 시차는 그리니치 표준시 기준으로 표시함

> (가) 원칙적으로는 동일 경도상의 두 지점에서는 시차가 발생하지 않는다. 과연 현실에서는 어떨까? 철수가 현지 시각 오전 11시에 A를 출발하여 남쪽으로 4시간 이동 후 B에 도착했을 때 B의 현지 시각은 (나) 오후 2시였다. 그날 저녁 철수는 A의 현지 시각에 맞추어져 있던 자신의 손목시계 시각을 B의 현지 시각으로 착각하여 현지인과의 약속 장소에서 (다) 1시간 동안이나 그를 기다려야 했다. 한편, 영희가 현지 시각 오전 11시에 A를 출발하여 2시간 이동 후 C에 도착했을 때 C의 현지 시각은 (라) 오후 2시였다.

① (가), (나)
② (가), (다)
③ (가), (나), (다)
④ (가), (나), (라)
⑤ (가), (나), (다), (라)

14 다음은 신재생에너지 보급 확대와 시장 활성화를 추진하기 위하여 신재생에너지 공급의무화(RPS) 제도에 대해 검토한 자료이다. 현행 제도의 개선 방향으로 적절하지 않은 의견을 제시한 사람은?

■ 수익성 악화
  ◦ 전 세계적인 공급과잉과 가격폭락으로 태양광 기업들의 수익성 악화, 국내 기업들도 심각한 어려움에 직면
  ◦ 태양광 공급여력은 충분하나, RPS 태양광 별도 의무공급량이 제한되어 있어 시장 확대 · 신재생보급에 제약
■ 지역주민 갈등
  ◦ 대규모 송전선로 등 에너지 시설 건설 시 현지 주민들의 수익 창출과 연계되지 않아 지역주민 갈등 증가
  ◦ 에너지 설비 외 풍력 등 신재생 발전소에 대한 주민 수용성도 저하
■ 소규모 사업자 보호
  ◦ 공급의무자들의 대규모 사업자 선호로 소규모 사업자 소외 방지를 위해 일정규모는 에너지관리공단에 사업자 선정의뢰 의무화
  ◦ 사업자 선정시장에 사업자의 규모에 대한 제한이 없이 참여가 가능하여 소규모 사업자 보호 목적 달성 곤란
■ 설치보조지원 사업
  ◦ 정부의 설치보조지원 사업(그린홈 100만호)은 소비자의 초기투자 부담, 직접 시공업체를 선정해야하는 불편 초래
    ※ 3kW 설치 시 정부보조금 420만원, 소비자 부담금 500만원
  ◦ 설비 수명(20년)에 비해 보조금 지원사업의 A/S 기간(3~5년)이 짧아 기간 경과 이후 유지 · 보수에 애로
■ 의무이행
  ◦ 연도별 의무이행비율, 공급인증서 가중치 검토주기(3년)가 정해져있어 환경변화에 적기 대응 곤란
  ◦ 의무이행의 유연성 확보를 위해 미이행 시 이행연기가 가능하나, 연기량을 차년도에 우선 이행해야 하여 사업자 부담
■ ESS 설치
  ◦ 신재생에너지 발전출력의 간헐성을 보완, 계통 수용성 증가를 위해 전력저장장치(ESS : Energy Storage System) 보급 필요

---

① 甲 : 송전선로 주변지역 등에 다수 주민이 참여하는 신재생 발전소 건설 시 주민지분비율에 따라 가중치를 우대한다.
② 乙 : 소규모 사업자에 입찰 물량의 30%를 배정하고 발전소 분할 등 악용 방지를 위한 조치를 병행한다.
③ 丙 : 3kW 설치 시 정부보조금을 현행 420만원에서 500만원으로 인상하고, 보조금 지원사업의 A/S 기간을 10년으로 늘린다.
④ 丁 : 이행연기량을 '차년도 우선 이행'에서 '향후 3년 이내에 분할하여 우선 이행'할 수 있도록 개선한다.
⑤ 戊 : 차년도에 우선 이행하게 했던 미이행 의무 이행 시점을 융통성 있게 조절하여 사업자 부담을 줄인다.

15 다음 〈그림〉과 〈표〉는 2010~2014년 우리나라의 국내 산업용 전력시장 판매량 및 수출입량과 한전의 산업용 전력시장 매출액에 대한 자료이다. 설명 중 옳지 않은 것은?

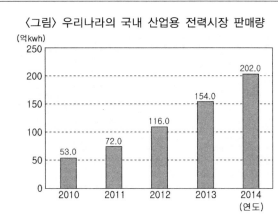

〈그림〉 우리나라의 국내 산업용 전력시장 판매량

〈표1〉 우리나라의 산업용 전력시장 수출입량

(단위 : 억kWh)

구분＼연도	2010	2011	2012	2013	2014
수출량	1.2	2.5	18.0	67.0	240.0
수입량	1.1	2.0	3.5	4.2	5.0

※ 1) 수출량은 국내 산업용 전력시장 판매량에 포함되지 않음
  2) 수입량은 당해 연도 국내 산업용 전력시장에서 모두 판매됨

〈표2〉 한전의 산업용 전력시장 매출액

(단위 : 천억 원)

연도	2010	2011	2012	2013	2014
매출액	4.3	43.0	304.4	1,203.1	4,348.4

① 2014년 국내 산업용 전력시장 판매량 대비 수입량의 비율은 3.0% 이하이다.

② 2011~2014년 동안 국내 산업용 전력시장 판매량의 전년대비 증가율이 가장 큰 해는 2012년이다.

③ 2011~2014년 동안 산업용 전력시장 수입량의 전년대비 증가율이 가장 작은 해에는 산업용 전력시장 수출량의 전년대비 증가율이 가장 크다.

④ 2012년 우리나라의 산업용 전력시장 수출량의 전년대비 증가율과 2012년 한전의 산업용 전력시장 매출액의 전년대비 증가율의 차이는 30%p 이하이다.

⑤ 2014년 한전의 산업용 전력시장 매출액은 전년 대비 200% 이상 증가하였다.

16 다음은 집에서 사용하는 TV, 냉장고, 에어컨, 컴퓨터의 소비전력이다. 냉장고는 하루 종일 사용하고 TV는 7시간, 에어컨은 5시간, 컴퓨터는 4시간 사용한다고 할 때, 총 월간소비전력량(kWh)은 얼마인가?

• TV − 150W	• 냉장고 − 100W
• 에어컨 − 1,800W	• 컴퓨터 − 120W

① 378.7kWh   ② 378.9kWh

③ 397.8kWh   ④ 401.7kWh

⑤ 413.5kWh

17 다음은 무인 자동차의 주행 알고리즘이다. 이 무인 자동차가 A를 출발하여 B에 도착하였을 때, 이동 경로로 맞는 것은? (단, 진한 선은 장애물이고 색이 칠해진 구역은 지나갈 수 없다.)

- 주명령 : 현재 구역에서 자동차는 진행방향의 앞쪽, 왼쪽, 오른쪽 순으로 장애물의 유무를 탐지하여 장애물이 없음이 확인되는 방향으로 한 구역만큼 주행한다. 이때, 장애물로 인해 더 이상 주행할 수 없는 경우 진행방향을 반대로 바꾸고 보조명령을 따른다.
- 보조명령 : 현재 구역에서 자동차는 진행방향의 왼쪽, 오른쪽, 앞쪽 순으로 장애물의 유무를 탐지하여 장애물이 없음이 확인되는 방향으로 한 구역만큼 주행한다.

①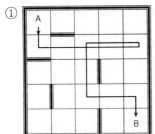

②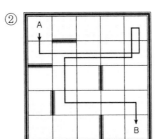

③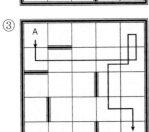

④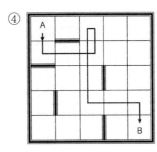

⑤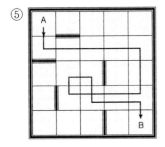

18 한전 해외사업본부에 근무하는 A는 이번 해외 출장과 관련하여 항공편 및 숙소 예약 업무를 담당하게 되었다. 다음의 예약 업무의 순서도를 보고 빈칸에 들어갈 업무 수행 방식으로 가장 바람직한 것은?

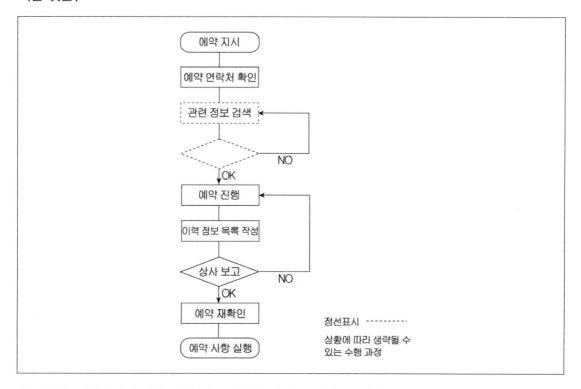

① 예약을 진행하면서 예약 이력 정보 목록을 수시로 업데이트한다.

② 예약 정리 목록을 근거로 구체적이고 상세하게 하여 문서로 보고한다.

③ 예약과 관련된 주요 내용을 간단명료하게 상사에게 보고한 후 상사의 승인을 받는다.

④ 구두로 보고할 때는 원칙에 근거하지 않고 예약 종류별로 필요한 핵심 내용을 간단명료하게 보고한다.

⑤ 출장 참가자 모두에게 관련 정보 검색 결과를 회람하여 의견을 수용한다.

19 한전 기획본부 전력시장처에 근무하는 A는 내일 있을 거래전략 회의에서 효과적인 프레젠테이션을 위하여 파워포인트 프로그램의 스마트아트를 활용하여 자료를 작성하고 있다. 다음의 스마트아트를 사용하는 상황에 관한 설명으로 옳은 것은?

①  : 상호 인접한 사항에 대한 연관성을 살펴볼 때 사용

②  : 중앙의 내용에 대한 관계를 표시할 때 사용

③ 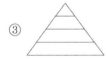 : 비례관계 및 상호 연결 관계, 계층 관계를 표시할 때 사용

④  : 계획 또는 결과를 필터링하는 관계 표시할 때 사용

⑤ : 두 가지 내용 사이의 상관관계를 비교할 때 사용

20 한전 신입사원인 B는 인맥관리를 위해 MS-Access 프로그램을 이용해 명함정리를 하고 있다. 다음 중 프로그램 사용법이 가장 적절하지 않은 것은?

① 테이블에 명함의 인적사항과 업무내용을 입력한다.

② 쿼리의 요약기능을 이용해 방문자의 연도별 평균 방문 횟수를 알 수 있다.

③ 입력한 명함을 방문자별로 보고 싶으면 폼 개체를 이용한다.

④ 매크로 기능을 이용해 연말 우편물의 레이블을 출력한다.

⑤ 제공하는 서식 데이터베이스를 이용하여 새로운 데이터베이스를 만든다.

21 다음은 한전 신규채용자의 결격사유이다. A~D 중 2017년 하반기 한전 신입사원에 채용될 수 있는 사람은?

1. 피성년후견인 또는 피한정후견인
2. 파산(破産)선고를 받고 복권되지 아니한 자
3. 금고(禁錮) 이상의 실형을 선고받고 그 집행이 종료되거나 집행을 받지 아니하기로 확정된 후 5년이 지나지 아니한 자
4. 금고(禁錮) 이상의 형을 선고받고 그 집행유예기간이 끝난 날로부터 2년이 지나지 아니한 자
5. 금고(禁錮) 이상의 형의 선고유예를 받은 경우에 그 선고유예 기간 중에 있는 자
6. 징계(懲戒)에 의하여 해임의 처분을 받은 때로부터 5년이 지나지 아니한 자
7. 법원의 판결 또는 법률에 의하여 자격이 상실 또는 정지된 자
8. 공무원 또는 공공기관의 운영에 관한 법률에서 정한 공공기관의 임직원으로 재직 중 직무와 관련하여 형법 제355조(횡령, 배임) 및 제356조(업무상의 횡령과 배임)에 규정된 죄를 범한 자로서 300만 원 이상의 벌금형을 선고받고 그 형이 확정된 후 2년이 지나지 아니한 자
9. 병역법 제76조에서 정한 병역의무 불이행자
10. 입사제출서류에 허위사실이 발견된 자
11. 신체검사 결과 불합격으로 판정된 자
12. 「부패방지 및 국민권익위원회의 설치와 운영에 관한 법률」 제82조에 따른 비위면직자 등의 취업제한 적용을 받는 자

① 징역 1년 6월을 선고받고 2013년 12월 31일자로 복역을 마친 A씨

② 공무원으로 재직 중 2016년 1월 1일 업무상의 횡령으로 100만 원의 벌금형이 확정된 B씨

③ 2012년 12월 31일 징계에 의하여 해임처분을 받은 C씨

④ 입사제출서류에 어학성적을 허위로 작성한 D씨

⑤ 양심적 병역 거부로 현역 입영통지서를 받고도 입영하지 않은 E씨

22 다음 내용을 바탕으로 바르게 설명한 것을 고르면?

> 제○○조(기능) 대외전력수급회의(이하 '회의'라 한다)는 다음 각 호의 사항을 심의·조정한다.
> 1. 대외전력수급동향의 종합점검과 주요 대외전력수급정책의 방향 설정 등 대외전력정책 운영 전반에 관한 사항
> 2. 양자·다자·지역 간 또는 해외지사와의 대외전력수급 협력과 관련된 주요 경제정책에 관한 사항
> 3. 재정지출을 수반하는 각 부처의 대외전력수급 분야 주요 정책 또는 관련 중장기계획
>
> 제○○조(회의의 구성 등)
> ① 회의는 기획본부장, 관리본부장, 상생협력본부장, 신성장기술본부장, 영업본부장, 전력계통본부장, 해외사업본부장, 원전수출본부장, 정책조정실장, 상임감사위원의 감사실장과 회의에 상정되는 안건을 제안한 부처의 장 및 그 안건과 관련되는 부처의 장으로 구성한다.
> ② 회의 의장은 기획본부장이다.
> ③ 회의 의장은 회의에 상정할 안건을 선정하여 회의를 소집하고, 이를 주재한다.
> ④ 회의 의장은 필요하다고 인정하는 경우 관계 부처 또는 관계 기관과 협의하여 안건을 상정하게 할 수 있다.
>
> 제○○조(의견청취) 회의 의장은 회의에 상정된 안건의 심의를 위하여 필요하다고 인정되는 경우에는 해당 분야의 민간전문가를 회의에 참석하게 하여 의견을 들을 수 있다.
>
> 제○○조(의사 및 의결정족수)
> ① 회의는 구성원 과반수의 출석으로 개의하고, 출석 구성원 3분의 2 이상의 찬성으로 의결한다.
> ② 회의 구성원이 회의에 출석하지 못하는 경우에는 그 바로 하위직에 있는 자가 대리로 출석하여 그 직무를 대행할 수 있다.

① 회의 안건이 민원대책처와 관련이 있더라도 민원대책처장은 회의 구성원이 될 수 없다.

② 회의 당일 영업본부장이 국제컨퍼런스에 참석 중이라면, 영업본부 차장이 회의에 대신 출석할 수 있다.

③ 원전수출본부의 안건이 회의에 상정된 경우, 원전수출본부장이 회의를 주재한다.

④ 회의에 민간전문가 3명을 포함해 13명이 참석하였을 때 의결을 위해서는 최소 9명의 찬성이 필요하다.

⑤ 관리본부장은 해당 분야 민간전문가를 회의에 참석하게 하여 의견을 들을 수 있다.

23 다음 내용을 바탕으로 할 때, 우수 직원으로 반드시 표창 받는 사람의 수는?

관리본부 인사처는 지난 1년간의 평가에 의거하여, 우수 직원 표창을 하고자 한다. 세 개의 부서에서 갑, 을, 병, 정, 무 다섯 명을 표창 대상자로 추천했는데, 각 부서는 근무평점이 높은 순서로 추천하였다. 이들 중 갑, 을, 병은 같은 부서 소속이고 갑의 근무평점이 가장 높다. 추천된 사람 중에서 아래 네 가지 조건 중 적어도 두 가지를 충족하는 사람만 우수 직원으로 표창을 받는다.

1. 소속 부서에서 가장 높은 근무평점을 받아야 한다.
2. 근무한 날짜가 250일 이상이어야 한다.
3. 직원 교육자료 연구에 참여한 적이 있으면서, 직원 연수교육에 3회 이상 참석하여야 한다.
4. 전력연구원에서 활동한 사람은 그 활동 보고서가 한전 공식 자료로 등록되어야 한다.

지난 1년 동안 갑, 을, 병, 정, 무 다섯 명의 활동 내역은 다음과 같고 해당 내역은 모두 사실로 확인되었다.

• 250일 이상을 근무한 사람은 을, 병, 정이다.
• 갑, 병, 무 세 명 중에서 250일 이상을 근무한 사람은 모두 자신의 전력연구원 활동 보고서가 한전 공식 자료로 등록되었다.
• 만약 갑이 직원 교육자료 연구에 참여하지 않았거나 무가 직원 교육자료 연구에 참여하지 않았다면, 다섯 명의 후보 중에서 근무한 날짜의 수가 250일 이상인 사람은 한 명도 없다.
• 전력연구원에서 활동한 적이 없는 사람은 모두 직원 연수교육에 1회 또는 2회만 참석했다.
• 다섯 명의 후보 모두 직원 연수교육에 3회 이상 참석했다.

---

① 1명 　　　　　　　　② 2명

③ 3명 　　　　　　　　④ 4명

⑤ 5명

‖ 24~25 ‖ 다음은 어느 회사의 송·배전용 전기설비 이용규정의 일부이다. 다음을 보고 물음에 답하시오.

제00조 이용신청 시기

고객의 송·배전용 전기설비 이용신청은 이용 희망일부터 행정소요일수와 표본 공정(접속설비의 설계·공사계약체결·공사시공기간 등) 소요일수를 합산한 기간 이전에 하는 것을 원칙으로 한다. 다만, 필요시 고객과 협의하여 이용신청시기를 조정할 수 있다.

제00조 이용신청시 기술검토용 제출자료

고객은 이용신청시 회사가 접속방안을 검토할 수 있도록 송·배전 기본계획자료를 제출하여야 한다. 고객은 자료가 확정되지 않은 경우에는 잠정 자료를 제출할 수 있으며, 자료가 확정되는 즉시 확정된 자료를 제출하여야 한다.

제00조 접속제의의 수락

고객은 접속제의서 접수 후 송전용전기설비는 2개월, 배전용전기설비는 1개월 이내에 접속제의에 대한 수락의사를 서면으로 통지하여야 하며, 이 기간까지 수락의사의 통지가 없을 경우 이용신청은 효력을 상실한다. 다만, 고객과의 협의를 통해 수락의사 통지기간을 1회에 한하여 송전용전기설비는 2개월, 배전용전기설비는 1개월 이내에서 연장할 수 있다. 접속제의에 이의가 있거나 새로운 접속방안의 검토를 희망하는 경우, 고객은 2회에 한하여 접속제의의 재검토를 요청할 수 있으며, 재검토 기간은 송전용전기설비는 3개월, 배전용전기설비는 1개월을 초과할 수 없다.

제00조 끝자리 수의 처리

이 규정에서 송·배전 이용요금 등의 계산에 사용하는 단위는 다음 표와 같으며 계산단위 미만의 끝자리 수는 계산단위 이하 첫째자리에서 반올림한다.

구분	계산단위	구분	계산단위
부하설비 용량	1kW	요금적용전력	1kW
변압기설비 용량	1kVA	사용전력량	1kWh
발전기 정격출력	1kW	무효전력량	1kvarh
계약전력	1kW	역률	1%
최대이용전력	1kW		

송·배전 이용요금 등의 청구금액(부가세 포함)에 10원 미만의 끝자리 수가 있을 경우에는 국고금 관리법에 정한 바에 따라 그 끝자리 수를 버린다.

24 乙은 이용규정을 바탕으로 회사 홈페이지에 올라온 고객의 질의에 답변하려고 한다. 답변 내용 중 옳지 않은 것은?

① Q : 송·배전용 전기설비 이용신청은 언제 하여야 하나요?

  A : 이용신청은 이용 희망일부터 행정소요일수와 표본 공정소요일수를 합산한 기간 이전에 하여야 합니다.

② Q : 송·배전 기본계획자료가 아직 확정되지 않은 상태인데 어떻게 해야 하나요?

  A : 잠정 자료를 제출할 수 있으며, 자료가 확정되는 즉시 확정된 자료를 제출하면 됩니다.

③ Q : 수락의사 통지기간을 연장하고 싶은데 그 기간은 어느정도인가요?

  A : 회사와 고객 간의 협의를 통해 송전용전기설비는 1개월, 배전용전기설비는 2개월 이내에서 연장할 수 있습니다.

④ Q : 송·배전 이용요금 등의 청구금액에 10원 미만의 끝자리 수가 있을 경우는 어떻게 되나요?

  A : 끝자리 수가 있을 경우에는 국고금관리법에 정한 바에 따라 그 끝자리 수를 버리게 됩니다.

⑤ Q : 배전용전기설비에 대해 새로운 접속방안 검토를 요청하였습니다. 얼마나 걸릴까요?

  A : 배전용전기설비에 대한 재검토 기간은 1개월을 초과하지 않습니다.

25 접속제의에 이의가 있거나 새로운 접속방안의 검토를 희망하는 경우, 고객은 몇 회에 한하여 재검토를 요청할 수 있는가?

① 1회   ② 2회

③ 3회   ④ 4회

⑤ 5회

26 다음은 똑똑한 전기사용을 위한 한전 '파워플래너'의 한 화면이다. 설명으로 옳지 않은 것은?

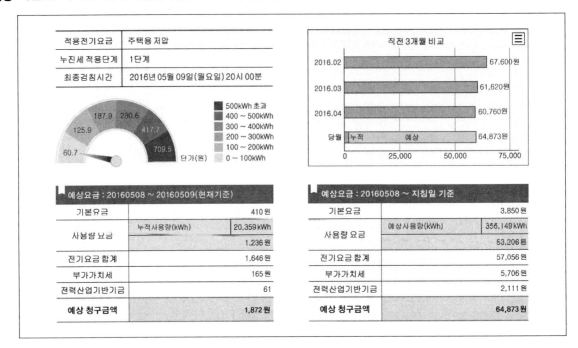

① 당월 사용량이 예상사용량과 일치한다면, 이 가구의 당월 전기요금은 2016년 2월보다 적다.

② 당월 356.149kWh를 사용했다면 누진제가 4단계까지 적용된다.

③ 현재까지 누적사용량에 대한 예상 청구금액을 알 수 있다.

④ 이 가구의 지정일 기준 예상 청구금액 중 사용량 요금이 차지하는 비율은 80% 이하이다.

⑤ 부가가치세로 전기요금의 약 10%를 과세한다.

27 다음 글을 근거로 판단할 때, 2018년 3월 인사 파견에서 선발될 직원만을 모두 고르면?

- 한전에서는 소속 직원들의 역량 강화를 위해 정례적으로 인사 파견을 실시하고 있다.
- 인사 파견은 지원자 중 3명을 선발하여 1년 간 이루어지고 파견 기간은 변경되지 않는다.
- 선발 조건은 다음과 같다.
– 과장을 선발하는 경우 동일 부서에 근무하는 직원을 1명 이상 함께 선발한다.
– 동일 부서에 근무하는 2명 이상의 팀장을 선발할 수 없다.
– 상생협력본부 직원을 1명 이상 선발한다.
– 근무 평정이 70점 이상인 직원만을 선발한다.
– 어학 능력이 '하'인 직원을 선발한다면 어학 능력이 '상'인 직원도 선발한다.
– 직전 인사 파견 기간이 종료된 이후 2년 이상 경과하지 않은 직원을 선발할 수 없다.
- 2018년 3월 인사 파견의 지원자 현황은 다음과 같다.

직원	직위	근무 부서	근무 평정	어학 능력	직전 인사 파견 시작 시점
A	과장	상생협력본부	65	중	2014년 1월
B	과장	전력계통본부	75	하	2015년 1월
C	팀장	상생협력본부	90	중	2015년 7월
D	팀장	원전수출본부	70	상	2014년 7월
E	팀장	원전수출본부	75	중	2015년 1월
F	–	상생협력본부	75	중	2015년 1월
G	–	전력계통본부	80	하	2014년 7월

① A, D, F

② B, D, G

③ B, E, F

④ D, F, G

⑤ E, F, G

28 다음은 한전 채용 전형절차와 채용 시 우대제도에 대한 내용이다. 2017년 상반기에 채용된 신입사원 甲~丁의 가점을 제외한 전형 단계별 점수가 모두 동일하다고 할 때, 가장 높은 점수로 합격한 사람은? (단, 합격을 결정하는 총점은 가점을 포함한 단계별 득점의 합으로 하되, 면제된 단계의 득점은 다른 신입사원의 점수와 동일한 것으로 한다)

■ 전형절차

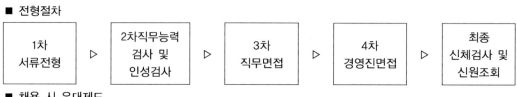

■ 채용 시 우대제도

구분	우대내용
고급자격증 보유지1)	• 1차전형 면제, 2차전형 5% 가점
비수도권 및 본사이전지역 인재2)	• 비수도권 : 1차전형 2% 가점, 이전지역 : 1차전형 3% 가점
취업지원대상자(국가보훈)	• 1차전형 면제, 이후 단계별 5% 가점
장애인	• 1차전형 면제, 이후 단계별 10% 가점
기초생활수급자	• 1차전형 면제
양성평등	• 1차전형 합격자의 20% 선발
한전 체험형 청년인턴	• 1차전형 10% 가점
한전 발명특허대전 입상자	• 1차전형 면제 또는 10% 가점
한전 전기공학장학생	• 1차전형 면제

1) 변호사, 변리사, 공인노무사, 공인회계사, 세무사, AICPA, 기술사, 건축사(모든 자격증은 최종 단계까지 합격한 경우에만 인정)
2) 대학까지의 최종학력을 기준(대학원 이상 제외)으로 ① 비수도권 지역인재는 서울·경기·인천·광주·전남·해외를 제외한 지역, ② 본사이전지역 인재는 광주·전남지역의 학교를 졸업(예정)·중퇴한 자 또는 재학·휴학 중인 자

■ 유의사항
※ 한전 체험형(채용우대형) 청년인턴은 인턴수료 후 3년 이내 1회에 한해 우대
※ 한전 발명특허대전 입상자 및 한전 전기공학장학생은 수상 또는 졸업 후 3년 이내 1회에 한해 우대함
※ 가점은 지원자가 전형별 득점한 점수를 기준으로 적용되며, 가점 혜택이 1개 이상인 경우 상위 1개만 인정

① 세무사 자격증을 가진 여자 신입사원 甲

② 기초생활수급을 받고 있는 장애 3급 신입사원 乙

③ 2012년 3월에 한전 체험형 청년인턴을 수료한 신입사원 丙

④ 강원도에서 대학을 졸업한 국가보훈대상 신입사원 丁

⑤ 한전 전기공학장학생 신입사원 戊

29 A국 비밀요원 가영은 문자메시지를 보내 B국에 있는 나리와 접선하려 한다. 가영과 나리는 시침과 분침이 독립적으로 조작되는 모형 아날로그시계를 사용하는 위장코드를 고안했다. 다음의 조건과 예시를 근거로 할 때 문자메시지 '9시 16분 N C_6 W'의 실제접선시각은? (단, 모형 아날로그시계는 12시간 표시 방식이며, 그 외 조건은 고려하지 않는다)

- 고안한 위장코드를 해독하는 방법은 다음과 같다.
  - C_n : 시계 정가운데를 중심으로 하여 시계방향으로 시침과 분침을 각각 $\frac{360°}{n}$ 만큼 회전
  - N : 12시와 6시를 잇는 직선을 축으로 시침과 분침을 각각 좌우 대칭 이동
  - W : 3시와 9시를 잇는 직선을 축으로 시침과 분침을 각각 상하 대칭 이동
- 문자메시지는 위장접선시각과 위장코드로 구성된다. 해독할 때는 먼저 모형 아날로그시계의 시침과 분침을 위장접선시각에 정확히 위치시킨다. 그리고 위장코드를 왼쪽부터 해독하여 모형 아날로그시계에 적용한다. 위장코드 모두를 적용한 이후 실제접선시각의 시(時)는 시침이 의미하는 시각의 시(時)를 사용하고, 실제접선시각의 분(分)은 분침이 의미하는 분(分)을 사용한다.
- 가영은 나리에게 위장접선시각과 위장코드가 순서대로 배열된 문자메시지를 보낸다.
- 가영과 나리는 늘 오후에만 접선한다.

〈예시〉

　문자메시지 '7시 30분 C_4'가 의미하는 실제접선시각을 구하기 위해 먼저 모형 아날로그시계의 시침과 분침을 위장접선시각인 7시 30분에 위치시킨다. 그리고 시침을 시계방향으로 90° 회전시켜 10과 11 사이에 위치시키며, 분침을 시계방향으로 90° 회전시켜 45분에 위치시킨다. 위장코드를 적용한 이후 시침이 의미하는 시각의 시(時)는 10시이고 분침이 의미하는 분(分)은 45분이다. 따라서 실제접선시각은 오후 10시 45분이 된다.

① 오후 1시 34분
② 오후 1시 36분
③ 오후 2시 34분
④ 오후 2시 36분
⑤ 오후 3시 34분

30 다섯 개의 숫자로 이루어진 비밀번호를 다음 〈숫자 → 암호문 변환 절차〉에 따라 〈암호표〉를 사용하여 암호문으로 변환하였다. 암호문 〈HEWHT CSECH OXIJP XVPUQ DBYUB VJKII〉이 의미하는 비밀번호로 옳은 것은?

〈암호표〉

1	T	H	P	Q	B	I
2	H	C	O	X	D	V
3	N	S	P	S	S	E
4	W	H	O	W	E	C
5	A	D	I	N	K	T
6	N	R	E	M	V	J
7	F	G	X	Z	C	B
8	E	S	X	V	B	J
9	W	E	I	P	Y	K
0	H	C	J	U	U	I

〈숫자 → 암호문 변환 절차〉

- 비밀번호의 숫자를 세로로 쓰고 〈암호표〉에서 해당하는 숫자의 오른쪽에 나열된 알파벳(6개)을 〈예시〉의 과정 1과 같이 숫자 순서대로 나열한다.
- 1의 과정을 통해 순서대로 나열된 알파벳을 〈예시〉의 과정2와 같이 왼편부터 한 열씩 세로로 읽어나가면 완성된 암호문이 된다.

〈예시 : 비밀번호 '10675'의 암호 변환 과정〉

- 과정 1

1	T	H	P	Q	B	I
0	H	C	J	U	U	I
6	N	R	E	M	V	J
7	F	G	X	Z	C	B
5	A	D	I	N	K	T

- 과정 2

THNFA HCRGD PJEXI QUMZN BUVCK IIJBT

① 08401   ② 08425

③ 28425   ④ 28901

⑤ 38905

PART

III

NCS 직무능력검사

01 의사소통능력

정답 및 해설 p.319

1 〈보기〉는 아래 기사문을 읽고 나눈 직원들의 대화이다. 대화의 흐름상 빈 칸에 들어갈 말로 가장 적절한 것은?

영양과 칼로리 면에서 적절한 식량 공급보다 인간의 건강과 복지에 더 중요한 것은 없다. 지난 50년 동안 세계 인구의 상당 부분이 영양실조를 겪었지만 식량 확보에 실패한 것은 생산보다는 분배의 문제였다. 실제로 지난 50년 동안 우리는 주요 작물의 잉여를 경험했다. 이로 인해 많은 사람들이 식량 부족에 대해 걱정하지 않게 되었다. 2013년에 생산된 수백만 톤의 가장 중요한 주요 식량은 옥수수(1,018Mt), 논 쌀(746Mt), 밀(713Mt), 대두(276Mt)였다. 이 네 가지 작물은 전 세계적으로 소비되는 칼로리의 약 2/3를 차지한다. 더욱이, 이들 작물 각각에 대한 토지 단위 면적당 평균 수확량은 1960년 이후 두 배 이상 증가했다. 그렇다면 지금 왜 식량 안보에 대해 걱정해야 할까? 한 가지 이유는 주요 작물의 이러한 전 세계적인 잉여물로 인해 식물 과학 연구 및 작물 개선에 대한 관심이 점진적으로 줄어들었기 때문이다. 이는 세계적인 수준으로 나타났다. 그러나 이러한 무관심은 현재의 세계 인구 및 식량 소비 경향에 직면하여 근시안적이다. 전 세계 인구는 오늘날 70억 명에서 2050년 95억 명까지 증가할 것으로 예상된다. 인구가 증가하는 곳은 주로 도시가 될 것이고, 식단이 구황 작물에서 가공 식품으로 점차 바뀌게 될 것이다. 그러면 많은 육류 및 유제품이 필요하고 그보다 더 많은 사료가 필요하다. 예를 들어 1kg의 소를 생산하기 위해서는 10kg의 사료가 필요하다. 도시 인구의 증가는 동물성 식품에 대한 수요 증가를 가져오고 예상되는 인구 증가에만 기초하여 추정된 것보다 훨씬 빠른 작물 생산량의 증가를 요구할 것이다. 이 추세는 계속될 것으로 예상되며, 세계는 2013년 대비 2050년까지 85% 더 많은 기본 식료품이 필요할 것으로 예측된다.

〈보기〉

A : 식량 문제가 정말 큰일이군. 이러다가 대대적인 식량난에 직면하게 될 지도 모르겠다.
B : 현재의 기술로 농작물 수확량을 증가시키면 큰 문제는 없지 않을까?
A : 문제는 (   )
B : 그래서 생산보다 분배가 더 문제라는 거구나.

① 과학기술이 수요량을 따라가지 못할 거라는 점이야.
② 인구의 증가가 너무 빠른 속도로 진행되고 있다는 사실이야.
③ 지구의 일부 지역에서는 농작물 수확량 향상 속도가 정체될 거라는 사실이지.
④ 지구의 모든 지역에서 식량 소비 속도가 동일하지는 않다는 점이지.
⑤ 동물성 식품을 위한 사료의 수요량 증가가 감당할 수 없을 정도로 빠르다는 점이야.

102 ▌ PART Ⅲ NCS 직무능력검사

2 다음과 같은 정부의 정책을 근거로 한 실행 계획으로 보기 어려운 것은?

> 정부는 상인들이 자발적으로 안전관리와 변화·혁신을 꾀하는 전통시장을 집중 지원할 계획이다. 20××년도 전통시장 지원방향의 가장 큰 특징은 '화재걱정이 없는 전통시장 만들기' 차원에서 시장의 자발적인 화재안전노력과 지원사업간 연계를 강화한다는 것이며, 이를 위해 다음과 같은 세부 특징을 갖는 활동들을 전개할 방침이다
>
> − '18년에는 화재안전등급 취약시장 약 32천개점포에 우선적으로 IoT 기반 화재알림시설 설치 (180억 원)를 지원하고, 2022년까지는 모든 시장으로 확대할 계획이다.
> − 시설현대화 추진 시, 화재안전 취약시설의 개·보수를 의무화하고, 주요 화재원인인 노후 전기설비 교체·정비(~2021, 300여 곳)도 추진한다.
> − 자율소방대 운영, 화재보험·공제 가입, 소화 및 화재예방설비 설치 등 자율적 화재예방 노력 우수시장은 최우선 지원한다.
> − 사업기획부터 상인들의 독특한 아이디어 등 창의성과 자율성이 최대한 발휘되도록 지원 제외 항목을 최소화하였으며, 상인들이 원하는 프로젝트와 연관 사업들을 패키지로 묶어서 지원한다. (총 25곳)
> − '첫걸음 컨설팅'은 여건이 취약해서 당장 사업추진이 곤란한 곳에 전문가를 투입, 전략수립 및 기초역량 배양 등을 지원한 뒤에 '첫걸음 기반조성' 또는 '희망사업 프로젝트'를 후속 지원한다.
> − '18년 '청년몰'사업부터 상생협약 체결을 의무화하고 시설현대화 등 타 사업으로 확대할 예정이며, '상생협약 가이드라인' 보급 및 이행점검을 통해 자발적 확산과 이행력을 제고해 나갈 계획이다(예시 : 2년간 임대료 동결 → 이후 3년간 2% 이내 인상 등).
> − 정부사업 종료 후 5년간 매출현황, 객단가, 이용 고객 수, 주차장 이용률 등 데이터 제공 의무화를 추진하고, 성과 미흡 시장은 향후 지원사업 참여를 배제할 계획이다.

① 화재안전평가제도 도입, 전통시장 화재알림시설 설치, 노후전기설비 정비 등 총체적 화재예방 및 안전체계를 구축한다.
② 상인들의 관점에서 가장 필요하고 원하는 아이디어에 기반한 '희망사업 프로젝트'를 도입한다.
③ '화재안전평가제도'를 전면 도입하여 안전등급이 낮은 시장이 전통시장 지원사업에 선정되는 일이 없도록 사업 관리에 만전을 기한다.
④ 임대료 인상방지를 위한 임대료 상생협약(점포주−임차상인 간) 체결 의무화를 추진한다.
⑤ 전통시장별 지원현황 및 성과 이력관리가 가능한 Big Data를 구축하여 지원에 따른 성과평가와 점검을 철저히 한다.

3 다음은 산업재해와 관련하여 R공단 홍보팀 신 대리가 작성한 보고서 내용이다. 다음 보고서를 통해 답을 얻을 수 있는 질문이 아닌 것은?

정부가 산재노동자들을 위하여 전문재활치료를 강화하고 직장복귀를 지원하며 직업훈련 등을 통한 조속한 사회 복귀 등의 재활정책을 시작한 지 벌써 17년이 지났다. 그러나 원직복귀율이 여전히 40%대로서 선진국의 70~80%에 크게 못 미치고 수년째 답보상태에 있는 것은 안타까운 현실이 아닐 수 없다. 따라서 무엇보다도 충분한 요양과 재활치료를 위한 의료서비스 전달체계의 개선이 시급하다. 현재와 같은 소규모 영세한 산재의료기관 지정병원의 단순한 치료보다는 이들에 대한 치료와 동시에 사회복귀를 위한 전문적이고 체계적인 재활치료 시스템이 이루어져야만 한다고 생각한다.

독일의 산재병원(BG Hospital) 역시 의료재활과 심리, 직업재활을 통합운영 중이며, 스위스도 SION과 BELIKON 재활병원을 직접 운영하며 산재환자의 의료, 심리재활 등을 통한 환자의 조속한 사회복귀를 추진하고 있다. 대부분의 선진국 산재지정병원은 치료와 심리, 재활, 작업능력 강화 프로그램을 동시에 운영하고 있다. 또한 입원이 필요 없는 내원환자 치료의 편이성을 도모하기 위하여 도심지의 교통요지에 출퇴근 근로자 또는 통원환자를 위한 외래재활전문센터를 설치하여 재활의학 전문의, 정신과 전문의, 물리치료사, 간호사들이 상주하고 있다. 이렇듯 급성기 치료부터 상병별 재활치료 표준지침과 통합재활 시스템을 구축하고 재해근로자가 효율적인 재활을 통해 경제활동에서 낙오되지 않고 신속히 사회에 복귀할 수 있도록 다양한 시스템을 운영하고 있는 것이다. 2015년 한 해에 산재로 인한 보험급여는 약 27만 명에 대해 4조 원 이상이 지급되었다. 재활을 통한 직장 복귀는 이러한 경제적 손실을 만회함은 물론 새로운 경제적 가치를 생산한다는 의미에서 그 효과는 매우 중요하다. 또 이를 통해 미치는 우리 사회의 긍정적인 사고역시 더 밝은 미래를 만드는 밑거름이 될 것임을 강조하고 싶다. 산업재해자가 건강한 삶을 영유하고 사회에 일원으로 다시 자립할 수 있도록 지원하기 위해서는 의료재활은 물론 사회심리재활, 직업재활 등이 서로 협력하여 하나의 시스템으로 갖추어져야 한다. 또한 이들 제도가 성공적으로 이루어지기 위해서는 각 전문분야에서 현실적인 프로그램의 마련이 시급하다. "아파서 누워 있는데 사장은 보이지도 않고 전화도 없어 서운합니다."라고 말하는 어느 산재노동자의 말이 우리 사회를 다시 한 번 생각하게 한다.

① 우리나라에서 산업재해 근로자를 위한 사회 복귀 시스템을 실시한지는 얼마나 되었습니까?
② 선진국의 산재지정병원에서 받을 수 있는 프로그램에는 무엇이 있습니까?
③ 선진국에서 산업재해 근로자를 위한 외래재활전문센터는 어디에 위치하고 있습니까?
④ 산업재해 근로자들의 직장 복귀는 왜 필요합니까?
⑤ 선진국과 우리나라의 산업재해 보험급여 지급 비용은 얼마나 차이가 납니까?

4 다음 문서의 내용을 참고할 때, 문서의 제목으로 가장 적절한 것은?

□ 워크숍 개요
  ○ (일시/장소) 2014.12.8.(월), 17 : 00 ~ 19 : 00 / CS룸(1217호)
  ○ (참석자) 인사기획실, 대변인실, 의정관실, 관리부서 과장 및 직원 약 25명
  ○ (주요내용) 혁신 방안 및 자긍심 제고 방안 발표 및 토론

□ 주요 내용

〈발표 내용〉
  ○ 인사혁신 방안(역량과 성과중심, 예측 가능한 열린 인사)
  ○ 조직혁신 방안(일하는 방식 개선 및 조직구조 재설계)
  ○ 내부 소통 활성화 방안(학습동아리, 설문조사, 사장님께 바란다 등)
  ○ 활력 및 자긍심 제고 방안(상징물품 개선, 휴게실 확충 등)

〈토론 내용〉
  ○ (의미) 신설된 부처라는 관점에서 새로운 업무방식에 대한 고민 필요
  ○ (일하는 방식) 가족 사랑의 날 준수, 휴가비 공제제도 재검토, 불필요한 회의체 감축 등
  ○ (내부소통) 임원들의 더 많은 관심 필요, 학습동아리 지원
  ○ (조직문화) 혁신을 성공케 하는 밑거름으로서 조직문화 개선, 출근하고 싶은 조직 만들기, 직원 사기 진작 방안 모색
  ○ (기타) 정책연구 용역 활성화, 태블릿 PC제공 등

① 조직 혁신 워크숍 개최 계획서
② 임직원 간담회 일정 보고서
③ 정책 구상회의 개최 계획서
④ 가정의 날 행사 계획 보고서
⑤ 조직 혁신 워크숍 개최 결과 보고서

5 다음 '품의서' 양식의 일부를 참고하여 판단한 내용으로 적절하지 않은 것은?

품 의 서

분류기호		현장명								
문서번호		현	담당	차장	소장	본	담당	부장	부사장	사장
품의일자		장				사				
시행일자										
보존기간			/	/	/		/	/	/	/
경 유		작성자			협외					
수 신										
참 조										
제 목										

① '문서는 일정 기간 파기하지 말고 별도 관리를 해야 하는군.'
② '모든 문서는 고유 번호를 책정해 놓아야 사후 관리가 되겠구나.'
③ '문서는 하급자에서 상급자 순으로 결재를 얻어야 하는 거구나.'
④ '해당 사안과 관련 있는 다른 조직에서도 결재를 반려할 수 있구나.'
⑤ '품의서는 해당 조직명이 아닌 작성하는 직원의 명의로 작성되는군.'

6 다음은 B공사의 인권경영헌장이다. 다음 헌장의 내용을 참고할 때, 밑줄 친 (가)~(마) 중 적절하게 기재되지 않은 것은?

인권경영헌장

우리는 '더 좋은 세상'이라는 기업이념과 국민생활의 편익증진 및 복리향상이라는 사명을 달성하기 위해 노력하며, '차별 없는 공정한 사회구현'과 '사람을 먼저 생각하는 인권경영'을 지향한다.

이를 위해 우리는 모든 경영활동 과정에서 인간의 존엄과 가치 향상을 위하여 임직원이 준수해야 할 올바른 행동과 가치판단의 기준으로서 인권경영헌장을 다음과 같이 선언하고 그 실천을 다짐한다.

하나, 우리는 인권, 노동, 환경, 반부패 등의 가치를 지지하는 국제기준 및 규범을 존중하고 지지한다.

하나, (가) 우리는 임직원을 포함한 모든 이해관계자에 대하여 인종, 종교, 장애, 성별, 출생지, 정치적 견해 등을 이유로 차별하지 않는다.

하나, 우리는 직원의 권익보호를 위해 결사 및 단체교섭의 자유를 보장한다.

하나, (나) 우리는 어떠한 형태의 강제노동과 아동노동을 허용하지 않는다.

하나, (다) 우리는 안전하고 위생적인 작업환경을 조성하여 산업안전 및 보건을 증진한다.

하나, 우리는 협력회사와의 상생발전을 위해 노력하며, 인권경영을 실천하도록 지원하고 협력한다.

하나, (라) 우리는 기후변화 리스크에 능동적으로 대응하기 위해 에너지 절감 노력에 앞장선다.

하나, 우리는 사업 활동 영위 지역에서 현지주민의 인권을 존중하고 보호한다.

하나, (마) 우리는 사업 실행에 있어서 국민의 안전에 위해가 되지 않도록 노력하며, 업무상 수집한 개인정보를 보호한다.

우리는 임직원을 비롯한 모든 이해관계자의 인권을 보호하기 위해 노력하며, 인권경영의 정착과 확산을 위해 최선을 다할 것을 다짐한다.

B공사 임직원 일동

① (가) ② (나)
③ (다) ④ (라)
⑤ (마)

7 다음 글의 빈 칸에 들어갈 가장 알맞은 말은?

　　은행은 불특정 다수로부터 예금을 받아 자금 수요자를 대상으로 정보생산과 모니터링을 하며 이를 바탕으로 대출을 해주는 고유의 자금중개기능을 수행한다. 이 고유 기능을 통하여 은행은 어느 나라에서나 경제적 활동과 성장을 위한 금융지원에 있어서 중심적인 역할을 담당하고 있다. 특히 글로벌 금융위기를 겪으면서 주요 선진국을 중심으로 직접금융이나 그림자 금융의 취약성이 드러남에 따라 은행이 정보생산 활동에 의하여 비대칭정보 문제를 완화하고 리스크를 흡수하거나 분산시키며 금융부문에 대한 충격을 완화하는 역할에 대한 관심이 크게 높아졌다. 또한 국내외 금융시장에서 비은행 금융회사의 업무 비중이 늘어나는 추세를 보이고 있음에도 불구하고 은행은 여전히 금융시스템에서 가장 중요한 기능을 담당하고 있는 것으로 인식되고 있으며, 은행의 자금중개기능을 통한 유동성 공급의 중요성이 부각되고 있다.

　　한편 은행이 외부 충격을 견뎌 내고 금융시스템의 인정 유지에 기여하면서 금융중개라는 핵심 기능을 원활히 수행하기 위해서는 (　　　　　　　　　　　　　　　　) 뒷받침되어야 한다. 그렇지 않으면 은행의 건전성에 대한 고객의 신뢰가 떨어져 수신기반이 취약해지고, 은행이 '고위험-고수익'을 추구하려는 유인을 갖게 되어 개별 은행 및 금융산업 전체의 리스크가 높아지며, 은행의 자금중개기능이 약화되는 등 여러 가지 부작용이 초래되기 때문이다. 결론적으로 은행이 수익성 악화로 부실해지면 금융시스템의 안정성이 저해되고 금융중개 활동이 위축되어 실물경제가 타격을 받을 수 있으므로 은행이 적정한 수익성을 유지하는 것은 개별 은행과 금융시스템은 물론 한 나라의 전체 경제 차원에서도 중요한 과제라고 할 수 있다. 이러한 관점에서 은행의 수익성은 학계는 물론 은행 경영층, 금융시장 참가자, 금융정책 및 감독 당국, 중앙은행 등의 주요 관심대상이 되는 것이다.

① 외부 충격으로부터 보호받을 수 있는 제도적 장치가
② 비은행 금융회사에 대한 엄격한 규제와 은행의 건전성이
③ 유동성 문제의 해결과 함께 건전성이
④ 제도 개선과 함께 수익성이
⑤ 건전성과 아울러 적정 수준의 수익성이

8 다음 두 대화에서 공통적으로 엿볼 수 있는 의사소통의 태도로 알맞은 것은?

(가)

김 대리 : "죄송합니다, 부장님. 오늘까지 마무리하려고 했는데 도저히 시간 내에 완성할 수가 없었습니다. 회의 참석하시는 데 문제가 없으신지요?"

강 부장 : "아니야, 괜찮네. 지난 번 점심시간에 김 대리 얘길 듣다 보니, 자네 사정이 요즘 좀 힘든 것 같더군. 요 며칠 어머님이 편찮으셔서 그런지 영 마음이 잡히질 않았지? 자료는 내가 미리 훑어보았으니 큰 걱정은 안 해도 되네."

(나)

팀장 : "업무도 업무지만 이번 출장은 비용이 너무 많이 들어갈 것 같군. 상반기 팀 손익도 안 좋은데 비용만 자꾸 발생해서 영 마음이 개운치가 않아."

신 대리 : "팀장님께서 요즘 경비 지출에 좀 예민하신 것 같아서요, 바이어와 일정 조율을 진행하고 있습니다. 제가 바이어 사무실로 이동하는 것도 좋겠지만, 이번엔 바이어에게 저희 지사 사무실로 한 번 방문해 달라고 요청해 두었습니다. 로컬 항공료가 많이 절약될 수 있을 겁니다."

---

① 고정관념과 선입견을 배제하고 듣기
② 끝까지 들어보기
③ 상대방에게 격려와 동의하기
④ 상대방의 입장에서 대화하기
⑤ 있는 그대로 들어주기

9 다음에 제시된 사례 ㈎~㈏ 중, 고객을 응대하는 상담 직원으로서 고객에 대한 적절한 의사표현을 하고 있는 경우는 어느 것인가?

㈎ 고객의 잘못을 지적할 때
  → "고객님, 그 쪽에 서 계시면 업무에 방해가 됩니다. 대기하시는 곳은 반대편이라고 쓰인 안내문 못 보셨나요?"

㈏ 고객에게 부탁해야 할 때
  → "고객님, 팀장님이 절 좀 부르시는데요, 잠시만 기다려주세요. 금방 와서 마무리해 드리도록 하겠습니다."

㈐ 고객의 요구를 거절해야 할 때
  → "그건 좀 곤란합니다, 고객님. 아무리 특이한 경우라도 저희 회사 규정상 그렇게 처리해 드릴 수는 없거든요."

㈑ 설득해야 할 때
  → "어머, 인터넷 통신에 문제가 있었던 모양이네요. 불편을 드려서 너무 죄송합니다. 대신 고객님은 저쪽에서 잠시 쉬고 계세요. 이건 제가 직접 진행해서 확인시켜 드릴게요."

㈒ 충고해야 할 때
  → "고객님처럼 외국으로 송금을 자주 하실 경우, 금융 당국에서 안 좋게 볼 수가 있습니다. 가끔 직접 현금을 들고 나가시거나 한 번에 좀 큰 금액을 송금하시면 될 텐데 그렇게 해 보세요."

① ㈎   ② ㈏
③ ㈐   ④ ㈑
⑤ ㈒

경남 합천군은 10일 고령운전자 교통사고를 예방하기 위한 조례를 제정할 것이라고 밝혔다. 합천군은 이에 따라 '고령운전자 교통사고 예방에 관한 조례안'을 최근 입법 예고하고, 이달 중 열릴 제232회 군 의회 임시회에서 조례안을 심의해 의결토록 할 계획이다. 조례안은 운전면허 소지자 중 합천에 주소를 둔 만 70세 이상을 고령운전자로 규정됐다. 합천군수는 고령운전자가 운전면허를 자진반납하면 예산 범위에서 교통비를 지원하는 등 교통사고 예방을 위해 적극적으로 노력해야 한다는 내용도 담겨있다.

조례안은 또 주행 중인 다른 차량의 운전자가 고령운전자 차량을 쉽게 식별할 수 있도록 고령자의 차량 앞뒤에 고령운전자 표시 스티커를 만들어 지원할 수 있게 했다. 합천군은 고령운전자에게 운전면허 자진 반납자임을 증명하는 카드도 발급하고, 카드 소지자에게 합천군의 일부 가맹점 등을 이용할 때 할인혜택을 주는 방안도 검토하고 있다.

조례안을 대표 발의한 최정옥 합천군의원은 "최근 고령운전자 교통사고가 잇따르는 만큼 사고예방 지원근거를 마련해 군민의 생명과 재산을 보호하는 것이 목적"이라고 설명했다. 합천군은 이달 중 군의회의 조례안 통과 후 사업계획을 구체화하면서 예산을 편성해 빠르면 올해 하반기부터 고령운전자 사고예방사업을 시작할 방침이다.

앞서 부산시는 지난해 1월부터 전국 최초로 고령운전자 면허반납 인센티브 지급제도를 도입했다. 부산시는 만 65세 이상을 대상으로 10만 원이 충전된 교통카드 등을 지급하고, 시청과 가맹 계약을 맺은 상점들을 이용하면 5% ~ 50%의 할인혜택을 받을 수 있는 '어르신 교통사랑 카드'를 발급했다.

서울 양천구도 올해부터 만 65세 이상 고령운전자들이 운전면허증을 반납하면 '운전면허 졸업증서'를 주고, 10만 원이 충전된 선불교통카드를 지급하고 있다. 또 경기 오산시도 고령운전자 운전면허 자진반납과 인센티브 부여 등을 담은 조례안 제정을 추진 중이다.

10 윗글에서 강조하고 있는 가장 핵심적인 내용으로 적절한 것은?

① 고령운전자가 안심하고 운전할 수 있는 교통법규를 마련하여야 한다.

② 고령운전자로 인한 교통사고를 예방하여야 한다.

③ 고령운전자에게 교통비 등의 지원이 시급히 이루어져야 한다.

④ 운전면허 사용 가능 연령을 법으로 지정해야 한다.

⑤ 운전면허 자진반납 제도는 강제적 반납과 차별을 두어야 한다.

11 윗글을 통하여 추론할 수 있는 설명으로 적절한 것은?

① 대부분의 고령운전자들은 인센티브를 지급받기 위하여 운전면허를 반납하게 될 것이다.

② 고령운전자로 인한 교통사고에 따르는 비용이 면허반납 인센티브 금액의 근거가 되었을 것이다.

③ 70세 이상의 운전자는 모두 교통사고의 위험이 매우 높다고 할 수 있다.

④ 조례안이 통과되면 합천군의 예산 지출은 당분간 매우 증가할 것이다.

⑤ 합천군의 고령운전자들은 부산시나 양천구에 비해 안전 운전능력이 더 뛰어날 것이다.

12 다음 글을 순서대로 바르게 나열한 것은?

> 　유명인 모델의 광고 효과를 높이기 위해서는 유명인이 자신과 잘 어울리는 한 상품의 광고에만 지속적으로 나오는 것이 좋다.
>
> ㈎ 여러 광고에 중복 출연하는 유명인이 많아질수록 외견상으로는 중복 출연이 광고 매출을 증대시켜 광고 산업이 활성화되는 것으로 보일 수 있다.
>
> ㈏ 유명인을 비롯한 광고 모델의 적절한 선정이 요구되는 이유가 여기에 있다.
>
> ㈐ 하지만 모델의 중복 출연으로 광고 효과가 제대로 나타나지 않으면 광고비가 과다 지출되어 결국 광고주와 소비자의 경제적인 부담으로 이어진다.
>
> ㈑ 이렇게 할 경우 상품의 인지도가 높아지고, 상품을 기억하기 쉬워지며, 광고 메시지에 대한 신뢰도가 제고된다.
>
> ㈒ 유명인의 유명세가 상품에 전이되고 소비자가 유명인이 진실하다고 믿게 되기 때문이다.

① ㈎㈏㈑㈐㈒ 　　　　　② ㈎㈒㈑㈏㈐
③ ㈑㈎㈒㈏㈐ 　　　　　④ ㈑㈒㈎㈐㈏
⑤ ㈒㈑㈐㈏㈎

13 다음 문장들의 빈칸에 어울리지 않는 단어는 무엇인가?

> • 새로운 활로를 (　)하다.
> • 중소 자본으로 (　)해 있던 시내·외의 노선버스 일부를 공영화하다.
> • 원문을 (　)하여서 뜻이 통하지 않는다.
> • 그에 대한 (　)은 하루 이틀에 생겨난 것이 아니다.

① 개척 　　　　　② 난립
③ 표출 　　　　　④ 오역
⑤ 불신

14 다음 제시된 글의 빈칸에 들어갈 문장을 순서대로 바르게 배열한 것은?

> 서양 음악에서 기악은 르네상스 말기에 탄생하였지만 바로크 시대에 이르면 악기의 발달과 함께 다양한 장르를 형성하면서 비약적인 발전을 이루게 된다. 하지만 (
>) 이러한 비난을 면하기 위해 기악은 일정한 의미를 가져야하는 과제를 안게 되었다. 바로크 시대의 음악가들은 이러한 과제에 대한 해결의 실마리를 '정서론'과 '음형론'에서 찾으려 했다. 이 두 이론은 본래 성악 음악을 배경으로 태동하였으나 점차 기악 음악에도 적용되었다. 정서론에서는 웅변가가 청중의 마음을 움직이듯 음악가도 청자들의 정서를 움직여야 한다고 본다. (   ) 그것은 연설에서 한 가지 논지가 일관되게 견지되어야 설득력이 있는 것과 같은 이유에서였다. 한편 음형론에서는 가사의 의미에 따라 그에 적합한 음형을 표현 수단으로 삼는데, 르네상스 후기 마드리갈이나 바로크 초기 오페라 등에서 그 예를 찾을 수 있다. 바로크 초반의 음악 이론가 부러마이스터는 마치 웅변에서 말의 고저나 완급, 장단 등이 호소력을 이끌어 내듯 음악에서 이에 상응하는 효과를 낳는 장치들에 주목하였다. 예를 들어, (   )

> ㉠ 가사의 뜻에 맞춰 가락이 올라가거나, 한동안 쉬거나, 음들이 딱딱 끊어지게 연주하는 방식 등이 이에 해당한다.
> ㉡ 가사가 있는 성악에 익숙해져 있던 사람들에게 기악은 내용 없는 공허한 울림에 지나지 않았다.
> ㉢ 그렇게 하기 위해서는 한 곡에 하나의 정서만이 지배적이어야 한다.

① ㉠-㉡-㉢   ② ㉠-㉢-㉡
③ ㉡-㉠-㉢   ④ ㉡-㉢-㉠
⑤ ㉢-㉡-㉠

15 다음 글의 '임사홍'의 행위와 가장 가까운 것은?

누구를 막론하고 아무리 지혜가 모자라는 사람이라도 시를 짓고 활을 쏘는 일이 바로 성인의 도리에서 나온다는 것쯤이야 모를 리가 있겠습니까마는, 이것을 중지하고 술을 금하자고 한 것은 간쟁하는 신하들의 지성에서 우러나온 말이었습니다. 그러나 임사홍은 옳은 것을 방해하고 그른 것을 옳은 것처럼 꾸며 남을 억누르고 자신을 드러내려고 하였으니, 이것이 바로 소인배들의 실체입니다.

아무리 훌륭하고 옳은 의견으로써 나라에 유익한 정론(正論)을 펴더라도 자신의 입에서 나오지 않고 다른 사람이 먼저 발표하면 반드시 그것을 배척하여 시행되지 못하게 합니다. 그것은 나라의 권력을 자기 손아귀에 잡아 쥐고 간행하는 사람들을 제압하여 임금으로 하여금 자신의 잘못과 간특함을 듣지 못하게 하려는 소행입니다. 그러나 많은 사람이 그의 비행을 주시하고 손가락질하니 그의 악한 실상이 감추어질 수가 없습니다.

그러니 전하께서는 임사홍의 행적을 살펴보소서. 그가 충성스러운 사람인 간사한 사람인지 군자인지 소인배인지를 말입니다. 전하께서는 품성이 총명하시니 반드시 그에 대해여 가까이하여야 될지 멀리하여야 될지, 아니면 그를 내쳐야 할지 말아야 할지를 판단하실 것입니다.

신이 안타까워하는 점은 임사홍이 하루 동안 조정에 있으면 전하께서는 하루만큼 위험하시고, 이틀 조정에 있으면 이틀만큼 더 위태롭다는 것입니다. 나라의 우환이 조정안에 있고 나라가 망하려는 조짐이 가까운 장래에 있습니다. 지금의 기회를 놓치고 그를 제거하지 못하면 뒷날 반드시 후회하실 것입니다. 신은 시종신(侍從臣: 임금을 곁에서 모시는 신하)으로 있으면서 상방 참마검(칼이름)을 빌려다가 영신 임사홍의 머리를 베어 버리고 싶으나, 옛날 주운(朱雲)의 고사에 따르지 못함을 매우 한스럽게 생각합니다.

① 유유상종(類類相從) 　　② 지록위마(指鹿爲馬)

③ 금상첨화(錦上添花) 　　④ 마이동풍(馬耳東風)

⑤ 와신상담(臥薪嘗膽)

16 다음 글의 밑줄 친 부분에 담겨 있는 의미로 적절하지 못한 것은?

> 사회 속에 살고 있는 각 개인들은 추구하는 목적이나 이해관계가 서로 일치하는 경우도 있으나 서로 상충하기도 한다. 사람들 사이에 목적이나 이해관계가 다를 경우에는 대립과 투쟁이 생겨나게 된다. <u>공동의 목적이나 이익을 추구하기 위해서 우리가 사회를 이루고 사는 것이라면 서로 상충하는 목적이나 이해관계는 조정되어야 하며 이러한 조정의 원리로서 우리는 사회 규범이나 공공 규칙을 갖게 된다.</u> 외딴 섬에서 홀로 사는 로빈슨 크루소와 같은 사람에게는 규칙이 필요 없을 것이다. 또한 동물의 세계에는 오로지 약육강식의 냉혹한 법칙만이 있을 것이다. 다행스럽게도 우리 인간은 사회생활을 하면서 자신의 안정과 이익을 보장하기 위해, 협의에 의해 규칙을 만들고 이를 스스로 지키는 슬기로운 이성을 지니고 있다.

① 사회생활을 하다가 보면 이해관계가 상충하기도 한다.
② 인간은 사회를 이루어 공동의 목적이나 이익을 추구한다.
③ 사회가 이루어지면 상충하는 이해관계는 저절로 조정된다.
④ 공동의 목적을 저해하면 사회 규범의 제재를 받을 수 있다.
⑤ 사회 규범이나 공공 규칙에 의해 이해관계를 조정할 수 있다.

17 다음 글을 읽고 추론할 수 없는 것은?

우주는 물체와 허공으로 구성된다. 물체와 허공 이외에는 어떠한 것도 존재한다고 생각할 수 없다. 그리고 우리가 허공이라고 부르는 것이 없다면, 물체가 존재할 곳이 없고, 움직일 수 있는 공간도 없을 것이다. 허공을 제외하면, 비물질적인 것은 존재하지 않는다. 허공은 물체에 영향을 주지도 받지도 않으며, 다만 물체가 자신을 통과해서 움직이도록 허락할 뿐이다. 물질적인 존재만이 물질적 존재에 영향을 줄 수 있다.

영혼은 아주 미세한 입자들로 구성되어 있기 때문에, 몸이 나머지 구조들과 더 잘 조화를 이룰 수 있다. 감각의 주요한 원인은 영혼에 있다. 그러나 몸의 나머지 구조에 의해 보호되지 않는다면, 영혼은 감각을 가질 수 없을 것이다. 몸은 감각의 원인을 영혼에 제공한 후, 자신도 감각 속성의 몫을 영혼으로부터 얻는다. 영혼이 몸을 떠나면, 몸은 더 이상 감각을 소유하지 않는다. 왜냐하면 몸은 감각 능력을 스스로 가진 적이 없으며, 몸과 함께 태어난 영혼이 몸에게 감각 능력을 주었기 때문이다. 물론 몸의 일부가 소실되어 거기에 속했던 영혼이 해체되어도 나머지 영혼은 몸 안에 있다. 또한 영혼의 한 부분이 해체되더라도, 나머지 영혼이 계속해서 존재하기만 한다면 여전히 감각을 유지할 것이다. 반면에 영혼을 구성하는 입자들이 전부 몸에서 없어진다면, 몸 전체 또는 일부가 계속 남아 있더라도 감각을 가지지 못할 것이다. 더구나 몸 전체가 분해된다면, 영혼도 더 이상 이전과 같은 능력을 가지지 못하고 해체되며 감각 능력도 잃게 된다.

① 허공은 물체의 운동을 위해 반드시 필요하다.
② 감각을 얻기 위해서는 영혼과 몸 모두가 필요하다.
③ 영혼은 비물질적인 존재이며 몸에게 감각 능력을 제공한다.
④ 영혼이 담겨있던 몸 전체가 분해되면 영혼의 입자들은 흩어져 버린다.
⑤ 육체의 일부가 소실되면 영혼의 일부가 해체되지만 나머지 영혼은 여전히 감각의 능력을 유지할 수 있다.

18 다음 ( ) 안에 들어갈 말로 적절하지 못한 것은?

어떤 한 규범은 그와 다른 규범보다 강하거나 약할 수 있다. 예를 들면, "재산을 빼앗지 말라."는 규범은 "부동산을 빼앗지 말라."는 규범보다 강하다. 다른 이의 재산을 빼앗지 않는 사람이라면 누구든지 부동산 또한 빼앗지 않을 것이지만, 그 역은 성립하지 않기 때문이다. 한편 "재산을 빼앗지 말라."는 규범은 "해를 끼치지 말라."는 규범보다 약하다. 다른 이에게 해를 끼치지 않는 사람이라면 누구든지 재산을 빼앗지 않을 것이지만, 그 역은 성립하지 않기 때문이다. 그렇다고 해서 모든 규범이 위의 두 예처럼 어떤 다른 규범보다 강하다거나 약하다고 말할 수 있는 것은 아니다. 예를 들어, "재산을 빼앗지 말라."는 규범은 "운동 전에는 몸풀기를 충분히 하라.'는 일종의 규범에 비해 약하지도 강하지도 않다. 다른 이의 재산에 관한 규범을 준수하는 사람이라도 운동에 앞서 몸풀기를 게을리 할 수 있으며, 또 동시에 운동에 앞서 충분히 몸풀기를 하는 사람이라도 다른 이의 재산에 관한 규범을 어길 수 있기 때문이다.

규범들 간의 이와 같은 강, 약 비교는 일종의 규범인 교통법규에도 적용될 수 있다. 예를 들어, "도로에서는 시속 110km 이하로 운전하라."는 (㉠)보다 약하다. "도로의 교량 구간에서는 시속 80km 이하로 운전하라."는 (㉡)보다는 약하다고 할 수 없지만, (㉢)보다는 약하다. 한편, "도로의 교량 구간에서는 100m 이상의 차간 거리를 유지한 채 시속 80km 이하로 운전하라."는 (㉣)보다는 강하지만 (㉤)보다는 강하다고 할 수 없다.

① ㉠ : 도로에서는 시속 80km 이하로 운전하라.

② ㉡ : 도로에서는 시속 110km 이하로 운전하라.

③ ㉢ : 도로의 터널 구간에서는 시속 80km 이하로 운전하라.

④ ㉣ : 도로의 교량 구간에서는 시고 80km 이하로 운전하라.

⑤ ㉤ : 도로의 터널 구간에서는 90m 이상의 차간 거리를 유지한 채 시속 90km 이하로 운전하라.

19 다음 글을 통해 추론할 수 있는 것은?

> 비자발적인 행위는 강제나 무지에서 비롯된 행위이다. 반면에 자발적인 행위는 그것의 단초가 행위자 자신 안에 있다. 행위자 자신 안에 행위의 단초가 있는 경우에는 행위를 할 것인지 말 것인지가 행위자 자신에게 달려 있다.
>
> 욕망이나 분노에서 비롯된 행위들을 모두 비자발적이라고 할 수는 없다. 그것들이 모두 비자발적이라면 인간 아닌 동물 중 어떤 것도 자발적으로 행위 하는 게 아닐 것이며, 아이들조차 그럴 것이기 때문이다. 우리가 욕망하는 것들 등에는 마땅히 욕망해야 할 것이 있는데, 그러한 욕망에 따른 행위는 비자발적이라고 할 수 없다. 실제로 우리는 어떤 것들에 대해서는 마땅히 화를 내야하며, 건강이나 배움과 같은 것은 마땅히 욕망해야 한다. 따라서 욕망이나 분노에서 비롯된 행위를 모두 비자발적인 것으로 보아서는 안 된다.
>
> 합리적 선택에 따르는 행위는 모두 자발적인 행위지만 자발적인 행위의 범위는 더 넓다. 왜냐하면 아이들이나 동물들도 자발적으로 행위 하긴 하지만 합리적 선택에 따라 행위 하지는 못하기 때문이다. 또한 욕망이나 분노에서 비롯된 행위는 어떤 것도 합리적 선택을 따르는 행위가 아니다. 이성이 없는 존재는 욕망이나 분노에 따라 행위 할 수 있지만, 합리적 선택에 따라 행위 할 수는 없기 때문이다. 또 자제력이 없는 사람은 욕망 때문에 행위 하지만 합리적 선택에 따라 행위 하지는 않는다. 반대로 자제력이 있는 사람은 합리적 선택에 따라 행위 하지, 욕망 때문에 행위 하지는 않는다.

① 욕망에 따른 행위는 모두 자발적인 것이다.
② 자제력이 있는 사람은 자발적으로 행위한다.
③ 자제력이 없는 사람은 비자발적으로 행위한다.
④ 자발적인 행위는 모두 합리적 선택에 따른 것이다.
⑤ 마땅히 욕망해야 할 것을 하는 행위는 모두 합리적 선택에 따른 것이다.

20 다음 글의 (가)와 (나)의 반례로 가장 적절한 것은?

> 당신이 경험하는 치통, 두통, 허기, 포만감과 같은 것들은 정신적인 것이지만 치통을 야기하는 치아의 상태, 포만감을 야기하는 위의 상태는 정신적인 것이 아니다. 이런 구별을 가능하게 하는 근거는 무엇인가? 철학자들은 이 질문에 답하기 위해 정신적인 것들이 가진 고유의 특성들을 제시해왔다. 이런 특성들에는 무엇이 있을까? 이에 대한 한 가지 답변은 정신적인 현상에 대한 인식과 그렇지 않은 현상에 대한 인식 사이의 차이, 즉 인식적 특성상의 차이에서 찾을 수 있다. 예를 들어, 철학자들은 정신적 상태가 가진 고유한 인식적 특성에 대해서 다음과 같은 두 주장을 한다.
>
> (가) 자신이 어떤 정신적 상태에 있다고 믿는다면 그 믿음은 틀릴 수 없다.
> (나) 자신이 어떤 정신적 상태에 처해 있다면 이 사실을 모를 수 없다.
>
> 위에서 (가)는 우리가 어떤 정신적 상태에 처해 있다는 것을 믿고 있으면 그 믿음은 틀릴 수 없다는 것이다. 이 주장에 따르면, 당신이 고통스런 정신적 상태에 있다는 것을 믿고 있다면 실제로 당신은 그런 정신적 상태에 있고, 따라서 당신의 믿음은 틀릴 수 없다. 한편 (나)는 (가)와 다르다. 이 주장에 따르면, 당신이 고통이라는 정신적 상태에 있다면 당신은 자신이 고통스러운 상태에 있다는 것을 알 수밖에 없다.

① (가)의 반례 : 동근은 머리가 무거움을 느껴 두통이 심한 상태라고 믿지만 그는 두통이 없는 상태이다.

② (가)의 반례 : 현구는 무릎을 심하게 다쳐 아픈 상태이지만 그는 아프다는 것을 모르고 있다.

③ (나)의 반례 : 상민은 자신의 심장에 이상이 생겼다고 믿고 있지만 그의 심장에는 별 이상이 없다.

④ (나)의 반례 : 병헌은 치열한 교전 중에 총상을 입었지만 그 사실을 모르고 있었다.

⑤ (나)의 반례 : 친한 친구가 사고로 사망을 했지만 민수는 슬프지 않다.

21 다음 대화에서 갑과 을 모두가 동의하는 주장을 모두 고른 것은?

갑 : 인생의 목적이 뚜렷하지 않다면 그런 인생은 무의미하다고 주장하는 사람이 있어. 그날그날 알차게 사는 사람들의 인생이 의미없다고 말할 수는 없어.

을 : 그렇지. 그날그날 알차게 사는 것이 그 사람 인생의 목적일 테니까.

갑 : 그날그날 알차게 사는 사람에겐 인생 전체에 걸쳐 이룰 인생의 목적 같은 건 없어. 넌 누군가의 인생이 네 생각에 의미 있는 인생이라고 여겨지면 그런 인생에 목적이 있을 것이라고 그냥 단정할 뿐이야. 그러니까 의미 있는 인생에는 당연히 목적이 있다고 생각할 수밖에 없는 거야. 그날그날 알차게 사는 사람이 어느 날 갑자기 포부를 갖고 예술가가 되기로 마음먹었다고 해보자. 그는 이제야 드디어 자신에게 인생의 목적이 생겼다고 말해야 하는 게 아닐까?

을 : 그건 인생의 목적이 그날그날 알차게 사는 것에서 예술가가 되는 것으로 바뀐 것이라고 말하는 게 맞아.

갑 : 인생의 목적이 바뀐 것이라면 새로운 목적이 예전 목적보다 더 나은 것이겠지? 만약 둘 중에 어느 하나가 더 나은 목적이고 다른 하나가 그렇지 못한 목적이라면, 둘 다 인생의 목적이라고 말해서는 안 되는 거야. 예전 목적은 인생의 목적이 아니거나, 만일 그것이 인생의 목적이었다면 그것은 인생의 '뚜렷한' 목적은 아니었던 거야.

㉠ 어떤 사람은 인생의 목적을 바꾼다.

㉡ 그날그날 알차게 사는 사람의 인생은 무의미하지 않다.

㉢ 살면서 목적이 바뀌었다면 그 전에는 인생의 목적이 없었건 것이다.

---

① ㉠

② ㉡

③ ㉢

④ ㉠㉡

⑤ ㉡㉢

22 다음은 사내홍보물에 사용하기 위한 인터뷰 내용이다. ㉠~㉤에 대한 설명으로 적절하지 않은 것을 고르면?

> 甲 : 안녕하세요. 저번에 인사드렸던 홍보팀 대리 甲입니다. 바쁘신 데도 이렇게 인터뷰에 응해 주셔서 감사합니다. ㉠이번 호 사내 홍보물 기사에 참고하려고 하는데 혹시 녹음을 해도 괜찮을까요?
>
> 乙 : 네, 그렇게 하세요.
>
> 甲 : 그럼 ㉡우선 사랑의 도시락 배달이란 무엇이고 어떤 목적을 갖고 있는지 간단히 말씀해 주시겠어요?
>
> 乙 : 사랑의 도시락 배달은 끼니를 챙겨 드시기 어려운 독거노인분들을 찾아가 사랑의 도시락을 전달하는 일이에요. 이 활동은 회사 이미지를 홍보하는 데 기여할 뿐만 아니라 개인적으로는 마음 따뜻해지는 보람을 느끼게 된답니다.
>
> 甲 : 그렇군요. ㉢한 번 봉사를 할 때에는 하루에 몇 십 가구를 방문하신다고 들었는데요, 어떻게 그렇게 많은 가구들을 다 방문할 수가 있나요?
>
> 乙 : 아, 비결이 있다면 역할을 분담한다는 거예요.
>
> 甲 : 어떻게 역할을 나누나요?
>
> 乙 : 도시락을 포장하는 일, 배달하는 일, 말동무 해드리는 일 등을 팀별로 분담해서 맡으니 효율적으로 운영할 수 있어요.
>
> 甲 : ㉣(고개를 끄덕이며) 그런 방법이 있었군요. 마지막으로 이런 봉사활동에 관심 있는 사원들에게 한 마디 해주세요.
>
> 乙 : ㉤주중 내내 일을 하고 주말에 또 봉사활동을 가려고 하면 몸은 굉장히 피곤합니다. 하지만 거기에서 오는 보람은 잠깐의 휴식과 비교할 수 없으니 꼭 한번 참석해 보시라고 말씀드리고 싶네요.
>
> 甲 : 네, 그렇군요. 오늘 귀중한 시간을 내어 주셔서 감사합니다.

① ㉠ : 기록을 위한 보조기구를 사용하기 위해서 사전에 허락을 구하고 있다.
② ㉡ : 면담의 목적을 분명히 밝히면서 동의를 구하고 있다.
③ ㉢ : 미리 알고 있던 정보를 바탕으로 질문을 하고 있다.
④ ㉣ : 적절한 비언어적 표현을 사용하며 상대방의 말에 반응하고 있다.
⑤ ㉤ : 자신의 경험을 바탕으로 봉사활동에 참석하기를 권유하고 있다.

23 다음은 '전교생을 대상으로 무료급식을 시행해야 하는가?'라는 주제로 철수와 영수가 토론을 하고 있다. 보기 중 옳지 않은 것은?

〈보기〉

철수 : 무료급식은 급식비를 낼 형편이 없는 학생들을 위해서 마련되어야 하는데 지금 대부분의 학교에서는 이 아이들뿐만 아니라 형편이 넉넉한 아이들까지도 모두 대상으로 삼고 있으니 이는 문제가 있다고 봐.

영수 : 하지만 누구는 무료로 급식을 먹고 누구는 돈을 내고 급식을 먹는다면 이는 형평성에 어긋난다고 생각해. 그래서 난 이왕 무료급식을 할 거라면 전교생에게 동등하게 그 혜택이 돌아가야 한다고 봐.

철수 : 음… 돈이 없는 사람은 무료로 급식을 먹고 돈이 있는 사람은 돈을 내고 급식을 먹는 것이 과연 형평성에 어긋난다고 할 수 있을까? 형평성이란 국어사전을 찾아보면 형평을 이루는 성질을 말하잖아. 여기서 형평이란 균형이 맞음. 또는 그런 상태를 말하는 것이고. 그러니까 형평이란 다시 말하면…

영수 : 아, 그래 네가 무슨 말을 하려고 하는지 알겠어. 그런데 나는 어차피 무료급식을 할 거라면 전교생이 다 같이 무료급식을 했으면 좋겠다는 거야. 그래야 서로 불화도 생기지 않으니까. 그리고 누구는 무료로 먹고 누구는 돈을 내고 먹을 거라면 난 차라리 무료급식을 안 하는 것이 낫다고 생각해.

① 위 토론에서 철수는 주제에서 벗어난 말을 하고 있다.
② 영수는 상대방의 말을 자르고 자기주장만을 말하고 있다.
③ 영수는 자신의 주장이 뚜렷하지 않다.
④ 위 토론의 주제는 애매모호하므로 주제를 수정해야 한다.
⑤ 토론자는 자신의 주장을 뒷받침할 객관적 근거를 제시해야 한다.

24 다음은 2017년 연말 우수사원 시상식에서 최우수 사원을 받은 장그래씨의 감사 인사말이다. 밑줄 친 단어 중 잘못 고쳐 쓴 것을 고르면?

> 사실 입사 후 저는 실수투성이로 아무 것도 모르는 <u>풋나기</u>였습니다. 그런 제가 최우수 사원에 선정되어 상을 받을 수 있게 된 것은 오차장님을 비롯한 영업3팀의 여러 선배님들 <u>탓</u>이라고 생각합니다. 어색하게 있던 제게 친근히 말을 <u>부쳐</u>주시던 김대리님, <u>묵묵이</u> 지켜봐주셨던 천과장님, 그리고 그밖에 도움을 주셨던 영업팀 팀원들에게 이 자리를 <u>빌려서</u> 감사의 말씀 드리고 싶습니다.

① 풋나기 → 풋내기
② 탓 → 덕분
③ 부쳐 → 붙여
④ 묵묵이 → 묵묵히
⑤ 빌려서 → 빌어서

25 다음 공고를 보고 잘못 이해한 것을 고르면?

〈신입사원 정규채용 공고〉				
분야	인원	응시자격	연령	비고
콘텐츠 기획	5	• 해당분야 유경험자(3년 이상) • 외국어 사이트 운영 경력자 우대 • 외국어(영어/일어) 전공자	제한 없음	정규직
제휴 마케팅	3	• 해당분야 유경험자(5년 이상) • 웹 프로모션 경력자 우대 • 콘텐츠산업(온라인) 지식 보유자	제한 없음	정규직
웹디자인	2	• 응시제한 없음 • 웹디자인 유경험자 우대	제한 없음	정규직

■ 입사지원서 및 기타 구비서류

(1) 접수방법
- 인터넷(www.seowon.co.kr)을 통해서만 접수(우편 이용 또는 방문접수 불가)
- 채용분야별 복수지원 불가

(2) 입사지원서 접수 시 유의사항
- 입사지원서는 인터넷 접수만 가능함
- 접수 마감일에는 지원자 폭주 및 서버의 네트워크 사정에 따라 접속이 불안정해 질 수 있으니 가급적 마감일 1~2일 전까지 입사지원서 작성바람
- 입사지원서를 작성하여 접수하고 수험번호가 부여된 후 재입력이나 수정은 채용 공고 종료일 18:00까지만 가능하오니, 기재내용 입력에 신중을 기하여 정확하게 입력하기 바람

(3) 구비서류 접수
- 접수방법 : 최종면접 전형 당일 시험장에서만 접수하며, 미제출자는 불합격 처리
- 최종학력졸업증명서 1부
- 자격증 사본 1부(해당자에 한함)

■ 기타 사항
- 상기 모집분야에 대해 최종 전형결과 적격자가 없는 것으로 판단될 경우, 선발하지 아니 할 수 있으며, 추후 입사지원서의 기재사항이나 제출서류가 허위로 판명될 경우 합격 또는 임용을 취소함
- 최종합격자라도 신체검사에서 불합격 판정을 받거나 공사 인사규정상 채용 결격사유가 발견될 경우 임용을 취소함
- 3개월 인턴 후 평가(70점 이상)에 따라 정식 고용 여부를 결정함

■ 문의 및 접수처
- 기타 문의사항은 ㈜서원 홈페이지(www.seowon.co.kr) 참고

① 우편 및 방문접수는 불가하며 입사지원은 인터넷 접수만 가능하다.
② 지원서 수정은 마감일 이후 불가능하다.
③ 최종합격자라도 신체검사에서 불합격 판정을 받으면 임용이 취소된다.
④ 자격증 사본은 해당자에 한해 제출하면 된다.
⑤ 3개월 인턴과정을 거치고 나면 별도의 제약 없이 정식 고용된다.

26 다음 사례를 통해 알 수 있는 소셜미디어의 특징으로 가장 적절한 것은?

> ○○일보
>
> 2018년 1월 15일
>
> 소셜미디어의 활약, 너무 반짝반짝 눈이 부셔!
>
> 자연재해 시마다 소셜미디어의 활약이 눈부시다. 지난 14일 100년만의 폭설로 인해 지하철 운행이 중단되고 곳곳의 도로가 정체되는 등 교통대란이 벌어졌지만 많은 사람들이 스마트폰의 도움으로 최악의 상황을 피할 수 있었다.
>
> 누리꾼들은,
> '폭설로 인한 전력공급 중단으로 지하철 1호선 영등포역 정차 중'
> '올림픽대로 상행선 가양대교부터 서강대교까지 정체 중'
>
> 등 서로 소셜미디어를 통해 실시간 피해상황을 주고받았으며 이로 인해 출근 준비 중이던 대부분의 시민들은 다른 교통수단으로 혼란 없이 회사로 출근할 수 있었다.

① 정보전달방식이 일방적이다.
② 상위계층만 누리던 고급문화가 대중화된 사례이다.
③ 정보의 무비판적 수용을 조장한다.
④ 정보수용자와 제공자 간의 경계가 모호하다.
⑤ 정보 습득을 위한 비용이 많이 든다.

27 다음 밑줄 친 단어의 의미와 동일하게 쓰인 것을 고르시오.

> 김동연 경제부총리 겸 기획재정부 장관은 26일 최근 노동이슈 관련 "다음 주부터 시행되는 노동시간 단축 관련 올해 말까지 계도기간을 설정해 단속보다는 제도 정착에 초점을 두고 추진할 것"이라고 밝혔다.
>
> 김동연 부총리는 이날 정부서울청사에서 노동현안 관련 경제현안간담회를 주재하고 "7월부터 노동시간 단축제도가 시행되는 모든 기업에 대해 시정조치 기간을 최장 6개월로 늘리고, 고소 · 고발 등 법적인 문제의 처리 과정에서도 사업주의 단축 노력이 충분히 참작될 수 있도록 하겠다." 라며 이같이 말했다.
>
> 김 부총리는 "노동시간 단축 시행 실태를 면밀히 조사해 탄력 근로단위기간 확대 등 제도개선 방안도 조속히 마련하겠다."라며 "불가피한 경우 특별 연장근로를 인가받아 활용할 수 있도록 구체적인 방안을 강구할 것"이라고 밝혔다.

① 우리는 10년 만에 넓은 평수로 늘려 이사했다.

② 그 집은 알뜰한 며느리가 들어오더니 금세 재산을 늘려 부자가 되었다.

③ 적군은 세력을 늘린 후 다시 침범하였다.

④ 실력을 늘려서 다음에 다시 도전해 보아라.

⑤ 대학은 학생들의 건의를 받아들여 쉬는 시간을 늘리는 방안을 추진 중이다.

28 다음은 ○○문화회관 전시기획팀의 주간회의록이다. 자료에 대한 내용으로 옳은 것은?

주 간 회 의 록					
회의일시	2018. 7. 2(월)	부 서	전시기획팀	작 성 자	사원 甲
참 석 자	戊 팀장, 丁 대리, 丙 사원, 乙 사원				
회의안건	1. 개인 주간 스케줄 및 업무 점검 2. 2018년 하반기 전시 일정 조정				

	내 용	비 고

회의내용	1. 개인 주간 스케줄 및 업무 점검
	• 戊 팀장 : 하반기 전시 참여 기관 미팅,
	  외부 전시장 섭외
	• 丁 대리 : 하반기 전시 브로슈어 작업,
	  브로슈어 인쇄 업체 선정
	• 丙 사원 : 홈페이지 전시 일정 업데이트
	• 乙 사원 : 2018년 상반기 전시 만족도 조사
	
	2. 2018년 하반기 전시 일정 조정
	• 하반기 전시 기간 : 9 ~ 11월, 총 3개월
	• 전시 참여 기관 : A ~ I 총 9팀
	– 관내 전시장 6팀, 외부 전시장 3팀
	• 전시 일정 : 관내 2팀, 외부 1팀으로 3회 진행
		• 7월 7일 AM 10:00
		외부 전시장 사전답사
		(戊 팀장, 丁 대리)
		
		• 회의 종료 후, 전시 참여 기
		관에 일정 안내
		(7월 4일까지 변경 요청 없을
		시 그대로 확정)

장소 기간	관내 전시장	외부 전시장
9월	A, B	C
10월	D, E	F
11월	G, H	I

	내용	작업자	진행일정
결정사항	브로슈어 표지 이미지 샘플조사	丙 사원	2018. 7. 2 ~ 2018. 7. 3
	상반기 전시 만족도 설문조사	乙 사원	2018. 7. 2 ~ 2018. 7. 5

특이사항	다음 회의 일정 : 7월 9일 • 2018년 상반기 전시 만족도 확인 • 브로슈어 표지 결정, 내지 1차 시안 논의

—

① 이번 주 금요일 외부 전시장 사전 답사에는 戊 팀장과 丁 대리만 참석한다.

② 丙 사원은 이번 주에 홈페이지 전시 일정 업데이트만 하면 된다.

③ 7월 4일까지 전시 참여 기관에서 별도의 연락이 없었다면, H팀의 전시는 2018년 11월 관내 전시장에 볼 수 있다.

④ 2018년 하반기 전시는 ○○문화회관 관내 전시장에서만 열릴 예정이다.

⑤ 乙 사원은 이번 주 금요일까지 상반기 전시 만족도 설문조사를 진행할 예정이다.

29 다음은 ㅁㅁ기관 A 사원이 작성한 '도농(都農)교류 활성화 방안'이라는 보고서의 개요이다. 본론 I 을 바탕으로 구성한 본론 II의 항목들로 적절하지 않은 것은?

A. 서론
 1. 도시와 농촌의 현재 상황과 미래 전망
 2. 생산적이고 쾌적한 농촌 만들기를 위한 도농교류의 필요성

B. 본론 I : 현재 실시되고 있는 도농교류제도의 문제점
 1. 행정적 차원
  1) 소규모의 일회성 사업 난립
  2) 지속적이고 안정적인 예산 확보 미비
  3) ㅁㅁ기관 내 일원화된 추진체계 미흡
 2. 소통적 차원
  1) 도시민들의 농촌에 대한 부정적 인식
  2) 농민들의 시장상황에 대한 정보 부족

C. 본론 II : 도농교류 활성화를 위한 추진과제

D. 결론

---

① 지역별 브랜드화 전략을 통한 농촌 이미지 제고
② 도농교류사업 추진 건수에 따른 예산 배정
③ 1사1촌(1社1村) 운동과 같은 교류 프로그램 활성화
④ 도농교류 책임기관으로서 ㅁㅁ기관 산하에 도농교류센터 신설
⑤ 농촌 기초지자체와 대도시 자치구의 연계사업을 위한 장기적 지원금 확보

30 다음은 K방송국 신입사원 甲이 모니터링 업무를 하던 중 문제가 될 수 있는 보도 자료들을 수집한 것이다. 다음 중 그 문제의 성격이 다른 하나는?

⑦ 2004년 성매매특별법이 도입되었다. 한 지방경찰청의 범죄통계에 따르면 특별법 도입 직후 한 달 동안 성폭력 범죄 신고 및 강간사건의 수치가 지난 5년 동안의 월 평균보다 약간 높게 나타났다. 성범죄 수치는 계절과 주기별로 다르게 나타난다. K방송국 이 통계에 근거해 "성매매특별법 시행 이후 성범죄 급속히 늘어"라는 제목의 기사를 내었다.

㈏ 1994~1996년 사이 항공 사고로 인한 사망자가 적은 해에는 10명 미만, 많은 해에는 200~300명 발생하였다. 같은 기간 산업재해로 인한 사망자는 매년 5,000명 이상, 상해자는 700만 명 가량 발생하였다. 이 시기 K방송국은 항공 사고에 대한 보도를 50편 가량 발표했다. 반면, 위험한 장비와 관련한 안전사고, 비위생적 노동조건으로 인한 질병 등 산업재해로 인한 사망사건에 대한 보도는 거의 없었다.

㈐ 1996~1997년 사이 통계를 보면 미국 사회 전체에서 폭력사건으로 인한 사망자 수는 5,400명이었다. 이 가운데 학교에서 발생한 폭력사건으로 인한 사망자 수는 19명이었으며 10개 공립학교에서 발생했다. 이로부터 K방송국은 "시한폭탄 같은 10대들"이라는 제하에 헤드라인 기사로 청소년 폭력문제를 다루었고, 뉴스 프로그램을 통해 청소년들의 흉악한 행동이 미국 전역의 학교와 도시에서 만연하고 있다고 보도했다.

㈑ 1990~1997년 사이 교통사고로 인한 사망자 25만 명 중 난폭 운전에 의해 사망한 사람은 218명이었다. 그리고 같은 시기 부상을 당한 2,000만 명의 자동차 운전자들 가운데 난폭 운전자에 의해 사고를 당했다고 추정되는 사람은 전체 부상자의 0.1% 미만이었다. 이에 대해 K방송국은 "교통사고의 주범 난폭운전"이란 제하에 난폭운전으로 인한 인명피해가 최근 전국적으로 넘쳐나고 있다고 보도했다.

㈒ 1996년 한 연구기관에서 미국사회의 질병에 관한 통계 조사를 실시했다. 그 결과에 따르면 미국인 가운데 비만에 걸린 사람은 190만 명으로 미국인 전체 성인 중 약 1.5%를 차지했다. 이로부터 K방송국은 미국 성인의 대부분이 비만에 걸려 있으며 앞으로 비만이 미국사회의 가장 심각한 사회문제가 될 것이라는 내용의 기사를 실었다.

① ㈎
② ㈏
③ ㈐
④ ㈑
⑤ ㈒

1 다음 자료를 참고할 때, H사의 차량을 2년 사용했을 때와 같은 경비는 F사의 차량을 사용한 지 몇 개월째에 발생하는가? (단, 1년에 20,000km로 주행거리는 동일하다고 가정한다)

〈자동차 종류별 특성〉

제조사	차량 가격(만 원)	연료 용량(L)	연비(km/L)	연료 종류
H사	2,000	55	13	LPG
F사	2,100	60	10	휘발유
S사	2,050	60	12	경유

〈종류별 연료가격/L〉

LPG	800원
휘발유	1,500원
경유	1,200원

* 자동차 이용에 따른 총 경비는 구매가격과 연료비의 합으로 산정하고, 5년 간 연료비 변동은 없다고 가정함.

① 4개월　　　　　　　　　　② 5개월
③ 6개월　　　　　　　　　　④ 7개월
⑤ 8개월

2 다음은 N국의 연도별 교육수준별 범죄자의 현황을 나타낸 자료이다. 다음 자료를 올바르게 해석한 것은?

(단위 : %, 명)

구분\연도	교육수준별 범죄자 비율					범죄자 수
	무학	초등학교	중학교	고등학교	대학 이상	
1970	12.4	44.3	18.7	18.2	6.4	252,229
1975	8.5	41.5	22.4	21.1	6.5	355,416
1980	5.2	39.5	24.4	24.8	6.1	491,699
1985	4.2	27.6	24.4	34.3	9.5	462,199
1990	3.0	18.9	23.8	42.5	11.8	472,129
1995	1.7	11.4	16.9	38.4	31.6	796,726
2000	1.7	11.0	16.3	41.5	29.5	1,036,280

① 중학교 졸업자와 고등학교 졸업자인 범죄자 수는 매 시기 전체 범죄자 수의 절반에 미치지 못하고 있다.

② 1970 ~ 1980년 기간 동안 초등학교 졸업자인 범죄자의 수는 계속 감소하였다.

③ 1990년과 1995년의 대학 이상 졸업자인 범죄자의 수는 약 3배가 조금 못 되게 증가하였다.

④ 매 시기 가장 많은 비중을 차지하는 범죄자들의 학력은 최소한 유지되거나 높아지고 있다.

⑤ 무학인 범죄자의 수는 매 시기 꾸준히 감소하였다.

3 4차 산업혁명 관련 기술을 개발 또는 활용하고 있는 기업에 대한 다음 자료를 올바르게 해석한 설명은?

〈표 1〉

(단위 : 개, %)

	기업수	산업 대분류											
		농림어업	광업제조업	제조업	전기가스업	건설업	도소매업	운수·창고업	숙박음식업	정보통신업	부동산업	기타서비스업	금융보험업
조사대상 기업수	12,579	26	6,119	6,106	59	543	1,401	715	323	1,047	246	1,773	327
구성비	100.0	0.2	48.6	48.5	0.5	4.3	11.1	5.7	2.6	8.3	2.0	14.1	2.6
4차 산업 기술 개발·활용 기업수	1,014	–	408	408	9	28	94	22	19	265	3	114	52
구성비	100.0	–	40.2	40.2	0.9	2.8	9.3	2.2	1.9	26.1	0.3	11.2	5.1

〈표 2〉

(단위 : 개, %)

4차 산업 기술 개발·활용 기업수	계	분야(복수응답)								
		사물인터넷	클라우드	빅데이터	모바일(5G)	인공지능	블록체인	3D프린팅	로봇공학	가상증강현실
1,014	1,993	288	332	346	438	174	95	119	96	105
	100.0	14.5	16.7	17.4	22.0	8.7	4.8	6.0	4.8	5.3

① 4차 산업 기술을 활용하는 전기가스업 기업은 모두 사물인터넷을 활용한다.

② 조사대상 기업체 중 4차 산업 기술을 활용하는 기업의 비중은 금융보험업이 전기가스업보다 더 높다.

③ 전체 조사대상 기업 중 4차 산업 기술을 활용하는 기업의 수는 1,993개이다.

④ 가장 많이 활용되고 있는 3가지 4차 산업 기술은 5G 모바일, 빅데이터, 사물인터넷이다.

⑤ 조사대상 기업체 중 4차 산업 기술 활용 비중이 가장 낮은 업종은 운수·창고업이다.

4 다음 자료를 올바르게 판단한 의견을 〈보기〉에서 모두 고른 것은?

종사자 규모별	사업체수				종사자수			
	2016년	2017년	증감률	기여율	2016년	2017년	증감률	기여율
합계	3,950,192 (100.0)	4,020,477 (100.0)	1.8	100.0	21,259,243 (100.0)	21,591,398 (100.0)	1.6	100.0
1~4인	3,173,203 (80.3)	3,224,683 (80.2)	1.6 (-0.1)	73.2	5,705,551 (26.8)	5,834,290 (27.0)	2.3 (0.2)	38.8
5~99인	758,333 (19.2)	776,922 (19.3)	2.5 (0.1)	26.4	10,211,699 (48.0)	10,281,826 (47.6)	0.7 (-0.4)	21.1
100~299인	14,710 (0.4)	14,846 (0.4)	0.9 (0.0)	0.2	2,292,599 (10.8)	2,318,203 (10.7)	1.1 (-0.1)	7.7
300인 이상	3,946 (0.1)	4,026 (0.1)	2.0 (0.0)	0.1	3,049,394 (14.3)	3,157,079 (14.6)	3.5 (0.3)	32.4

〈보기〉

㈎ "종사자 규모 변동에 따른 사업체수와 종사자수의 증감 내역이 연도별로 다르네."
㈏ "기여율은 '구성비'와 같은 개념의 수치로군."
㈐ "사업체 1개당 평균 종사자수는 사업체 규모가 커질수록 더 많네."
㈑ "2016년보다 종사자수가 더 적어진 사업체는 없군."

① ㈐, ㈑
② ㈎, ㈐
③ ㈏, ㈑
④ ㈎, ㈏, ㈐
⑤ ㈏, ㈐, ㈑

▮5~6▮ 다음은 우리나라 고령 인구의 전망치를 나타낸 자료이다. 다음을 보고 이어지는 물음에 답하시오.

〈인구 고령화 전망치〉

(단위 : 천 명, %, 해당인구 100명당 명)

연도	총인구	65세 이상	비율	노령화지수	노년부양비
1990	42,869	2,195	5.1	20.0	7.4
2000	47,008	3,395	7.2	34.3	10.1
2010	49,554	5,366	10.8	67.2	14.8
2017	51,446	7,076	13.8	104.8	18.8
2020	51,974	8,134	15.6	123.7	21.8
2030	52,941	12,955	24.5	212.1	38.2
2040	52,198	17,120	32.8	303.2	58.2
2050	49,433	18,813	38.1	399.0	72.6
2060	45,246	18,536	41.0	434.6	( )

* 노령화지수=(65세 이상 인구÷0~14세 인구)×100

　노년부양비=(65세 이상 인구÷15~64세 인구)×100

5 위의 자료를 참고할 때, 2060년 노년부양비로 알맞은 것은?

① 81.8　　　　　　　　　　② 82.6

③ 84.5　　　　　　　　　　④ 85.2

6 위의 자료에 대한 올바른 해석으로 볼 수 없는 것은?

① 15 ~ 64세 인구 100명당 부양해야 할 고령인구의 수는 1990년 대비 2050년에 10배 가까이 증가할 전망이다.

② 고령인구를 부양하는 인구의 수를 측정할 경우에는 14세 이하 인구의 수는 제외한다.

③ 노령화지수는 전체 인구의 수에서 65세 이상 인구가 차지하는 비율을 의미한다.

④ 0 ~ 14세 인구 100명당 고령인구의 수는 2040년 대비 2050년에 30% 이상 증가할 전망이다.

⑤ 총 인구수가 감소해도 65세 이상 인구의 수는 증가하는 기간이 약 20년 간 지속될 전망이다.

7 다음 〈표〉는 2011 ~ 2015년 군 장병 1인당 1일 급식비와 조리원 충원인원에 관한 자료이다. 이에 대한 설명으로 옳지 않은 것은?

〈표〉 군 장병 1인당 1일 급식비와 조리원 충원인원

구분 \ 연도	2011	2012	2013	2014	2015
1인당 1일 급식비(원)	5,820	6,155	6,432	6,848	6,984
조리원 충원인원(명)	1,767	1,924	2,024	2,123	2,195
전년대비 물가상승률(%)	5	5	5	5	5

※ 2011 ~ 2015년 동안 군 장병 수는 동일함

① 2012년 이후 군 장병 1인당 1일 급식비의 전년대비 증가율이 가장 큰 해는 2014년이다.

② 2012년의 조리원 충원인원이 목표 충원인원의 88%라고 할 때, 2012년의 조리원 목표 충원인원은 2,100명보다 많다.

③ 2012년 이후 조리원 충원인원이 전년대비 증가율은 매년 감소한다.

④ 2011년 대비 2015년의 군 장병 1인당 1일 급식비의 증가율은 2011년 대비 2015년의 물가상승률보다 낮다.

⑤ 군 장병 1인당 1일 급식비의 5년(2011 ~ 2015년) 평균은 2013년 군 장병 1인당 1일 급식비보다 작다.

8 다음 표는 A∼E 리조트의 1박 기준 일반요금 및 회원할인율에 관한 자료이다. 이에 대한 〈보기〉의 설명 중 옳은 것만 모두 고른 것은?

〈표 1〉 비수기 및 성수기 일반요금(1박 기준)

(단위 : 천 원)

구분＼리조트	A	B	C	D	E
비수기 일반요금	300	250	200	150	100
성수기 일반요금	500	350	300	250	200

〈표 2〉 비수기 및 성수기 회원할인율(1박 기준)

(단위 : %)

구분	회원유형＼리조트	A	B	C	D	E
비수기 회원할인율	기명	50	45	40	30	20
	무기명	35	40	25	20	15
성수기 회원할인율	기명	35	30	30	25	15
	무기명	30	25	20	15	10

※ 회원할인율(%) = $\dfrac{일반요금 - 회원요금}{일반요금} \times 100$

〈보기〉

㉠ 리조트 1박 기준, 성수기 일반요금이 낮은 리조트일수록 성수기 무기명 회원요금이 낮다.
㉡ 리조트 1박 기준, B 리조트의 회원요금 중 가장 높은 값과 가장 낮은 값의 차이는 125,000원이다.
㉢ 리조트 1박 기준, 각 리조트의 기명 회원요금은 성수기가 비수기의 2배를 넘지 않는다.
㉣ 리조트 1박 기준, 비수기 기명 회원요금과 비수기 무기명 회원요금 차이가 가장 작은 리조트는 성수기 기명 회원요금과 성수기 무기명 회원요금 차이도 가장 작다.

① ㉠㉡
② ㉠㉢
③ ㉢㉣
④ ㉠㉡㉣
⑤ ㉡㉢㉣

9 다음 〈표〉는 방한 중국인 관광객에 관한 자료이다. 〈보고서〉를 작성하기 위해 〈표〉 이외에 추가로 필요한 자료만을 〈보기〉에서 모두 고른 것은?

〈표 1〉 2016 ～ 2017년 월별 방한 중국인 관광객 수

(단위 : 만 명)

년＼월	1	2	3	4	5	6	7	8	9	10	11	12	계
2016	60	47	80	80	78	95	87	102	107	106	55	54	951
2017	15	15	18	17	17	20	15	21	13	19	12	13	195

※ 2017년 자료는 추정값임

〈표 2〉 2016년 방한 중국인 관광객 1인당 관광 지출액

(단위 : 달러)

구분	쇼핑	숙박 · 교통	식음료	기타	총지출
개별	1,430	422	322	61	2,235
단체	1,296	168	196	17	1,677
전체	1,363	295	259	39	1,956

※ 전체는 방한 중국인 관광객 1인당 관광 지출액임

〈보고서〉

2017년 3월부터 7월까지 5개월간 전년 동기간 대비 방한 중국인 관광객 수는 300만 명 이상 감소한 것으로 추정된다. 해당 규모에 2016년 기준 전체 방한 중국인 관광객 1인당 관광 지출액인 1,956달러를 적용하면 중국인의 한국 관광 포기로 인한 지출 감소액은 약 65.1억 달러로 추정된다.

2017년 전년대비 연간 추정 방한 중국인 관광객 감소 규모는 약 756만 명이며, 추정 지출 감소액은 약 147.9억 달러로 나타난다. 이는 각각 2016년 중국인 관광객을 제외한 연간 전체 방한 외국인 관광객 수의 46.3%, 중국인 관광객 지출액을 제외한 전체 방한 외국인 관광객 총 지출액의 55.8% 수준이다.

2017년 산업부문별 추정 매출 감소액을 살펴보면, 도소매업의 매출액 감소가 전년대비 108.9억 달러로 가장 크고, 다음으로 식음료업, 숙박업 순으로 나타났다.

〈보기〉

㉠ 2016년 방한 외국인 관광객의 국적별 1인당 관광 지출액

㉡ 2016년 전체 방한 외국인 관광객 수 및 지출액 현황

㉢ 2016년 산업부문별 매출액 규모 및 구성비

㉣ 2017년 산업부문별 추정 매출액 규모 및 구성비

① ㉠㉢　　　　　　　　　　　　② ㉡㉢

③ ㉡㉣　　　　　　　　　　　　④ ㉠㉡㉣

⑤ ㉡㉢㉣

10 다음 〈표〉는 서울시 10개구의 대기 중 오염물질 농도 및 오염물질별 대기환경지수 계산식에 관한 것이다. 이에 대한 〈보기〉의 설명 중 옳은 것만을 모두 고른 것은?

〈표 1〉 대기 중 오염물질 농도

지역 ＼ 오염물질	미세먼지(μg/m³)	초미세먼지(μg/m³)	이산화질소(ppm)
종로구	46	36	0.018
중구	44	31	0.019
용산구	49	35	0.034
성동구	67	23	0.029
광진구	46	10	0.051
동대문구	57	25	0.037
중랑구	48	22	0.041
성북구	56	21	0.037
강북구	44	23	0.042
도봉구	53	14	0.022
평균	51	24	0.033

〈표 2〉 오염물질별 대기환경지수 계산식

계산식 오염물질	조건	계산식
미세먼지($\mu g/m^3$)	농도가 51 이하일 때	0.9×농도
	농도가 51 초과일 때	1.0×농도
초미세먼지($\mu g/m^3$)	농도가 25 이하일 때	2.0×농도
	농도가 25 초과일 때	1.5×(농도−25)+51
이산화질소(ppm)	농도가 0.04 이하일 때	1,200×농도
	농도가 0.04 초과일 때	800×(농도−0.04)+51

※ 통합대기환경지수는 오염물질별 대기환경지수 중 최댓값임

〈보기〉

㉠ 용산구의 통합대기환경지수는 성동구의 통합대기환경지수보다 작다.

㉡ 강북구의 미세먼지 농도와 초미세먼지 농도는 각각의 평균보다 낮고, 이산화질소 농도는 평균보다 높다.

㉢ 중랑구의 통합대기환경지수는 미세먼지의 대기환경지수와 같다.

㉣ 세 가지 오염물질 농도가 각각의 평균보다 모두 높은 구는 2개 이상이다.

① ㉠㉡

② ㉠㉢

③ ㉢㉣

④ ㉠㉡㉣

⑤ ㉡㉢㉣

11 150개의 블록을 각각 일정한 간격으로 세워서 도미노를 만들었다. 블록의 종류는 빨간색과 파란색이 있고, 블록이 넘어질 때 걸리는 시간은 빨간색 블록은 1초에 2개씩, 파란색 블록은 1초에 3개씩 서로 다르다. 제일 앞의 블록부터 시작하여 모든 블록이 연이어 넘어질 때, 150개의 블록이 모두 넘어질 때까지 총 1분이 걸린다고 한다. 빨간색 블록과 파란색 블록은 각각 몇 개인가?

① 빨간색 80개, 빨간색 70개
② 빨간색 70개, 파란색 80개
③ 빨간색 65개, 파란색 85개
④ 빨간색 60개, 파란색 90개
⑤ 빨간색 55개, 파란색 95개

12 △△ 인터넷 사이트에 접속하기 위한 비밀번호의 앞 세 자리는 영문으로, 뒤 네 자리는 숫자로 구성되어 있다. △△ 인터넷 사이트에 접속하려 하는데 비밀번호 끝 두 자리가 생각나지 않아서 접속할 수가 없다. 기억하고 있는 사실이 다음과 같을 때, 사이트 접속 비밀번호를 구하면?

㉠ 비밀번호 :	a	b	c	4	2	?	?

㉡ 네 자리 숫자의 합은 15
㉢ 맨 끝자리의 숫자는 그 바로 앞자리 수의 2배

① abc4200　　　　　　　　② abc4212
③ abc4224　　　　　　　　④ abc4236
⑤ abc4248

13 어느 인기 그룹의 공연을 준비하고 있는 기획사는 다음과 같은 조건으로 총 1,500장의 티켓을 판매하려고 한다. 티켓 1,500장을 모두 판매한 금액이 6,000만 원이 되도록 하기 위해 판매해야 할 S석 티켓의 수를 구하면?

> ㈎ 티켓의 종류는 R석, S석, A석 세 가지이다.
> ㈏ R석, S석, A석 티켓의 가격은 각각 10만 원, 5만 원, 2만 원이고, A석 티켓의 수는 R석과 S석 티켓의 수의 합과 같다.

① 450장   ② 600장

③ 750장   ④ 900장

⑤ 1,050장

14 다음은 한 통신사의 요금제별 요금 및 할인 혜택에 관한 표이다. 이번 달에 전화통화와 함께 100건 이상의 문자메시지를 사용하였는데, A요금제를 이용했을 경우 청구되는 요금은 14,000원, B요금제를 이용했을 경우 청구되는 요금은 16,250원이다. 이번 달에 사용한 문자메시지는 모두 몇 건인가?

요금제	기본료	통화요금	문자메시지요금	할인 혜택
A	없음	5원/초	10원/건	전체 요금의 20% 할인
B	5,000원/월	3원/초	15원/건	문자메시지 월 100건 무료

① 125건   ② 150건

③ 200건   ④ 250건

⑤ 300건

15 다음은 갑국의 최종에너지 소비량에 대한 자료이다. 이에 대한 설명으로 옳은 것들로만 바르게 짝지어진 것은?

2015 ~ 2017년 유형별 최종에너지 소비량 비중

(단위 : %)

연도＼유형	석탄		석유제품	도시가스	전력	기타
	무연탄	유연탄				
2015	2.7	11.6	53.3	10.8	18.2	3.4
2016	2.8	10.3	54.0	10.7	18.6	3.6
2017	2.9	11.5	51.9	10.9	19.1	3.7

2017년 부문별 유형별 최종에너지 소비량

(단위 : 천TOE)

부문＼유형	석탄		석유제품	도시가스	전력	기타	합
	무연탄	유연탄					
산업	4,750	15,317	57,451	9,129	23,093	5,415	115,155
가정·상업	901	4,636	6,450	11,105	12,489	1,675	37,256
수송	0	0	35,438	188	1,312	0	36,938
기타	0	2,321	1,299	669	152	42	4,483
계	5,651	22,274	100,638	21,091	37,046	7,132	193,832

※ TOE는 석유 환산 톤수를 의미

> ㉠ 2015 ~ 2017년 동안 전력소비량은 매년 증가한다.
> ㉡ 2017에는 산업부문의 최종에너지 소비량이 전체 최종에너지 소비량의 50% 이상을 차지한다.
> ㉢ 2015 ~ 2017년 동안 석유제품 소비량 대비 전력 소비량의 비율이 매년 증가한다.
> ㉣ 2017년에는 산업부문과 가정·상업부문에서 유연탄 소비량 대비 무연탄 소비량의 비율이 각각 25% 이하이다.

① ㉠㉡
② ㉠㉣
③ ㉡㉢
④ ㉡㉣
⑤ ㉢㉣

16 다음에 제시되는 'x를 포함하는 수'들은 일정한 규칙을 가지고 나열되어 있다. 규칙에 의할 경우, 마지막 빈칸 A에 들어갈 수 있는 'x를 포함하는 수'는 다음 중 무엇인가?

| $(x^2+3) \div 4$ | $2x \div 2$ | $(6+x) \div 3$ | $(x+x+x) \div 3$ | (A) |

① $3x - 10$

② $x + x - 2$

③ $10 - 2x$

④ $4 \times x^2 - 100$

⑤ $x^3 - 2x^2 - 50$

17 다음은 15개 종목이 개최된 2018 자카르타-팔렘방 아시안게임 참가국 A ~ D의 메달 획득 결과를 나타낸 자료이다. 이에 대한 설명으로 옳은 것은?

종목 \ 국가 · 메달	A 금	A 은	A 동	B 금	B 은	B 동	C 금	C 은	C 동	D 금	D 은	D 동
배드민턴	3	1	1					1				
복싱	3	1	2		1						1	1
사격	3	1	3				1	3	2			
사이클 트랙	3	1			1					1		1
요트					1					1	1	3
기계체조		1	1	4	2	1				1	2	1
소프트볼		1										
역도	1	3					2	1	2			
유도						1	2	1	1	1	1	
롤러스포츠		1		1							1	1
다이빙				1	1	1	1	4	2			
볼링				1					1	1		
레슬링				1			7	4	3			
수영				1	2	1	1			4	2	1
태권도	1					2				2		2

※ 빈 칸은 0을 의미한다.

① 동일 종목에서, A국이 획득한 모든 메달 수와 B국이 획득한 모든 메달 수를 합하여 종목별로 비교하면, 15개 종목 중 기계체조가 가장 많다.
② A국이 획득한 금메달 수와 C국이 획득한 동메달 수는 같다.
③ A국이 복싱, 사이클 트랙, 소프트볼 종목에서 획득한 모든 메달 수의 합은 C국이 레슬링 종목에서 획득한 모든 메달 수보다 많다.
④ A ~ D국 중 메달을 획득한 종목의 수가 가장 많은 국가는 D국이다.
⑤ 획득한 은메달 수가 많은 국가부터 순서대로 나열하면 C, B, A, D국이다.

18 다음은 A국의 성별 흡연율과 금연계획률에 관한 자료이다. 이에 대한 설명으로 옳은 것은?

〈표 1〉 성별 흡연율

성별 \ 연도	2013	2014	2015	2016	2017	2018	2019
남성	45.0	47.7	46.9	48.3	47.3	43.7	42.1
여성	5.3	7.4	7.1	6.3	6.8	7.9	6.1
전체	20.6	23.5	23.7	24.6	25.2	24.9	24.1

〈표 2〉 금연계획률

구분 \ 연도	2013	2014	2015	2016	2017	2018	2019
금연계획률	59.8	( )	57.4	53.5	(㉠)	55.2	56.5
단기 금연계획률	19.4	17.7	18.2	20.8	20.2	19.6	19.3
장기 금연계획률	40.4	39.2	( )	32.7	36.1	35.6	37.2

※ 흡연율 $=\dfrac{\text{흡연자 수}}{\text{인구 수}}\times100$

※ 금연계획률 $=\dfrac{\text{금연계획자 수}}{\text{흡연자 수}}\times100=$ 단기 금연계획률＋장기 금연계획률

① 매년 전체 흡연율은 증가하고 있다.

② 매년 남성 흡연율은 여성 흡연율의 7배 이상이다.

③ 금연계획률은 매년 50% 이상이다.

④ 2015년 장기 금연계획률은 전년에 비해 증가하였다.

⑤ ㉠에 들어갈 수치는 55.3이다.

19 다음은 우리나라 흥행순위별 2018년 영화개봉작 정보와 월별 개봉편수 및 관객 수에 대한 자료이다. 이에 대한 설명으로 옳지 않은 것은?

우리나라 흥행별 2018년 영화개봉작 정보

(단위 : 천 명)

흥행순위	영화명	개봉시기	제작	관객 수
1	신과 함께라면	8월	국내	12,100
2	탐정님	12월	국내	8,540
3	베테랑인가	1월	국내	7,817
4	어벤져스팀	7월	국외	7,258
5	범죄시티	10월	국내	6,851
6	공작왕	7월	국내	6,592
7	마녀다	8월	국내	5,636
8	히스토리	1월	국내	5,316
9	미션 불가능	3월	국외	5,138
10	데드푸우	9월	국외	4,945
11	툼레이더스	10월	국외	4,854
12	공조자	11월	국내	4,018
13	택시운전수	12월	국내	4,013
14	1987년도	10월	국내	3,823
15	곰돌이	6월	국외	3,689
16	별들의 전쟁	4월	국외	3,653
17	서서히 퍼지는	4월	국외	3,637
18	빨간 스페로	7월	국외	3,325
19	독화살	9월	국내	3,279
20	통근자	5월	국외	3,050

※ 관객 수는 개봉일로부터 2018년 12월 31일까지 누적한 값이다.

우리나라의 2018년 월별 개봉편수 및 관객 수

(단위 : 편, 천 명)

월 \ 제작구분	국내		국외	
	개봉편수	관객 수	개봉편수	관객 수
1	35	12,682	105	10,570
2	39	8,900	96	6,282
3	31	4,369	116	9,486
4	29	4,285	80	6,929
5	31	6,470	131	12,210
6	49	4,910	124	10,194
7	50	6,863	96	14,495
8	49	21,382	110	8,504
9	48	5,987	123	6,733
10	35	12,964	91	8,622
11	56	6,427	104	6,729
12	43	18,666	95	5,215
전체	495	113,905	1,271	105,969

※ 관객 수는 당월 상영영화에 대해 월말 집계한 값이다.

① 흥행순위 1~20위 내의 영화 중 한 편의 영화도 개봉되지 않았던 달에는 국외제작영화 관객 수가 국내제작영화 관객 수보다 적다.

② 10월에 개봉된 영화 중 흥행순위 1~20위 내에 든 영화는 국내제작영화일 뿐이다.

③ 국외제작영화 개봉편수는 국내제작영화 개봉편수보다 매달 많다.

④ 국외제작영화 관객 수가 가장 많았던 달에 개봉된 영화 중 흥행순위 1~20위 내에 든 국외제작영화 개봉작은 2편이다.

⑤ 흥행순위가 1위인 영화의 관객 수는 국내제작영화 전체 관객 수의 10% 이상이다.

20 다음은 2012~2019년 동안의 가정폭력의 처분결과에 관한 자료이다. 이에 대한 설명으로 옳지 않은 것은?

연도	총 접수 인원	기소				소년보호 송치	가정보호 송치	불기소	기소 중지	참고인 중지
		소계	구공판		구약식					
			구속	불구속						
2012	10,615	4,335	467	311	3,557	97	1,290	4,893	108	43
2013	4,781	913	202	83	621	22	1,016	2,830	31	2
2014	12,232	4,367	236	235	3,896	45	1,286	4,131	351	49
2015	6,079	1,166	114	88	964	14	947	3,859	82	11
2016	3,932	600	39	60	501	6	657	2,635	28	6
2017	3,174	433	69	374	374	7	611	2,102	9	2
2018	19,249	2,885	245	423	2,217	62	3,100	13,047	148	6
2019	19,191	2,697	217	418	2,062	55	3,055	13,257	117	10

※ 가정폭력행위자 기소율(%) = $\dfrac{\text{가정폭력행위로 기소된 사람 수}}{\text{총 접수인원}} \times 100$

※ 가정폭력행위자 불기소율(%) = $\dfrac{\text{가정폭력행위로 불기소된 사람 수}}{\text{총 접수인원}} \times 100$

① 2019년 가정폭력행위자 기소율은 2012년 기소율보다 26%p 정도 감소하였다.
② 2013년 가정폭력행위자 불기소율은 전년대비 감소하였다.
③ 2013년 기소인원의 전년대비 감소율은 약 80%이다.
④ 2018년 가정폭력 총 접수인원과 불기소 인원은 전년 인원의 6배 이상이다.
⑤ 구공판의 경우 2012년부터 2015년까지는 구속이 불구속보다 많았으나 그 이후로는 불구속이 구속보다 많아졌다.

21 다음 자료를 보고 바르게 설명한 것을 모두 고른 것은?

연도	해외여행자(만 명)	전년대비 증가율(%)
2010	434.2	41.6
2011	550.8	28.9
2012	608.4	10.5
2013	712.3	17.1
2014	708.6	−0.5
2015	882.6	24.5
2016	1,007.8	14.2
2017	1,161.0	15.2
2018	1,333.0	14.8
2019	1,199.6	−10.0

○ 2018년에는 전년대비 14.8% 증가한 1,333.0만 명이 해외여행을 다녀왔다.

○ 해외여행인구는 계속 증가하였으나, 2014년과 2019년에만 감소하였다.

○ 가장 많은 인구가 해외여행을 한 해는 2018년도이다.

① ㉠

② ㉡

③ ㉠㉡

④ ㉠㉢

⑤ ㉠㉡㉢

22 다음은 업무 평가 점수 평균이 같은 다섯 팀의 표준편차를 나타낸 것이다. 직원들의 평가 점수가 평균에 가장 가깝게 분포되어 있는 팀은?

팀	인사팀	영업팀	총무팀	홍보팀	관리팀
표준편차	$\sqrt{23}$	$\sqrt{10}$	5	$\sqrt{15}$	3

① 인사팀

② 영업팀

③ 총무팀

④ 홍보팀

⑤ 관리팀

23 차고 및 A, B, C 간의 거리는 아래의 표와 같다. 차고에서 출발하여 A, B, C 3개의 수요지를 각각 1대의 차량이 방문하는 경우에 비해, 1대의 차량으로 3개의 수요지를 모두 방문하고 차고지로 되돌아오는 경우, 수송 거리가 최대 몇 km 감소되는가?

구분	A	B	C
차고	10	13	12
A	–	5	10
B	–	–	7

① 24
② 30
③ 36
④ 46
⑤ 58

24 3개월의 인턴기간 동안 업무평가 점수가 가장 높았던 甲, 乙, 丙, 丁 네 명의 인턴에게 성과급을 지급했다. 제시된 조건에 따라 성과급은 甲 인턴부터 丁 인턴까지 차례로 지급되었다고 할 때, 네 인턴에게 지급된 성과급 총액은 얼마인가?

- 甲 인턴은 성과급 총액의 1/3보다 20만 원 더 받았다.
- 乙 인턴은 甲 인턴이 받고 남은 성과급의 1/2보다 10만 원을 더 받았다.
- 丙 인턴은 乙 인턴이 받고 남은 성과급의 1/3보다 60만 원을 더 받았다.
- 丁 인턴은 丙 인턴이 받고 남은 성과급의 1/2보다 70만 원을 더 받았다.

① 860만 원
② 900만 원
③ 940만 원
④ 960만 원
⑤ 1,020만 원

25 다음 표는 (가), (나), (다) 세 기업의 남자 사원 400명에 대해 현재의 노동 조건에 만족하는가에 관한 설문 조사를 실시한 결과이다. ㉠∼㉣ 중에서 옳은 것은 어느 것인가?

구분	불만	보통	만족	계
(가) 회사	34	38	50	122
(나) 회사	73	11	58	142
(다) 회사	71	41	24	136

㉠ 이 설문 조사에서는 현재의 노동 조건에 대해 불만을 나타낸 사람은 과반수를 넘지 않는다.
㉡ 가장 불만 비율이 높은 기업은 (다) 회사이다.
㉢ '보통'이라고 회답한 사람이 가장 적은 (나) 회사는 가장 노동조건이 좋은 기업이다.
㉣ 만족이라고 답변한 사람이 가장 많은 (나) 회사가 가장 노동조건이 좋은 회사이다.

① ㉠㉡
② ㉠㉢
③ ㉠㉣
④ ㉡㉢
⑤ ㉢㉣

26 다음 표는 2018 평창 동계올림픽대회에서 획득한 메달의 개수에 따른 상위 20개국(선수단)을 조사하여 나타낸 도수분포표이다. 이 대회에서 대한민국은 17개의 메달을 획득하였다. 17개의 메달 수가 속하는 계급의 도수는?

메달 수(개)	국가(선수단) 수
0 이상 ∼ 8 미만	6
8 이상 ∼ 16 미만	7
16 이상 ∼ 24 미만	4
24 이상 ∼ 32 미만	2
32 이상 ∼ 40 미만	1
합계	20

① 1
② 2
③ 4
④ 7
⑤ 6

27 새로운 철로건설 계획에 따라 A, B, C의 세 가지 노선이 제시되었다. 철로 완공 후 연간 평균 기차 통행량은 2만 대로 추산될 때, 건설비용과 사회적 손실비용이 가장 큰 철로를 바르게 짝지은 것은?

- 각 노선의 총 길이는 터널구간 길이와 교량구간 길이 그리고 일반구간 길이로 구성된다.
- 건설비용은 터널구간, 교량구간, 일반구간 각각 1km당 1,000억 원, 200억 원, 100억 원이 소요된다.
- 운행에 따른 사회적 손실비용은 기차 한 대가 10km를 운행할 경우 1,000원이다.
- 다음 표는 각 노선의 구성을 보여 주고 있다.

노선	터널구간 길이	교량구간 길이	총 길이
A	1.2km	0.5km	10km
B	0	0	20km
C	0.8km	1.5km	15km

	건설비용이 가장 큰 철로	사회적 손실비용이 가장 큰 철로
①	A	B
②	B	C
③	C	A
④	A	C
⑤	C	B

28 다음은 프로야구 선수 Y의 타격기록이다. 이에 대한 설명으로 옳은 것을 고르면?

연도	소속 구단	타율	출전 경기수	타수	안타수	홈런수	타점	4사구수	장타율
1993	A	0.341	106	381	130	23	90	69	0.598
1994	A	0.300	123	427	128	19	87	63	0.487
1995	A	0.313	125	438	137	20	84	83	0.532
1996	A	0.346	126	436	151	28	87	88	0.624
1997	A	0.328	126	442	145	30	98	110	0.627
1998	A	0.342	126	456	156	27	89	92	0.590
1999	B	0.323	131	496	160	21	105	87	0.567
2000	C	0.313	117	432	135	15	92	78	0.495
2001	C	0.355	124	439	156	14	92	81	0.510
2002	A	0.276	132	391	108	14	50	44	0.453
2003	A	0.329	133	490	161	33	92	55	0.614
2004	A	0.315	133	479	151	28	103	102	0.553
2005	A	0.261	124	394	103	13	50	67	0.404
2006	A	0.303	126	413	125	13	81	112	0.477
2007	A	0.337	123	442	149	22	72	98	0.563

① 1997 ~ 2002년 중 Y선수의 장타율이 높을수록 4사구도 많았다.

② 1997 ~ 2007년 중 Y선수의 타율이 0.310 이하인 해는 4번 있었다.

③ 전체 기간 중 Y선수는 타율이 가장 높은 해에 B구단에 속해 있었다.

④ 2000년 이전까지 볼 때, Y선수는 출전 경기수가 가장 많은 해에 가장 많은 홈런을 기록했다.

⑤ 전체 기간 중 Y선수의 타수와 안타수는 증감 추이가 동일하다.

29 카지노 사업자 甲은 A, B, C 세 곳의 사업장을 가지고 있으며, 각각의 사업장 연간 총 매출액은 10억 원, 90억 원, 200억 원이다. 다음의 세금 징수비율에 따라 세금을 납부한다고 할 때, A, B 두 곳의 세금은 기한 내 납부하였고 C의 세금은 납부기한이 지난 후에 납부하였다고 한다면 甲이 낸 총 금액은 얼마인가?

> ■ 세금 징수비율
> • 연간 총매출액이 10억 원 이하인 경우 : 총매출액의 100분의 1
> • 연간 총매출액이 10억 원을 초과하고 100억 원 이하인 경우 :
>   1천만 원 + (총매출액 중 10억 원을 초과하는 금액의 100분의 5)
> • 연간 총매출액이 100억 원을 초과하는 경우 :
>   4억 6천만 원 + (총매출액 중 100억 원을 초과하는 금액의 100분의 10)
> ■ 체납에 따른 가산금
> • 납부기한까지 세금을 내지 않으면, 체납된 세금에 대해서 100분의 3에 해당하는 가산금이 1회에 한하여 부과된다.
> • 다만 가산금에 대한 연체료는 없다.

① 16억 1,350만 원 ② 17억 4,530만 원
③ 18억 3,560만 원 ④ 19억 2,380만 원
⑤ 20억 1,750만 원

30 다음은 ○○그룹의 1997년도와 2008년도 7개 계열사의 영업이익률이다. 자료 분석 결과로 옳은 것은?

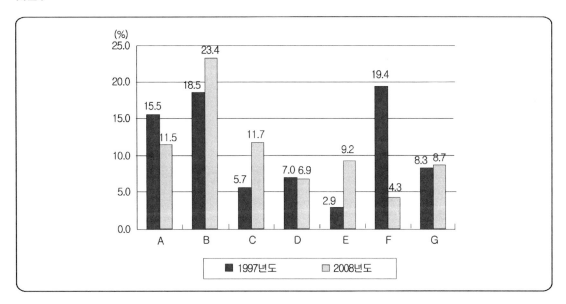

① B계열사의 2008년 영업이익률은 나머지 계열사의 영업이익률의 합보다 많다.

② 1997년도에 가장 높은 영업이익률을 낸 계열사는 2008년에도 가장 높은 영업이익률을 냈다.

③ 2008년 G계열사의 영업이익률은 1997년 E계열사의 영업이익률의 2배가 넘는다.

④ 7개 계열사 모두 1997년 대비 2008년의 영업이익률이 증가하였다.

⑤ 1997년과 2008년 모두 영업이익률이 10%을 넘은 계열사는 3곳이다.

정답 및 해설 p.335

1 다음은 영철이가 작성한 A, B, C, D 네 개 핸드폰의 제품별 사양과 사양에 대한 점수표이다. 다음 표를 본 영미가 〈보기〉와 같은 상황에서 선택하기에 가장 적절한 제품과 가장 적절하지 않은 제품은 각각 어느 것인가?

구분	A	B	C	D
크기	153.2×76.1×7.6	154.4×76×7.8	154.4×75.8×6.9	139.2×68.5×8.9
무게	171g	181g	165g	150g
RAM	4GB	3GB	4GB	3GB
저장공간	64GB	64GB	32GB	32GB
카메라	16MP	16MP	8MP	16MP
배터리	3,000mAh	3,000mAh	3,000mAh	3,000mAh
가격	653,000원	616,000원	599,000원	549,000원

〈사양별 점수표〉

무게	160g 이하	161~180g	181~200g	200g 이상
	20점	18점	16점	14점
RAM	3GB		4GB	
	15점		20점	
저장 공간	32GB		64GB	
	18점		20점	
카메라	8MP		16MP	
	8점		20점	
가격	550,000원 미만	550,000 ~ 600,000원 미만	600,000 ~ 650,000원 미만	650,000원 이상
	20점	18점	16점	14점

"나도 이번에 핸드폰을 바꾸려 하는데, 내가 가장 중요하게 생각하는 조건은 저장 공간이야. 그 다음으로는 무게가 가벼웠으면 좋겠고, 다음 카메라 기능이 좋은 걸 원하지. 음...다른 기능은 전혀 고려하지 않지만, 저장 공간, 무게, 카메라 기능에 각각 가중치를 30%, 20%, 10% 추가 부여하는 정도라고 볼 수 있어."

① A제품과 D제품   ② B제품과 C제품
③ A제품과 C제품   ④ B제품과 A제품
⑤ A제품과 B제품

2 양 과장은 휴가를 맞아 제주도로 여행을 떠나려고 한다. 가족 여행이라 짐이 많을 것을 예상한 양 과장은 제주도로 운항하는 5개의 항공사별 수하물 규정을 다음과 같이 검토하였다. 다음 규정을 참고할 때, 양 과장이 판단한 것으로 올바르지 않은 것은?

	화물용	기내 반입용
갑항공사	A+B+C=158cm 이하, 각 23kg, 2개	A+B+C=115cm 이하, 10kg ~ 12kg, 2개
을항공사		A+B+C=115cm 이하, 10kg ~ 12kg, 1개
병항공사	A+B+C=158cm 이하, 20kg, 1개	A+B+C=115cm 이하, 7kg ~ 12kg, 2개
정항공사	A+B+C=158cm 이하, 각 20kg, 2개	A+B+C=115cm 이하, 14kg 이하, 1개
무항공사		A+B+C=120cm 이하, 14kg ~ 16kg, 1개

* A, B, C는 가방의 가로, 세로, 높이의 길이를 의미함.

① 기내 반입용 가방이 최소한 2개는 되어야 하니 일단 갑, 병항공사밖엔 안 되겠군.
② 가방 세 개 중 A+B+C의 합이 2개는 155cm, 1개는 118cm이니 무항공사 예약상황을 알아봐야지.
③ 무게로만 따지면 병항공사보다 을항공사를 이용하면 더 많은 짐을 가져갈 수 있겠군.
④ 가방의 총 무게가 55kg을 넘어갈 테니 반드시 갑항공사를 이용해야겠네.
⑤ A+B+C의 합이 115cm인 13kg 가방 2개를 기내에 가지고 탈 수 있는 방법은 없겠군.

3 다음은 부당노동행위 사건처리 및 감독 현황에 대한 고용노동부 자료의 일부이다. 다음 자료를 참고할 때, 〈보기〉에 제시된 부당노동행위의 형태를 주어진 서로 다른 세 가지의 유형으로 적절히 나눈 것은?

> □ 고용노동부에서는 산업현장을 중심으로 부당노동행위가 지속되고 있다는 현실을 감안하여, 지난 한 해 부당노동행위를 근절하기 위한 신고사건 처리 및 사업장 감독을 실시하고 그 결과를 발표하였다.
> • 부당노동행위는 사용자가 근로자의 노동3권을 침해하는 행위로 현행 「노동조합 및 노동관계조정법」에서도 금지되어 있으며, 노동현장에서 반드시 근절되어야 할 범죄행위라는 점에서,
> • 고용노동부는 부당노동행위 근절을 노동행정의 최우선순위에 두고 지속적인 감독을 실시해오고 있다.
>
> > * (노조법 제81조 부당노동행위) 사용자는 다음 각 호의 행위를 할 수 없다
> > ① 노조가입 · 조직, 정당한 조합활동 · 단체행동 등을 이유로 한 불이익 취급
> > ② 특정 노조에의 가입 · 탈퇴를 고용조건으로 하는 경우
> > ③ 정당한 이유 없는 단체교섭 거부
> > ④ 노동조합의 조직 · 운영에 대한 지배 · 개입 및 운영비 원조
> > ⑤ 행정관청 · 노동위원회에 신고 또는 증거제출 등을 이유로 한 불이익 취급
> > * 위반 시 2년 이하 징역 또는 2천만 원 이하 벌금(법 제90조)

〈보기〉
㈎ 노조활동을 약화시키기 위한 목적으로 노조원 9명에게 권고사직 및 전적 등을 요구하였고, 이를 거부하자 프로젝트 점검팀을 신설하여 전보 인사 발령
㈏ 조합원을 △△△개발센터 등으로 전보하여 특별한 업무가 없거나 본연의 업무와 무관한 업무(예 : 스케이트장, 주차장 관리 등)를 수행토록 함
㈐ 회사는 창구단일화 절차를 진행하면서 노동조합의 교섭요구 사실을 전체 사업장에 공고하여야 함에도 본사에만 공고하고, 전국에 산재해 있는 지사에는 교섭요구사실을 공고하지 않음
㈑ 회사는 '16.3월경 조합원 A대리에게 기존노조에 대항하는 신규노조를 설립토록 지도하고, 노사협의회 등 근로자대표를 노동조합에 준하여 지원하고, 이를 이용해 노사간 갈등을 부추김
㈒ 회사는 ㅇㅇ노조 소속 조합원들의 노동조합 탈퇴계획을 수립하고 이를 조직적으로 실행토록 지시

① ㈎ / ㈏, ㈐ / ㈑, ㈒
② ㈎, ㈏, ㈐ / ㈑ / ㈒
③ ㈎, ㈏ / ㈐ / ㈑ / ㈒
④ ㈎, ㈏ / ㈐ / ㈑, ㈒
⑤ ㈎ / ㈏ / ㈐, ㈑, ㈒

4 어느 하천의 A 지점에서 B 지점을 통과하여 C 지점으로 흐르는 물의 세 지점에 대한 수질 오염 정도를 측정한 결과, 아래 〈결과〉와 같은 표를 작성하였다. 다음 글의 내용을 참고할 때, 〈보기〉 중 수질 오염 결과를 올바르게 판단한 것을 모두 고른 것은?

> 수질 오염의 정도를 알아보는 지표로 사용되는 것들은 수소 이온 농도 지수, 용존 산소량, 생화학적 산소 요구량, 화학적 산소 요구량 등이 있다.
>
> 수소 이온 농도 지수(pH)는 용액의 산성 및 알칼리성의 세기를 나타내는 값으로 중성은 7, 7보다 작을수록 산성이, 7보다 클수록 알칼리성이 강한 것을 의미한다.
>
> 용존 산소량(DO)은 물속에 녹아 있는 산소의 양을 의미하며, 수온이 높을수록, 플랑크톤 등의 생물이 이상 증식할수록 수질이 나빠지게 된다.
>
> 생화학적 산소 요구량(BOD)은 물속의 유기 물질을 호기성 박테리아가 분해하는 데 필요한 산소의 양으로, 생물학적으로 분해 가능한 유기물의 총량을 파악하는 데 유용한 지표가 된다.
>
> 화학적 산소 요구량(COD)은 물속의 유기 물질을 화학적 산화제를 사용하여 분해, 산화하는 데 필요한 산소의 양으로, 오염 물질 중 생물학적으로 분해할 수 없는 유기 물질의 양을 파악하는 데 유용한 지표로 쓰인다.

〈결과〉

	pH	DO	BOD	COD
A 지점	5.5	6.0	1.5	4.5
B 지점	8.3	5.0	5.0	4.9
C 지점	7.8	4.6	4.5	4.3

〈보기〉

(개) A 지점은 B 지점보다 산성이 강하다.

(내) 용존 산소량으로 판단하면, A 지점은 C 지점보다 맑고 깨끗한 물이다.

(대) 생화학적 산소 요구량으로 판단한 수질은 B 지점이 가장 나쁘다.

(래) 상류에서 하류로 이동하면서 생물학적으로 분해할 수 없는 유기물의 양은 증가하다가 감소하였다.

① (개), (내), (대), (래)　　　　　　② (내), (대), (래)

③ (개), (대), (래)　　　　　　④ (개), (내), (래)

⑤ (개), (내), (대)

5 R공사에서는 신입사원 2명을 채용하기 위하여 서류와 필기 전형을 통과한 갑, 을, 병, 정 네 명의 최종 면접을 실시하려고 한다. 아래 표와 같이 네 개 부서의 팀장이 각각 네 명을 모두 면접하여 최종 선정 우선순위를 결정하였다. 면접 결과에 대한 〈보기〉와 같은 설명 중 적절한 것을 모두 고른 것은?

	A팀장	B팀장	C팀장	D팀장
최종 선정자 (1/2/3/4순위)	을 / 정 / 갑 / 병	갑 / 을 / 정 / 병	을 / 병 / 정 / 갑	병 / 정 / 갑 / 을

* 우선순위가 높은 사람 순으로 2명을 채용하며, 동점자는 A, B, C, D팀장 순으로 부여한 고순위자로 결정함.

* 팀장별 순위에 대한 가중치는 모두 동일하다.

〈보기〉

㉠ '을' 또는 '정' 중 한 명이 입사를 포기하면 '갑'이 채용된다.

㉡ A팀장이 '을'과 '정'의 순위를 바꿨다면 '갑'이 채용된다.

㉢ B팀장이 '갑'과 '병'의 순위를 바꿨다면 '정'은 채용되지 못한다.

---

① ㉠

② ㉠㉢

③ ㉡㉢

④ ㉠㉡

⑤ ㉠㉡㉢

6 외화송금 수수료에 대한 다음과 같은 규정을 참고할 때, 〈보기〉와 같은 세 가지 거래에 대해 지불해야 하는 총 수수료 금액은 모두 얼마인가?

외화자금의 국내 간 이체 수수료(당·타발)		U$5,000 이하 : 5,000원 U$10,000 이하 : 7,000원 U$10,000 초과 : 10,000원
		인터넷 뱅킹 : 5,000원 실시간 이체 : 타발 수수료는 없음
해외로 외화송금	송금 수수료	U$500 이하 : 5,000원 U$2,000 이하 : 10,000원 U$5,000 이하 : 15,000원 U$10,000 이하 : 20,000원 U$10,000 초과 : 25,000원 * 인터넷 뱅킹 이용 시 건당 3,000-5,000원
		해외 및 중계은행 수수료를 신청인이 부담하는 경우 해외 현지 및 중계은행의 통화별 수수료를 추가로 징구
	전신료	8,000원 인터넷 뱅킹 및 자동이체 5,000원
	조건변경 전신료	8,000원
해외/타행에서 받은 송금		건당 10,000원

〈보기〉
- U$15,000을 국내 거래처로 인터넷 뱅킹을 통해 송금한 경우
- U$10,000을 거래은행 창구에서 홍콩으로 송금(해외 수수료는 수신인 부담)한 경우
- 대만에서 인터넷 뱅킹을 통해 U$8,000이 입금된 경우

① 48,000원 ② 45,000원
③ 43,000원 ④ 41,000원
⑤ 38,000원

▎7~8 ▎ 다음은 '니하오 중국어 어학원'의 강의 시간표이다. 다음 자료를 읽고 이어지는 물음에 답하시오.

화동 씨는 3~4월 시간표를 참고해서 오는 5~6월 수업 시간표를 작성하려 한다. 니하오 중국어 어학원은 입문-초급-중급-고급의 4단계로 이루어져 있으며 5~6월 시간표는 3~4월 강좌보다 한 단계 높은 수준을 개설할 계획이다. 예를 들어 3~4월에 초급반이 있었으면 이번에는 중급반으로, 고급반이 있었으면 입문반으로 개설하는 것이다. 그리고 종합반은 2개 차시로 묶어서 개설해야 한다. 시간대는 종합반은 3~4월 시간표 그대로 하고, 직장인 대상 비즈니스반은 밤 8시 이후여야 하며, 모든 강좌는 꼭 주 2회 이상 있어야 한다.

〈5~6월 강좌 예상 일정〉

강좌명	개설 가능 시간	비고
종합반	매일	학생 대상
성조반	수, 금	
회화반A	매일	
회화반B	화, 목, 금	
독해반	매일	
문법반	월, 화, 목	
청취반	화, 목	
비즈니스반	월, 목	직장인 대상
한자반	월, 수, 금	학생 대상

〈3~4월 시간표〉

	월	화	수	목	금
16 : 00 ~ 16 : 50	종합반 (초급)	회화반A (고급)	종합반 (초급)	회화반A (초급)	종합반 (초급)
17 : 00 ~ 17 : 50		한자반 (초급)		한자반 (초급)	
19 : 00 ~ 19 : 50	회화반B (초급)	성조반 (중급)	회화반B (초급)	성조반 (중급)	회화반B (초급)
20 : 00 ~ 20 : 50	문법반 (중급)	독해반 (초급)	문법반 (중급)	독해반 (초급)	문법반 (중급)
21 : 00 ~ 21 : 50	청취반 (입문)	비즈니스반 (입문)	청취반 (입문)	비즈니스반 (입문)	청취반 (입문)

7 다음은 화동 씨가 5 ~ 6월 시간표를 작성하기 전에 각 강좌의 개설 가능 시간을 표로 정리한 것이다. 원래의 자료에 비추어 요일 분배가 적절하지 않은 것은?

	월	화	수	목	금
성조반	x	x	o	x	o
회화반B	x	o	x	o	o
문법반	x	o	x	o	x
한자반	o	x	o	x	o
회화반A	o	o	o	o	o

① 성조반
② 회화반B
③ 문법반
④ 한자반
⑤ 회화반A

8 다음은 화동 씨가 작성한 5 ~ 6월 시간표이다. 다음 시간표를 보고 잘못 기재된 것을 올바르게 지적한 것은?

	월	화	수	목	금
16 : 00 ~ 16 : 50	종합반 (중급)	회화반B (중급)	종합반 (중급)	회화반B (중급)	종합반 (중급)
17 : 00 ~ 17 : 50		독해반 (입문)		독해반 (입문)	
19 : 00 ~ 19 : 50	한자반 (중급)	청취반 (초급)	한자반 (중급)	청취반 (초급)	한자반 (중급)
20 : 00 ~ 20 : 50	비즈니스반 (초급)	회화반A (입문)	회화반A (입문)	비즈니스반 (초급)	회화반A (입문)
21 : 00 ~ 21 : 50	문법반 (초급)	문법반 (초급)	성조반 (고급)	문법반 (초급)	성조반 (고급)

① 회화반B의 요일이 변경되어야 한다.
② 목요일 독해반은 중급반으로 수정되어야 한다.
③ 한자반의 요일과 단계가 모두 수정되어야 한다.
④ 비즈니스반과 회화반A의 요일이 서로 뒤바뀌었다.
⑤ 밤 9시에 열리는 문법반은 고급반으로 수정되어야 한다.

9 홍보팀 백 대리는 회사 행사를 위해 연회장을 예약하려 한다. 연회장의 현황과 예약 상황이 다음과 같을 때, 연회장에 예약 문의를 한 백 대리의 아래 질문에 대한 연회장 측의 회신 내용에 포함되기에 적절하지 않은 것은?

〈연회장 시설 현황〉

구분	최대 수용 인원(명)	대여 비용(원)	대여 가능 시간
A	250	500,000	3시간
B	250	450,000	2시간
C	200	400,000	3시간
D	150	350,000	2시간

* 연회장 정리 직원은 오후 10시에 퇴근함
* 시작 전과 후 준비 및 청소 시간 각각 1시간 소요, 연이은 사용의 경우 중간 1시간 소요.

〈연회장 예약 현황〉

일	월	화	수	목	금	토
			1 A 10시 B 16시	2 B 19시 D 18시	3 C 15시 D 16시	4 A 11시 B 12시
5	6 B 17시 C 18시	7	8 A 18시 D 16시	9 C 15시	10 C 16시 D 11시	11
12	13 C 15시 D 16시	14 A 16시	15 D 18시 A 15시	16	17 B 18시 D 17시	18

〈백 대리 요청 사항〉

안녕하세요?

연회장 예약을 하려 합니다. 주말과 화, 목요일을 제외하고 가능한 날이면 언제든 좋습니다. 참석 인원은 180 ~ 220명 정도 될 것 같고요, 오후 6시에 저녁 식사를 겸해서 2시간 정도 사용하게 될 것 같습니다. 물론 가급적 저렴한 연회장이면 더 좋겠습니다. 회신 부탁드립니다.

① 가능한 연회장 중 가장 저렴한 가격을 원하신다면 월요일은 좀 어렵겠습니다.

② 6일은 가장 비싼 연회장만 가능한 상황입니다.

③ 인원이 200명을 넘지 않으신다면 가장 저렴한 연회장을 사용하실 수 있는 기회가 네 번 있습니다.

④ 8일과 15일은 사용하실 수 있는 잔여 연회장 현황이 동일합니다.

⑤ A, B 연회장은 원하시는 날짜에 언제든 가능합니다.

10 ㉠에 대한 근거로 적절한 것만을 〈보기〉에서 있는 대로 고른 것은?

화재가 발생하며 화재의 기전에 의해 사망하는 것을 화재사라고 한다. 화재 현장에서 불완전 연소의 결과로 발생한 매연(煤煙)을 들이키면 폐, 기관지 등 호흡기 점막에 새까맣게 매(煤)가 부착된다. 화재 현장에서 생성되는 다양한 유독가스 중 일산화탄소는 피해자의 호흡에 의해 혈류로 들어가 헤모글로빈에 산소보다 더 강하게 결합하여 산소와 헤모글로빈의 결합을 방해한다. 생체의 피부에 고열이 작용하면 화상이 일어나는데 그중 가장 경미한 정도인 1도 화상에서는 손상에 대한 생체의 반응으로 피부로의 혈액공급이 많아져 발적과 종창이 나타난다. 더 깊이 침범된 2, 3도 화상에서는 피부의 물집, 피하조직의 괴사 등이 나타난다. 불길에 의해 고열이 가해지면 근육은 근육 단백질의 형태와 성질이 변하여 위축되는 모양을 띤다. 근육의 위축은 그 근육에 의해 가동되는 관절 부위의 변화를 가져오게 되는데 관절을 펴는 근육보다는 굽히는 근육의 양이 더 많으므로 불길에 휩싸여 열변성이 일어난 시신은 대부분의 관절이 약간씩 굽은 모습으로 탄화된다.

한편, 화재 현장에서 변사체가 발견되어 부검이 시행되었다. 부검을 마친 법의학자는 ㉠희생자가 생존해 있을 때에 화재가 발생하여 화재의 기전에 의해 사망하였다고 판단하였다.

〈보기〉
㉠ 불에 탄 시체의 관절이 약간씩 굽어 있다.
㉡ 얼굴에 빨간 발적이나 종창이 일어난 화상이 있다.
㉢ 혈액 내에 일산화탄소와 결합한 헤모글로빈 농도가 높다.

① ㉠

② ㉡

③ ㉠㉢

④ ㉡㉢

⑤ ㉠㉡㉢

┃11~12┃ 다음 자료를 보고 이어지는 물음에 답하시오.

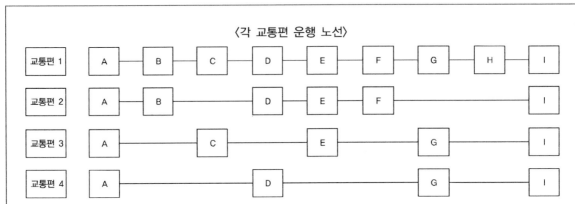

〈각 교통편 운행 노선〉

* 전체 노선의 길이는 모든 교통편이 500km이며, 각 지점 간의 거리는 모두 동일하다.
* A ~ I는 정차하는 지점을 의미하며 B ~ H 지점마다 공히 15분씩의 정차 시간이 소요된다.

〈교통편별 운행 정보 내역〉

구분	평균속도(km/h)	연료	연료비/리터	연비(km/L)
교통편 1	60	무연탄	1,000	4.2
교통편 2	80	중유	1,200	4.8
교통편 3	120	디젤	1,500	6.2
교통편 4	160	가솔린	1,600	5.6

11 다음 중 A 지점에서 I 지점까지 이동할 경우, 총 연료비가 가장 적게 드는 교통편과 가장 많이 드는 교통편이 순서대로 올바르게 짝지어진 것은?

① 교통편 2, 교통편 3 ② 교통편 1, 교통편 2

③ 교통편 3, 교통편 2 ④ 교통편 1, 교통편 4

⑤ 교통편 2, 교통편 4

12 교통편 1~4를 이용하는 교통수단이 같은 시각에 A 지점을 출발하여 I 지점까지 이동할 경우, 가장 빨리 도착하는 교통편과 가장 늦게 도착하는 교통편과의 시간 차이는 얼마인가? (단, 시간의 계산은 반올림하여 소수 첫째 자리까지 표시하며, 0.1시간은 6분으로 계산한다)

① 5시간 50분   ② 6시간 5분

③ 6시간 15분   ④ 6시간 30분

⑤ 6시간 45분

13 다음 〈조건〉을 바탕으로 반드시 범인이 아닌 사람을 고르면?

〈조건〉
- A, B, C, D, E 5명 중 2명의 범인이 있다.
- 범인은 목격자가 될 수 없으며, 범인이 아닌 3명 중 1명의 목격자가 있다.
- 5명 중 3명의 진술이 진실이고, 2명의 진술은 거짓이다.

A : E가 범인임을 목격했다.
B : C가 범인임을 목격했다.
C : 나는 범인이다.
D : A의 진술은 진실이다.
E : 나는 범인이 아니다.

① A   ② B

③ C   ④ D

⑤ E

14 다음 물질 A, B, C의 특성에 대하여 추정한 것으로 옳은 것만을 〈보기〉에서 있는 대로 고른 것은?

갑, 을, 병은 산행을 하다 식용으로 보이는 버섯을 채취하였다. 하산 후 갑은 생버섯 5g과 술 5잔, 을은 끓는 물에 삶은 버섯 5g과 술 5잔, 병은 생버섯 5g만 먹었다.

다음 날 갑과 을은 턱 윗부분만 검붉게 변하는 악취(顎醉)현상이 나타났으며, 둘 다 5일 동안 지속되었으나 병은 그러한 현상이 없었다. 또한, 세 명은 버섯을 먹은 다음 날 오후부터 미각을 상실했다가, 7일 후 모두 회복되었다. 한 달 후 건강 검진을 받은 세 명은 백혈구가 정상치의 1/3 수준으로 떨어진 것이 발견되어 무균 병실에 입원하였다. 세 명 모두 1주일이 지나 백혈구 수치가 정상이 되어 퇴원하였고 특별한 치료를 한 것은 없었다.

담당 의사는 만성 골수성 백혈병의 권위자였다. 만성 골수성 백혈병은 비정상적인 유전자에 의해 백혈구를 필요 이상으로 증식시키는 티로신 키나아제 효소가 만들어짐으로써 나타난다. 담당 의사는 3개월 전 문제의 버섯을 30g 섭취한 사람이 백혈구의 급격한 감소로 사망한 보고가 있다는 것을 알았으며, 해당 버섯에서 악취 현상 원인 물질 A, 미각 상실 원인 물질 B, 백혈구 감소 원인 물질 C를 분리하였다.

〈보기〉
㉠ A는 알코올과의 상호 작용에 의해서 증상을 일으킨다.
㉡ B는 알코올과의 상관관계는 없고, 물에 끓여도 효과가 약화되지 않는다.
㉢ C는 물에 끓이면 효과가 약화되며, 티로신 키나아제의 작용을 억제하는 물질로 적정량 사용하면 만성 골수성 백혈병 치료제의 가능성이 있다.

① ㉠   ② ㉢
③ ㉠㉡   ④ ㉡㉢
⑤ ㉠㉡㉢

15 다음 글의 내용이 모두 참일 때 반드시 참인 것만을 모두 고른 것은?

> A부서에서는 올해부터 직원을 선정하여 국외 연수를 보내기로 하였다. 선정 결과 동근, 현구, 상민이 미국, 중국, 프랑스에 한 명씩 가기로 하였다. A부서에 근무하는 갑 ~ 정은 다음과 같이 예측을 하였다.
>
> 갑 : 동근씨는 미국에 가고 현구씨는 프랑스에 갈 거야.
> 을 : 현구씨가 프랑스에 가지 않으면, 동근씨는 미국에 가지 않을 거야.
> 병 : 현구씨가 프랑스에 가고 상민씨가 중국에 가는 그런 경우는 없을 거야.
> 정 : 상민씨는 중국에 가지 않고 동근씨는 미국에 가지 않을 거야.
>
> 하지만 을의 예측과 병의 예측 중 적어도 한 예측은 그르다는 것과 네 예측 중 두 예측은 옳고 나머지 두 예측은 그르다는 것이 밝혀졌다.

> ㉠ 동근씨는 미국에 간다.
> ㉡ 현구씨는 프랑스에 가지 않는다.
> ㉢ 상민씨는 중국에 가지 않는다.

① ㉠
② ㉡
③ ㉠㉢
④ ㉡㉢
⑤ ㉠㉡㉢

16 다음 논증에 대한 평가로 적절한 것만을 모두 고른 것은?

평범한 사람들은 어떤 행위가 의도적이었는지의 여부를 어떻게 판단할까? 다음 사례를 생각해 보자.

사례 1 : "새로운 사업을 시작하면 수익을 창출할 것이지만, 환경에 해를 끼치게 될 것입니다." 하는 보고를 받은 어느 회사의 사장은 다음과 같이 대답을 하였다. "환경에 해로운지 따위는 전혀 신경 쓰지 않습니다. 가능한 한 많은 수익을 내기를 원할 뿐입니다. 그 사업을 시작합시다." 회사는 새로운 사업을 시작하였고, 환경에 해를 입혔다.

사례 2 : "새로운 사업을 시작하면 수익을 창출할 것이고, 환경에 도움이 될 것입니다"라는 보고를 받은 어느 회사의 사장은 다음과 같이 대답하였다. "환경에 도움이 되는지 따위는 전혀 신경 쓰지 않습니다. 가능한 한 많은 수익을 내기를 원할 뿐입니다. 그 사업을 시작합시다." 회사는 새로운 사업을 시작했고, 환경에 도움이 되었다.

위 사례들에서 사장이 가능한 한 많은 수익을 내는 것을 의도했다는 것은 분명하다. 그렇다면 사례 1의 사장은 의도적으로 환경에 해를 입혔는가? 사례 2의 사장은 의도적으로 환경에 도움을 주었는가? 일반인을 대상으로 한 설문조사 결과, 사례 1의 경우 '의도적으로 환경에 해를 입혔다.'고 답한 사람은 82%에 이르렀지만, 사례 2의 경우 '의도적으로 환경에 도움을 주었다.'고 답한 사람은 23%에 불과하였다. 따라서 특정 행위 결과를 행위자가 의도했는가에 대한 사람들의 판단은 그 행위 결과의 도덕성 여부에 대한 판단에 의존한다고 결론을 내릴 수 있다.

㉠ 위 설문조사에 응한 사람들의 대부분이 환경에 대한 영향과 도덕성은 무관하다고 생각한다는 사실은 위 논증을 약화한다.
㉡ 위 설문조사 결과는, 부도덕한 의도를 가지고 부도덕한 결과를 낳는 행위를 한 행위자가 그런 의도 없이 같은 결과를 낳는 행위를 한 행위자보다 그 행위 결과에 대해 더 큰 도덕적 책임을 갖는다는 것을 지지한다.
㉢ 두 행위자가 동일한 부도덕한 결과를 의도했음이 분명한 경우, 그러한 결과를 달성하지 못한 행위자는 도덕적 책임을 갖지 않지만 그러한 결과를 달성한 행위자는 도덕적 책임을 갖는다고 판단하는 사람이 많다는 사실은 위 논증을 강화한다.

① ㉠

② ㉡

③ ㉠㉢

④ ㉡㉢

⑤ ㉠㉡㉢

17 다음 글의 내용이 참일 때, 반드시 거짓인 것은?

> • 착한 사람들 중에서 똑똑한 여자는 모두 인기가 많다.
> • 똑똑한 사람들 중에서 착한 남자는 모두 인기가 많다.
> • "인기가 많지 않지만 멋진 남자가 있다"라는 말은 거짓이다.
> • 영희는 멋지지 않지만 똑똑한 여자이다.
> • 철수는 인기는 많지 않지만 착한 남자이다.
> • 여자든 남자든 당연히 사람이다.

① 철수는 똑똑하지 않다.
② 철수는 멋지거나 똑똑하다.
③ 똑똑하지만 멋지지 않은 사람이 있다.
④ 영희가 인기가 많지 않다면, 그녀는 착하지 않다.
⑤ "똑똑하지만 인기가 많지 않은 여자가 있다"라는 말이 거짓이라면, 영희는 인기가 많다.

18 다음 글의 내용이 참일 때 반드시 참이라고 할 수 없는 것은?

> • 철이는 영이를 좋아하거나 돌이는 영이를 좋아하거나 석이가 영이를 좋아한다.
> • 물론 철이, 돌이, 석이가 동시에 영이를 좋아할 수도 있고, 그들 중 어느 두 사람이 영이를 좋아할 수도 있다.
> • 다시 말해서 철이, 돌이, 석이 중 적어도 한 사람은 영이를 좋아한다.
> • 그런데 철이가 영이를 좋아한다면 영이는 건강한 여성임이 분명하다.
> • 그리고 돌이가 좋아하는 사람은 모두 능력이 있는 사람이다.
> • 영이가 원만한 성격의 소유자인 경우에만 석이는 영이를 좋아한다.

① 영이는 건강한 여성이거나 능력이 있거나 또는 원만한 성격의 소유자이다.
② 철이와 석이 둘 다 영이를 좋아하지 않는다면, 영이는 능력이 있는 사람이다.
③ 영이가 건강한 여성이 아니라면, 돌이는 영이를 좋아하거나 석이가 영이를 좋아한다.
④ 영이가 원만한 성격의 소유자라면, 철이와 돌이 둘 모두 영이를 좋아하지 않는다.
⑤ 돌이가 영이를 좋아하지 않는다면, 영이는 건강한 여성이거나 원만한 성격의 소유자이다.

19 다음 글의 내용이 참일 때, 반드시 참인 것만을 모두 고른 것은?

이번에 우리 공장에서 발생한 화재사건에 대해 조사해 보았습니다. 화재의 최초 발생 장소는 A지역으로 추정됩니다. 화재의 원인에 대해서는 여러 가지 의견이 존재합니다.

첫째, 화재의 원인을 새로 도입한 기계 M의 오작동으로 보는 견해가 존재합니다. 만약 기계 M의 오작동이 화재의 원인이라면 기존에 같은 기계를 도입했던 X공장과 Y공장에서 이미 화재가 발생했을 것입니다. 확인 결과 이미 X공장에서 화재가 발생했었다는 것을 파악할 수 있었습니다.

둘째, 방화로 인한 화재의 가능성이 존재합니다. 만약 화재의 원인이 방화일 경우 감시카메라에 수상한 사람이 찍히고 방범용 비상벨이 작동했을 것입니다. 또한 방범용 비상벨이 작동했다면 당시 근무 중이던 경비원 갑이 B지역과 C지역 어느 곳으로도 화재가 확대되지 않도록 막았을 것입니다. B지역으로 화재가 확대되지는 않았고, 감시카메라에서 수상한 사람을 포착하여 조사 중에 있습니다.

셋째, 화재의 원인이 시설 노후화로 인한 누전일 가능성도 제기되고 있습니다. 화재의 원인이 누전이라면 기기관리자 을 또는 시설관리자 병에게 화재의 책임이 있을 것입니다. 만약 을에게 책임이 있다면 정에게는 책임이 없습니다.

㉠ 이번 화재 전에 Y공장에서 화재가 발생했어도 기계 M의 오작동이 화재의 원인은 아닐 수 있다.
㉡ 병에게 책임이 없다면, 정에게도 책임이 없다.
㉢ C지역으로 화재가 확대되었다면, 방화는 이번 화재의 원인이 아니다.
㉣ 정에게 이번 화재의 책임이 있다면, 시설 노후화로 인한 누전이 이번 화재의 원인이다.

① ㉠㉢
② ㉠㉣
③ ㉡㉣
④ ㉠㉡㉢
⑤ ㉡㉢㉣

│20~21│ 다음은 ○○협회에서 주관한 학술세미나 일정에 관한 것으로 다음 세미나를 준비하는 데 필요한 일, 각각의 일에 걸리는 시간, 일의 순서 관계를 나타낸 표이다. 제시된 표를 바탕으로 물음에 답하시오. (단, 모든 작업은 동시에 진행할 수 없다)

▣ 세미나 준비 현황

구분	작업	작업시간(일)	먼저 행해져야 할 작업
가	세미나 장소 세팅	1	바
나	현수막 제작	2	다, 마
다	세미나 발표자 선정	1	라
라	세미나 기본계획 수립	2	없음
마	세미나 장소 선정	3	라
바	초청자 확인	2	라

20 현수막 제작을 시작하기 위해서는 최소 며칠이 필요하겠는가?

① 3일 ② 4일
③ 5일 ④ 6일
⑤ 7일

21 세미나 기본계획 수립에서 세미나 장소 세팅까지 모든 작업을 마치는 데 필요한 시간은?

① 10일 ② 11일
③ 12일 ④ 13일
⑤ 14일

22 다음으로부터 바르게 추론한 것으로 옳은 것을 〈보기〉에서 고르면?

- 5개의 갑, 을, 병, 정, 무 팀이 있다.
- 현재 '갑'팀은 0개, '을'팀은 1개, '병'팀은 2개, '정'팀은 2개, '무'팀은 3개의 프로젝트를 수행하고 있다.
- 8개의 새로운 프로젝트 a, b, c, d, e, f, g, h를 5개의 팀에게 분배하려고 한다.
- 5개의 팀은 새로운 프로젝트 1개 이상을 맡아야 한다.
- 기존에 수행하던 프로젝트를 포함하여 한 팀이 맡을 수 있는 프로젝트 수는 최대 4개이다.
- 기존의 프로젝트를 포함하여 4개의 프로젝트를 맡은 팀은 2팀이다.
- 프로젝트 a, b는 한 팀이 맡아야 한다.
- 프로젝트 c, d, e는 한 팀이 맡아야 한다.

〈보기〉

㉠ a를 '을'팀이 맡을 수 없다.
㉡ f를 '갑'팀이 맡을 수 있다.
㉢ 기존에 수행하던 프로젝트를 포함해서 2개의 프로젝트를 맡는 팀이 있다.

① ㉠　　　　　　　　　　　　② ㉡
③ ㉢　　　　　　　　　　　　④ ㉠㉢
⑤ ㉡㉢

23 G 음료회사는 신제품 출시를 위해 시제품 3개를 만들어 전직원을 대상으로 블라인드 테스트를 진행한 후 기획팀에서 회의를 하기로 했다. 독창성, 대중성, 개인선호도 세 가지 영역에 총 15점 만점으로 진행된 테스트 결과가 다음과 같을 때, 기획팀 직원들의 발언으로 옳지 않은 것은?

	독창성	대중성	개인선호도	총점
시제품 A	5	2	3	10
시제품 B	4	4	4	12
시제품 C	2	5	5	12

① 우리 회사의 핵심가치 중 하나가 창의성 아닙니까? 저는 독창성 점수가 높은 A를 출시해야 한다고 생각합니다.

② 독창성이 높아질수록 총점이 낮아지는 것을 보지 못하십니까? 저는 그 의견에 반대합니다.

③ 무엇보다 현 시점에서 회사의 재정상황을 타계하기 위해서는 대중성을 고려하여 높은 이윤이 날 것으로 보이는 C를 출시해야 하지 않겠습니까?

④ 그럼 독창성과 대중성, 개인선호도를 모두 고려하여 B를 출시하는 것이 어떻겠습니까?

⑤ 요즘 같은 개성시대에는 개인선호도가 높은 C가 적격이라고 생각합니다.

|24~25| 다음 5개의 팀에 인터넷을 연결하기 위해 작업을 하려고 한다. 5개의 팀 사이에 인터넷을 연결하기 위한 시간이 다음과 같을 때 제시된 표를 바탕으로 물음에 답하시오. (단, 가팀과 나팀이 연결되고 나팀과 다팀이 연결되면 가팀과 다팀이 연결된 것으로 간주한다)

구분	가	나	다	라	마
가	–	3	6	1	2
나	3	–	1	2	1
다	6	1	–	3	2
라	1	2	3	–	1
마	2	1	2	1	–

24 가팀과 다팀을 인터넷 연결하기 위해 필요한 최소의 시간은?

① 7시간   ② 6시간
③ 5시간   ④ 4시간
⑤ 3시간

25 다팀과 마팀을 인터넷 연결하기 위해 필요한 최소의 시간은?

① 1시간   ② 2시간
③ 3시간   ④ 4시간
⑤ 5시간

26 다음 글과 표를 근거로 판단할 때 세 사람 사이의 관계가 모호한 경우는?

- 조직 내에서 두 사람 사이의 관계는 '동갑'과 '위아래' 두 가지 경우로 나뉜다.
- 두 사람이 태어난 연도가 같은 경우 입사년도에 상관없이 '동갑' 관계가 된다.
- 두 사람이 태어난 연도가 다른 경우 '위아래' 관계가 된다. 이때 생년이 더 빠른 사람이 '윗사람', 더 늦은 사람이 '아랫사람'이 된다.
- 두 사람이 태어난 연도가 다르더라도 입사년도가 같고 생년월일의 차이가 1년 미만이라면 '동갑' 관계가 된다.
- 두 사람 사이의 관계를 바탕으로 임의의 세 사람(A ~ C) 사이의 관계는 '명확'과 '모호' 두 가지 경우로 나뉜다.
- A와 B, A와 C가 '동갑' 관계이고 B와 C 또한 '동갑' 관계인 경우 세 사람 사이의 관계는 '명확'하다.
- A와 B가 '동갑' 관계이고 A가 C의 '윗사람', B가 C의 '윗사람'인 경우 세 사람 사이의 관계는 '명확'하다.
- A와 B, A와 C가 '동갑' 관계이고 B와 C가 '위아래' 관계인 경우 세 사람 사이의 관계는 '모호'하다.

이름	생년월일	입사년도
甲	1992. 4. 11.	2017
乙	1991. 10. 3.	2017
丙	1991. 3. 1.	2017
丁	1992. 2. 14.	2017
戊	1993. 1 7.	2018

① 甲, 乙, 丙 ② 甲, 乙, 丁
③ 甲, 丁, 戊 ④ 乙, 丁, 戊
⑤ 丙, 丁, 戊

27 공연기획사인 A사는 이번에 주최한 공연을 보러 오는 관객을 기차역에서 공연장까지 버스로 수송하기로 하였다. 다음의 표와 같이 공연 시작 4시간 전부터 1시간 단위로 전체 관객 대비 기차역에 도착하는 관객의 비율을 예측하여 버스를 운행하고자 하며, 공연 시작 시간까지 관객을 모두 수송해야 한다. 다음을 바탕으로 예상한 수송 시나리오 중 옳은 것을 모두 고르면?

■ 전체 관객 대비 기차역에 도착하는 관객의 비율

시각	전체 관객 대비 비율(%)
공연 시작 4시간 전	a
공연 시작 3시간 전	b
공연 시작 2시간 전	c
공연 시작 1시간 전	d
계	100

• 전체 관객 수는 40,000명이다.
• 버스는 한 번에 대당 최대 40명의 관객을 수송한다.
• 버스가 기차역과 공연장 사이를 왕복하는 데 걸리는 시간은 6분이다.

■ 예상 수송 시나리오
㉠ a = b = c = d = 25라면, 회사가 전체 관객을 기차역에서 공연장으로 수송하는 데 필요한 버스는 최소 20대이다.
㉡ a = 10, b = 20, c = 30, d = 40이라면, 회사가 전체 관객을 기차역에서 공연장으로 수송하는 데 필요한 버스는 최소 40대이다.
㉢ 만일 공연이 끝난 후 2시간 이내에 전체 관객을 공연장에서 기차역까지 버스로 수송해야 한다면, 이때 회사에게 필요한 버스는 최소 50대이다.

① ㉠   ② ㉡

③ ㉠㉡   ④ ㉠㉢

⑤ ㉡㉢

▌28~29▐ 인사팀에 근무하는 S는 2017년도에 새롭게 변경된 사내 복지 제도에 따라 경조사 지원 내역을 정리하는 업무를 담당하고 있다. 다음을 바탕으로 물음에 답하시오.

◻ 2017년도 변경된 사내 복지 제도

종류	주요 내용
주택 지원	• 사택 지원(가 ~ 사 총 7동 175가구) 최소 1년 최장 3년 • 지원 대상 – 입사 3년 차 이하 1인 가구 사원 중 무주택자(가 ~ 다동 지원) – 입사 4년 차 이상 본인 포함 가구원이 3인 이상인 사원 중 무주택자(라 ~ 사동 지원)
경조사 지원	• 본인/가족 결혼, 회갑 등 각종 경조사 시 • 경조금, 화환 및 경조휴가 제공
학자금 지원	• 대학생 자녀의 학자금 지원
기타	• 상병 휴가, 휴직, 4대 보험 지원

◻ 2017년도 1/4분기 지원 내역

이름	부서	직위	내역	변경 전	변경 후	금액(천원)
A	인사팀	부장	자녀 대학진학	지원 불가	지원 가능	2,000
B	총무팀	차장	장인상	변경 내역 없음		100
C	연구1팀	차장	병가	실비 지급	추가 금액 지원	50 (실비 제외)
D	홍보팀	사원	사택 제공(가-102)	변경 내역 없음		–
E	연구2팀	대리	결혼	변경 내역 없음		100
F	영업1팀	차장	모친상	변경 내역 없음		100
G	인사팀	사원	사택 제공(바-305)	변경 내역 없음		–
H	보안팀	대리	부친 회갑	변경 내역 없음		100
I	기획팀	차장	결혼	변경 내역 없음		100
J	영업2팀	과장	생일	상품권	기프트 카드	50
K	전략팀	사원	생일	상품권	기프트 카드	50

28 당신은 S가 정리해 온 2017년도 1/4분기 지원 내역을 확인하였다. 다음 중 잘못 구분된 사원은?

지원 구분	이름
주택 지원	D, G
경조사 지원	B, E, H, I, J, K
학자금 지원	A
기타	F, C

① B
② D
③ F
④ H
⑤ K

29 S는 2017년도 1/4분기 지원 내역 중 변경 사례를 참고하여 새로운 사내 복지 제도를 정리해 추가로 공시하려 한다. 다음 중 S가 정리한 내용으로 옳지 않은 것은?

① 복지 제도 변경 전후 모두 생일에 현금을 지급하지 않습니다.
② 복지 제도 변경 후 대학생 자녀에 대한 학자금을 지원해드립니다.
③ 변경 전과 달리 미혼 사원의 경우 입주 가능한 사택동 제한이 없어집니다.
④ 변경 전과 같이 경조사 지원금은 직위와 관계없이 동일한 금액으로 지원됩니다.
⑤ 변경 전과 달리 병가 시 실비 외에 5만 원을 추가로 지원합니다.

30 ○○기관의 김 대리는 甲, 乙, 丙, 丁, 戊 인턴 5명의 자리를 배치하고자 한다. 다음의 조건에 따를 때 옳지 않은 것은?

> - 최상의 업무 효과를 내기 위해서는 성격이 서로 잘 맞는 사람은 바로 옆자리에 앉혀야 하고, 서로 잘 맞지 않는 사람은 바로 옆자리에 앉혀서는 안 된다.
> - 丙과 乙의 성격은 서로 잘 맞지 않는다.
> - 甲과 乙의 성격은 서로 잘 맞는다.
> - 甲과 丙의 성격은 서로 잘 맞는다.
> - 戊와 丙의 성격은 서로 잘 맞지 않는다.
> - 丁의 성격과 서로 잘 맞지 않는 사람은 없다.
> - 丁은 햇빛 알레르기가 있어 창문 옆(1번) 자리에는 앉을 수 없다.
>
> ■ 자리 배치도
>
> | 창문 | 1 | 2 | 3 | 4 | 5 |
> |------|---|---|---|---|---|
> | | | | | | |

① 甲은 3번 자리에 앉을 수 있다.
② 乙은 5번 자리에 앉을 수 있다.
③ 丙은 2번 자리에 앉을 수 있다.
④ 丁은 3번 자리에 앉을 수 없다.
⑤ 戊는 2번 자리에 앉을 수 없다.

1 다음은 생산부의 3월 달 근무 현황이다. 다음 현황을 보고 판단한 남현우 씨의 의견 중 적절하지 않은 것은?

〈생산부 3월 근무 현황표〉

순번	성명	근무내역	기간	승인상태
1	정효동	연차	3/2 ~ 3/3	승인
2	양희선	결혼 휴가	3/8 ~ 3/14	승인
3	서윤길	연차	3/17 ~ 3/18	승인
4	고성희	출장	3/21 ~ 3/23	승인
5	남현우	연차	3/10 ~ 3/11	승인대기

〈3월 달력〉

일	월	화	수	목	금	토
		1	2	3	4	5
6	7	8	9	10	11	12
13	14	15	16	17	18	19
20	21	22	23	24	25	26
27	28	29	30	31		

① 10 ~ 11일엔 결혼 휴가자가 있으니 나까지 연차를 쓰면 업무에 누수가 생길 수 있겠네.

② 내가 31일 날 휴가를 쓰게 되면 이번 달은 전원이 근무하는 목요일은 한 번도 없겠네.

③ 마지막 주로 휴가를 옮겨야 매주 휴가가 적절히 분배되겠다.

④ 이번 달엔 수요일과 목요일에 휴가자가 가장 많군.

⑤ 내가 이번 달에 휴가를 쓰지 않으면 마지막 주엔 전원이 참여할 회식 날짜를 잡기 좋겠다.

2. 다음은 김 과장이 휴가 기간 중 할 수 있는 활동 내역을 정리한 표이다. 집을 출발한 김 과장이 활동을 마치고 다시 집으로 돌아올 경우 전체 소요시간이 가장 짧은 것은?

활동	이동수단	거리	속력	목적지 체류 시간
당구장	전철	12km	120km/h	3시간
한강공원 라이딩	자전거	30km	15km/h	-
파워 워킹	도보	5.4km	3km/h	-
북 카페 방문	자가용	15km	50km/h	2시간
전시관 방문	도보	2km	4km/h	2시간

① 당구장
② 한강공원 라이딩
③ 파워 워킹
④ 북 카페 방문
⑤ 전시관 방문

3 다음 운송비 표를 참고할 때, 박스의 규격이 28×10×10(inch)인 실제 무게 18파운드짜리 솜 인형을 배송할 경우, A배송사에서 적용하는 운송비는 얼마인가? (단, 1inch=2.54cm이며, 물품의 무게는 반올림하여 정수로 표시한다. 물품의 무게 이외의 다른 사항은 고려하지 않는다)

> 항공 배송의 경우, 비행기 안에 많은 공간을 차지하게 되는 물품은 그렇지 않은 물품을 적재할 때보다 비용 면에서 항공사 측에 손해가 발생하게 된다. 비행기 안에 스티로폼 200박스를 적재하는 것과 스마트폰 2,000개를 적재하는 것을 생각해 보면 쉽게 이해할 수 있다. 이 경우 항공사 측에서는 당연히 스마트폰 2,000개를 적재하는 것이 더 경제적일 것이다. 이와 같은 문제로 거의 모든 항공 배송사에선 제품의 무게에 비해 부피가 큰 제품들은 '부피무게'를 따로 정해서 운송비를 계산하게 된다. 이 때 사용하는 부피무게 측정 방식은 다음과 같다.
>
> 부피무게(파운드)=가로(inch)×세로(inch)×높이(inch)÷166
>
> A배송사는 물건의 무게에 다음과 같은 규정을 적용하여 운송비를 결정한다.
> 1. 실제 무게 < 부피무게 → 부피무게
> 2. 실제 무게 > 부피무게이지만 박스의 어느 한 변의 길이가 50cm 이상인 경우 → (실제 무게+ 부피무게)×60%
>
> | | | | |
> |---|---|---|---|
> | 17파운드 미만 | 14,000원 | 19 ~ 20파운드 미만 | 17,000원 |
> | 17 ~ 18파운드 미만 | 15,000원 | 20 ~ 21파운드 미만 | 18,000원 |
> | 18 ~ 19파운드 미만 | 16,000원 | 21 ~ 22파운드 미만 | 19,000원 |

① 17,000원 ② 17,500원
③ 18,000원 ④ 18,500원
⑤ 19,000원

4 국제은행이 새롭게 내놓은 다음 적금 상품에 대한 올바른 설명이 아닌 것은?

e금리우대적금 상품 설명서

1. 상품 개요 및 특징
   - 상 품 명 : e금리우대 적금
   - 상품특징 : 영업점 창구에서 가입 시보다 높은 금리(+ 0.3%p)가 제공되는 비대면채널 전용 상품

2. 거래조건

구분	내용
가입자격	개인(1인 1계좌)
가입금액	초입금 5만 원 이상, 매회 1만 원 이상(계좌별), 매월 2천만 원 이내(1인당), 총 불입액 2억 원 이내(1인당)에서 자유적립(단, 계약기간 3/4경과 후 월 적립 가능 금액은 이전 월 평균 적립금액의 1/2 이내)
가입기간	1년 이상 3년 이내 월 단위

적용금리	가입기간	1년 이상	2년	3년
	기본금리(연%)	2.18	2.29	2.41

우대금리	■ 가입일 해당월로부터 만기일 전월말까지 당행 국제채움카드 이용실적이 100만 원 이상인 경우 : 0.2%p ■ 예금가입고객이 타인에게 이 상품을 추천하고 타인이 이 상품에 가입한 경우 : 추천 및 피추천계좌 각 0.1%p(최대 0.3%p)
예금자 보호	이 예금은 예금자보호법에 따라 예금보험공사가 보호하되, 보호한도는 본 은행에 있는 귀하의 모든 예금보호대상 금융상품의 원금과 소정의 이자를 합하여 1인당 최고 5천만 원이며, 5천만 원을 초과하는 나머지 금액은 보호하지 않습니다.

① 은행원의 도움을 직접 받아야 하는 어르신들이라도 창구를 직접 찾아가서 가입할 수 있는 상품이 아니다.

② 1년 계약을 한 가입자가 9개월이 지난 후 불입 총액이 90만 원이었다면, 10개월째부터는 월 5만 원이 적립 한도금액이 된다.

③ 가입기간이 길수록 우대금리가 적용되는 상품이다.

④ 상품의 특징을 활용하여 적용받을 수 있는 가장 높은 금리는 연리 2.71%이다.

⑤ 유사 시, 가입 상품에 불입한 금액의 일부를 잃게 될 수도 있다.

|5～6| 다음은 T센터 대강당 대관 안내문이다. 자료를 보고 이어지는 물음에 답하시오.

• 설비 사용료

구분	장비명		수량	가격	비고
음향 장치	일반 마이크	다이나믹	65개	4,500원	7대 무료, 8대부터 비용
		콘덴서	55개	4,500원	
	고급 마이크		25개	25,000원	건전지 사용자 부담
	써라운드 스피커 시스템		4대	25,000원	1일 1대
촬영 장치	빔 프로젝터		1대	210,000원	1일 1대
	영상 재생 및 녹화 서비스	USB	1대	25,000원	
		CD	1대	32,000원	1일 1대
조명 장치	solo 라이트		2대	6,000원	1일 1대
	rail 라이트		10대	55,000원	

• 주의사항
  - 내부 매점 이외에서 구매한 음식물 반입 엄금(음용수 제외)
  - 대관일 하루 전날 사전 점검 및 시설물 설치 가능, 행사 종료 즉시 시설물 철거 요망
  - 건물 내 전 지역 금연(실외 지정 흡연 부스 있음)

• 주차장 안내
  - 행사장 주최측에 무료 주차권 100장 공급
  - 무료 주차권 없을 경우, 1시간 3,000원/이후 30분당 1,000원
  - 경차, 장애인 차량 주차 무료

• 기타사항
  - 예약 후, 행사 당일 3일 전 이후 취소 시 향후 대관 불가
  - 정치적 목적의 행사, 종교 행사 등과 사회 기피적 모임 및 활동을 위한 대관 불가

5 다음 중 위의 대강당 대관에 대한 안내사항을 올바르게 이해하지 못한 것은?

① 흡연자들은 행사 참여 시간 중 내부에선 담배를 피울 수 없다.

② 행사에 필요한 시설물 설치팀은 행사 당일 아침 일찍 도착하여 시설물을 설치해야 한다.

③ 3시간짜리 행사인 경우, 무료 주차권을 받지 못했다면 주차료 7,000원이 발생한다.

④ 행사 이틀 전에 갑작스런 취소 사유가 발생할 경우, 취소 자체가 불가능한 것은 아니다.

⑤ 콘덴서 마이크의 사용 가능량 전체를 사용할 경우의 비용은 216,000원이다.

6 다음 중 아래와 같은 장비가 필요한 경우, 총 장비 대여 비용으로 알맞은 것은?

- 다이나믹 일반 마이크 32개, 고급 마이크 12개
- 써라운드 스피커 2개
- USB 영상 녹화 3개
- solo 라이트 1대, rail 라이트 4대

① 700,500원　　　　　　　　② 715,000원

③ 730,000원　　　　　　　　④ 752,000원

⑤ 763,500원

┃7~8┃ 다음은 G사 영업본부 직원들의 담당 업무와 다음 달 주요 업무 일정표이다. 다음을 참고로 이어지는 물음에 답하시오.

〈다음 달 주요 업무 일정〉

일	월	화	수	목	금	토
		1 사업계획 초안 작성(2)	2	3	4 사옥 이동계획 수립(2)	5
6	7	8 인트라넷 요청사항 정리(2)	9 전 직원 월간회의	10	11 TF팀 회의(1)	12
13	14 법무실무 담당자 회의(3)	15	16	17 신제품 진행과정 보고(1)	18	19
20	21 매출부진 원인 분석(2)	22	23 홍보자료 작성(3)	24 인사고과(2)	25	26
27	28 매출 집계(2)	29 부서경비 정리(2)	30	31		

* ( )안의 숫자는 해당 업무 소요 일수

〈담당자별 업무〉

담당자	담당업무
갑	부서 인사고과, 사옥 이동 관련 이사 계획 수립, 내년도 사업계획 초안 작성
을	매출부진 원인 분석, 신제품 개발 진행과정 보고
병	자원개발 프로젝트 TF팀 회의 참석, 부서 법무실무 교육 담당자 회의
정	사내 인트라넷 구축 관련 요청사항 정리, 대외 홍보자료 작성
무	월말 부서 경비집행 내역 정리 및 보고, 매출 집계 및 전산 입력

7 위의 일정과 담당 업무를 참고할 때, 다음 달 월차 휴가를 사용하기에 적절한 날짜를 선택한 직원이 아닌 것은?

① 갑 – 23일
② 을 – 8일
③ 병 – 4일
④ 정 – 25일
⑤ 무 – 24일

8 갑작스런 해외 거래처의 일정 변경으로 인해 다음 달 넷째 주에 영업본부에서 2명이 일주일 간 해외 출장을 가야 한다. 위에 제시된 5명의 직원 중 담당 업무에 지장이 없는 2명을 뽑아 출장을 보내야 할 경우, 출장자로 적절한 직원은 누구인가?

① 갑, 병
② 을, 정
③ 정, 무
④ 을, 병
⑤ 병, 무

9 총무팀 공 대리는 교통 체증이 심한 시간에 운전을 하여 거래처를 다녀와야 한다. 회사의 위치가 A, 거래처가 B, 이동 가능한 경로가 선으로 연결된 다음과 같은 그림을 참고할 때, 공 대리가 선택할 수 있는 최단 거리의 경로는 모두 몇 가지인가? (단, ● 지점은 공사가 진행 중이어서 통과할 수 없다)

① 3가지
② 4가지
③ 5가지
④ 6가지
⑤ 8가지

10 다음 〈조건〉을 근거로 판단할 때, 광고홍보비를 분배기준으로 할 경우 A사의 분배액은 얼마인가?

〈조건〉

• A사와 B사는 신제품을 공동 개발하여 판매한 총 순이익을 다음과 같은 기준에 의해 분배하기로 하였다.

　㉠ A사와 B사는 총 순이익에서 각 회사 제조원가의 10%에 해당하는 금액을 우선 각자 배분한다.

　㉡ 총 순이익에서 ㉠의 금액을 제외한 나머지 금액에 대한 분배기준은 연구개발비, 판매관리비, 광고홍보비 중 어느 하나로 결정하며, 각 회사가 지출한 비용에 비례하여 분배액을 정하기로 한다.

• 신제품 개발과 판매에 따른 비용과 총 순이익은 다음과 같다.

구분	A사	B사
제조원가	200억 원	600억 원
연구개발비	100억 원	300억 원
판매관리비	200억 원	200억 원
광고홍보비	300억 원	150억 원
총 순이익	200억 원	

① 50억 원　　　　　　　　　② 80억 원

③ 100억 원　　　　　　　　　④ 120억 원

⑤ 150억 원

11 동근씨는 1,000만 원인 자동차 구매를 위해 A, B, C 세 은행에서 상담을 받았다. 다음 상담 내용에 따를 때 옳은 내용만을 모두 고른 것은? (단, 총비용으로는 은행에 내야 하는 금액과 수리비만을 고려하고, 등록비용 등 기타 비용은 고려하지 않는다)

- A은행 : 고객님이 자동차를 구입하여 소유권을 취득하실 때, 저희 은행이 자동차 판매자에게 즉시 구입금액 1,000만 원을 지불해 드립니다. 그리고 그 날부터 매월 1,000만 원의 1%를 이자로 내시고, 1년이 되는 시점에 1,000만 원을 상환하시면 됩니다.
- B은행 : 저희는 고객님이 원하시는 자동차를 구매하여 고객님께 전달해 드리고, 고객님께서는 1년 후에 자동차 가격에 이자를 추가하여 총 1,200만 원을 상환하시면 됩니다. 자동차의 소유권은 고객님께서 1,200만 원을 상환하시는 시점에 고객님께 이전되며, 그 때까지 발생하는 모든 수리비는 저희가 부담합니다.
- C은행 : 저희는 고객님이 원하시는 자동차를 구매하여 고객님께 임대해 드립니다. 1년 동안 매월 90만 원의 임대료를 내시면 1년 후에 그 자동차는 고객님의 소유가 되며, 임대기간 중에 발생하는 모든 수리비는 저희가 부담합니다.

㉠ 자동차 소유권을 얻기까지 은행에 내야 하는 총금액은 A은행의 경우가 가장 적다.
㉡ 1년 내에 사고가 발생하여 50만 원의 수리비가 소요될 것으로 예상한다면 총비용 측면에서 A은행보다 B, C은행을 선택하는 것이 유리하다.
㉢ 최대한 빨리 자동차 소유권을 얻고 싶다면 A은행을 선택하는 것이 가장 유리하다.
㉣ 사고 여부와 관계없이 자동차 소유권 취득 시까지의 총비용 측면에서 B은행보다 C은행을 선택하는 것이 유리하다.

① ㉠㉡
② ㉡㉢
③ ㉢㉣
④ ㉠㉡㉣
⑤ ㉠㉢㉣

12 다음 표와 〈보기〉는 대중교통 환승유형과 환승정책에 관한 자료이다. 신규 환승정책 시행 전과 후를 비교할 때 환승유형 종류 중 연간 총 교통요금 절감액이 큰 순서대로 바르게 나열한 것은?

〈표〉 연간 환승유형별 이용건수

환승유형	환승내용	연간 환승유형 이용건수
A	버스 → 버스	1,650
B	버스 → 지하철	1,700
C	지하철 → 버스	1,150
D	버스 → 버스 → 버스	800
E	버스 → 지하철 → 버스	600

〈보기〉
- 모든 승객은 교통카드만 이용하고, 교통카드를 통해서 환승유형이 확인되었다.
- 신규 환승정책 시행 전후, 지하철과 버스의 기본요금은 각각 950원이고, 기본요금에 대한 할인요금은 없다.
- 신규 환승정책 시행 전에는 대중교통 수단을 이용할 때마다 각각의 기본요금을 지불하였다.
- 신규 환승정책 시행 후에는 환승유형 이용 1건당 지불요금은 다음과 같다.
  - 최초 탑승시 기본요금
  - 동일 교통수단으로 환승시 마다 150원의 환승요금
  - 다른 교통수단으로 환승시 마다 200원의 환승요금

① A-B-D-C-E

② A-D-B-E-C

③ B-A-D-C-E

④ D-A-B-E-C

⑤ D-E-C-B-A

13 다음 글의 내용과 〈조건〉에 따를 경우, 기획재정부가 채택하기에 적합하지 않은 정책은?

- 올해의 전력수급현황은 다음과 같다.
  - 총공급전력량 : 7,200만kW
  - 최대전력수요 : 6,000만kW

이에 따라 기획재정부는 내년도 전력수급기본계획을 마련하고, 정책목표를 다음과 같이 설정하였다.
  - 정책목표 : 내년도 전력예비율을 30% 이상으로 유지한다.

$$전력예비율(\%) = \frac{총공급전력량 - 최대전력수요}{최대전력수요} \times 100$$

〈조건〉

조건 1 : 발전소를 하나 더 건설하면 총공급전력량이 100만kW 증가한다.
조건 2 : 전기요금을 α% 인상하면 최대전력수요는 α% 감소한다.

※ 발전소는 즉시 건설 · 운영하는 것으로 가정하고 이외의 다른 변수는 고려하지 않는다.

① 발전소를 1개 더 건설하고, 전기요금을 10% 인상한다.
② 발전소를 3개 더 건설하고, 전기요금을 3% 인상한다.
③ 발전소를 6개 더 건설하고, 전기요금을 1% 인상한다.
④ 발전소를 8개 더 건설하고, 전기요금을 동결한다.
⑤ 발전소를 더 이상 건설하지 않고, 전기요금을 12% 인상한다.

14 김 과장은 오후 2시 회의에 참석하기 위해 대중교통을 이용하여 총 10km를 이동해야 한다. 다음 의 〈조건〉을 고려했을 때 총비용이 가장 적게 드는 방법은?

〈조건〉
㉠ 회의에 지각해서는 안 되며, 오후 1시 40분에 대중교통을 이용하기 시작한다.
㉡ 회의가 시작되기 전에 먼저 도착하여 대기하는 시간을 비용으로 환산하면 1분당 200원이다.
㉢ 이용가능한 대중교통은 버스, 지하철, 택시만 있고, 출발지에서 목적지까지는 모두 직선노 선이다.
㉣ 택시의 기본요금은 2,000원이고, 2km마다 100원씩 증가하며, 2km를 1분에 간다.
㉤ 택시의 기본요금으로 갈 수 있는 거리는 2km이다.
㉥ 지하철은 2km를 2분에 가고, 버스는 2km를 3분에 간다. 버스와 지하철은 2km마다 정거장 이 있고, 동일노선을 운행한다.
㉦ 버스와 지하철 요금은 1,000원이며, 무료 환승이 가능하다.
㉧ 환승은 버스와 지하철, 버스와 택시 간에만 가능하고, 환승할 경우 소요시간은 2분이며, 반 드시 버스로 4정거장을 가야만 한다.
㉨ 환승할 때 느끼는 번거로움 등을 비용으로 환산하면 1분당 450원이다.

① 택시만 이용해서 이동한다.
② 버스만 이용해서 이동한다.
③ 지하철만 이용해서 이동한다.
④ 버스와 택시를 환승하여 이동한다.
⑤ 버스와 지하철을 환승하여 이동한다.

15 다음 글과 〈조건〉을 근거로 판단할 때, 중국으로 출장 가는 사람으로 짝지어진 것은?

C회사에서는 업무상 외국 출장이 잦은 편이다. 인사부 A씨는 매달 출장 갈 직원들을 정하는 업무를 맡고 있다. 이번 달에는 총 4국가로 출장을 가야 하며 인원은 다음과 같다.

미국	영국	중국	일본
1명	4명	3명	4명

출장을 갈 직원은 이과장, 김과장, 신과장, 류과장, 임과장, 장과장, 최과장이 있으며, 개인별 출장 가능한 국가는 다음과 같다.

국가＼직원	이과장	김과장	신과장	류과장	임과장	장과장	최과장
미국	O	×	O	×	×	×	×
영국	O	×	O	O	O	×	×
중국	×	O	O	O	O	×	O
일본	×	×	O	×	O	O	O

※ O : 출장 가능, × : 출장 불가능
※ 어떤 출장도 일정이 겹치진 않는다.

〈조건〉
• 한 사람이 두 국가까지만 출장 갈 수 있다.
• 모든 사람은 한 국가 이상 출장을 가야 한다.

① 김과장, 최과장, 류과장 ② 김과장, 신과장, 류과장
③ 신과장, 류과장, 임과장 ④ 김과장, 임과장, 최과장
⑤ 신과장, 류과장, 최과장

16 다음은 신입사원 A가 2017년 1월에 현금으로 지출한 생활비 내역이다. 만약 A가 카드회사에서 권유한 A~C카드 중 하나를 발급받아 2017년 2월에도 1월과 동일하게 발급받은 카드로만 생활비를 지출하였다면 예상청구액이 가장 적은 카드는 무엇인가?

〈신입사원 A의 2017년 1월 생활비 지출내역〉

분류	세부항목		금액(만원)
교통비	버스 · 지하철 요금		8
	택시 요금		2
	KTX 요금		10
식비	외식비	평일	10
		주말	5
	카페 지출액		5
	식료품 구입비	대형마트	5
		재래시장	5
의류구입비	온라인		15
	오프라인		15
여가 및 자기계발비	영화관람료(1만원/회 × 2회)		2
	도서구입비(2만원/권 × 1권, 1만 5천원/권 × 2권, 1만원/권 × 3권)		8
	학원 수강료		20

〈신용카드별 할인혜택〉

A신용카드	• 버스 · 지하철, KTX 요금 20% 할인(단, 할인액의 한도는 월 2만원) • 외식비 주말 결제액 5% 할인 • 학원 수강료 15% 할인 • 최대 총 할인한도액 없음 • 연회비 1만 5천원이 발급 시 부과되어 합산됨
B신용카드	• 버스 · 지하철, KTX 요금 10% 할인(단, 할인액의 한도는 월 1만원) • 온라인 의류구입비 10% 할인 • 도서구입비 권당 3천원 할인(단, 권당 가격이 1만 2천원 이상인 경우에만 적용) • 최대 총 할인한도액은 월 3만원 • 연회비 없음
C신용카드	• 버스 · 지하철, 택시 요금 10% 할인(단, 할인액의 한도는 월 1만원) • 카페 지출액 10% 할인 • 재래시장 식료품 구입비 10% 할인 • 영화관람료 회당 2천원 할인(월 최대 2회) • 최대 총 할인한도액은 월 4만원 • 연회비 없음

① A   ② B

③ C   ④ A와 C

⑤ 세 카드의 예상청구액이 모두 동일하다.

17 다음은 S공사의 지역본부 간 인사이동과 관련된 자료이다. 이에 대한 〈보고서〉의 내용 중 옳지 않은 것은?

〈2015년 직원 인사이동 현황〉

전출＼전입	A지역본부	B지역본부	C지역본부	D지역본부
A지역본부		190명	145명	390명
B지역본부	123명		302명	260명
C지역본부	165명	185명		110명
D지역본부	310명	220명	130명	

※ 인사이동은 A ~ D지역본부 간에서만 이루어진다.

※ 2015년 인사이동은 2015년 1월 1일부터 12월 31일까지 발생하며 동일 직원의 인사이동은 최대 1회로 제한된다.

※ 위 표에서 190은 A지역본부에서 B지역본부로 인사이동하였음을 의미한다.

〈2015 ~ 2016년 지역본부별 직원 수〉

지역본부＼연도	2015년	2016년
A지역본부	3,232명	3,105명
B지역본부	3,120명	3,030명
C지역본부	2,931명	( )명
D지역본부	3,080명	( )명

※ 직원 수는 매년 1월 1일 0시를 기준으로 한다.

※ 직원 수는 인사이동에 의해서만 변하며, 신규로 채용되거나 퇴사한 직원은 없다.

〈보고서〉

　S공사의 지역본부 간 인사이동을 파악하기 위해 ①2015년의 전입·전출을 분석한 결과 총 2,530명이 근무지를 이동한 것으로 파악되었다. S공사의 4개 지역본부 가운데 ②전출직원 수가 가장 많은 지역본부는 A이다. 반면, ③전입직원 수가 가장 많은 지역본부는 A, B, D로부터 총 577명이 전입한 C이다. 2015년 인사이동 결과, ④2016년 직원이 가장 많은 지역본부는 D이며, ⑤2015년과 2016년의 직원 수 차이가 가장 큰 지역본부는 A이다.

∎18~19∎ 다음 예제를 보고 물음에 답하시오.

〈프로젝트의 단위활동〉

활동	직전 선행활동	활동시간(일)
A	–	3
B	–	5
C	A	3
D	B	2
E	C, D	4

〈프로젝트의 PERT 네트워크〉

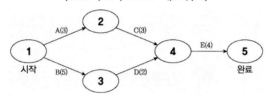

이 프로젝트의 단위활동과 PERT 네트워크를 보면

• A와 B활동은 직전 선행활동이 없으므로 동시에 시작할 수 있다.

• A활동 이후에 C활동을 하고, B활동 이후에 D활동을 하며, C와 D활동이 끝난 후 E활동을 하므로 한 눈에 볼 수 있는 표로 나타내면 다음과 같다.

A(3일)		C(3일)		E(4일)
B(5일)		D(2일)		

∴ 이 프로젝트를 끝내는 데는 최소한 11일이 걸린다.

18 R회사에 근무하는 J대리는 Z프로젝트의 진행을 맡고 있다. J대리는 이 프로젝트를 효율적으로 끝내기 위해 위의 예제를 참고하여 일의 흐름도를 다음과 같이 작성하였다. 이 프로젝트를 끝내는 데 최소한 며칠이 걸리겠는가?

〈Z프로젝트의 단위활동〉

활동	직전 선행활동	활동시간(일)
A	−	7
B	−	5
C	A	4
D	B	2
E	B	4
F	C, D	3
G	C, D, E	2
H	F, G	2

〈Z프로젝트의 PERT 네트워크〉

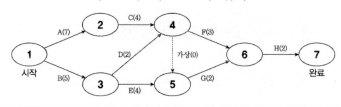

① 15일 ② 16일

③ 17일 ④ 18일

⑤ 20일

19 위의 문제에서 A활동을 7일에서 3일로 단축시킨다면 전체 일정은 며칠이 단축되겠는가?

① 1일

② 2일

③ 3일

④ 4일

⑤ 5일

20 Z회사는 오늘을 포함하여 30일 동안에 자동차를 생산할 계획이며 Z회사의 하루 최대투입가능 근로자 수는 100명이다. 다음 〈공정표〉에 근거할 때 Z회사가 벌어들일 수 있는 최대 수익은 얼마인가? (단, 작업은 오늘부터 개시되며 각 근로자는 자신이 투입된 자동차의 생산이 끝나야만 다른 자동차의 생산에 투입될 수 있고 1일 필요 근로자 수 이상의 근로자가 투입되더라도 자동차당 생산 소요기간은 변하지 않는다)

〈공정표〉

자동차	소요기간	1일 필요 근로자 수	수익
A	5일	20명	15억 원
B	10일	30명	20억 원
C	10일	50명	40억 원
D	15일	40명	35억 원
E	15일	60명	45억 원
F	20일	70명	85억 원

① 150억 원

② 155억 원

③ 160억 원

④ 165억 원

⑤ 170억 원

21 F회사에 입사한지 3개월이 된 사원 A씨는 주어진 일에 대해 우선순위 없이 닥치는 대로 행하고 있다. 그렇다 보니 중요하지 않은 일을 먼저 하기도 해서 상사로부터 꾸중을 들었다. 그런 A씨에게 L대리는 업무를 시간관리 매트릭스에 따라 4단계로 구분해보라고 조언을 하였다. 다음은 〈시간관리 매트릭스〉와 A씨가 해야 할 일들이다. 연결이 잘못 짝지어진 것은?

〈시간관리 매트릭스〉

	긴급함	긴급하지 않음
중요함	제1사분면	제2사분면
중요하지 않음	제3사분면	제4사분면

〈A씨가 해야 할 일〉

㉠ 어제 못 본 드라마보기
㉡ 마감이 정해진 프로젝트
㉢ 인간관계 구축하기
㉣ 업무 보고서 작성하기
㉤ 회의하기
㉥ 자기개발하기
㉦ 상사에게 급한 질문하기

① ㉠ – 제4사분면
② ㉢ – 제2사분면
③ ㉣ – 제3사분면
④ ㉥ – 제2사분면
⑤ ㉦ – 제1사분면

22 다음은 ○○그룹 자원관리팀에 근무하는 현수의 상황이다. A자원을 구입하는 것과 B자원을 구입하는 것에 대한 분석으로 옳지 않은 것은?

> 현수는 새로운 프로젝트를 위해 B자원을 구입하였다. 그런데 B자원을 주문한 날 상사가 A자원을 구입하라고 지시하자 고민하다가 결국 상사를 설득시켜 그대로 B자원을 구입하기로 결정했다. 단, 여기서 두 자원을 구입하기 위해 지불해야 할 금액은 각각 50만 원씩으로 같지만 ○○그룹에게 있어 A자원의 실익은 100만 원이고 B자원의 실익은 150만 원이다. 그리고 자원을 주문한 이상 주문 취소는 불가능하다.

① 상사를 설득시켜 그대로 B자원을 구입하기로 결정한 현수의 선택은 합리적이다.
② B자원의 구입으로 인한 기회비용은 100만 원이다.
③ B자원을 구입하기 위해 지불한 50만 원은 회수할 수 없는 매몰비용이다.
④ ○○그룹에게 있어 더 큰 실제의 이익을 주는 자원은 A자원이다.
⑤ 주문 취소가 가능하더라도 B자원을 구입하는 것이 합리적이다.

23 다음의 내용을 읽고 밑줄 친 ㉠과 ㉡으로부터 도출된 설명으로 가장 바르지 않은 것을 고르면?

◆ 기업을 가장 잘 아는 대학 한국 폴리텍 Ⅳ대학의 기업 파트너십 제도 운영

대학 경쟁력 강화 및 수요자 만족도 향상으로 기업과 대학이 상생할 수 있는 기업 파트너십은 기업으로부터 산업현장 신기술 등의 정보지원과 기업의 애로사항 등을 지원하여 상호 협력관계를 갖는 제도를 운영하며, 기업전담제를 통해 교수 1인당 10개 이상의 기업체를 전담하여 산학협력을 강화함으로써 기업이 원하는 인재를 양상하고, 기업의 요구 기술 및 향상훈련 등 기업이 필요로 하는 서비스를 제공하여 글로벌 인재를 길러내고 있다.

◆ NCS를 기반으로 한 일 학습 병행제 실시대학!

산업현장의 인재 양성을 위해 기업이 취업을 원하는 청년 등을 학습근로자로 채용하여, 폴리텍 대학과 함께 해당 직장에서의 ㉠현장훈련(OJT 훈련)과 ㉡대학에서의 훈련(Off-JT)을 병행하여 체계적인 교육훈련을 제공하고, 일 학습 병행제 프로그램을 마친 자의 역량을 국가 또는 해당 산업분야에서의 자격 또는 학력 등으로 인정하는 제도로 고교졸업자의 선 취업 후 진학의 시스템을 운영하고 있다.

◆ 기업주문식(취업 약정형) 맞춤훈련으로 졸업 전 취업예약!!

한국 폴리텍 Ⅳ대학은 기업과 훈련 협약을 체결하고 주문식 맞춤교육을 통해 기업이 원하는 맞춤인력을 양성하며 기업주문식 맞춤훈련을 통해 졸업 전 양질의 취업을 보장받고 기업은 즉시 활용 가능한 인력의 확보가 가능한 시스템을 운영 중이다.

① ㉠의 경우에는 일(업무)을 하면서 동시에 훈련이 가능하다.
② ㉠의 경우에는 상사 또는 동료 간의 이해 및 협조정신을 높일 수 있다는 특징이 있다.
③ ㉡의 경우에는 이들 구성원들을 직무로부터 분리시키고 일정한 장소에 집합시켜 교육훈련을 시키는 방식이라 할 수 있다.
④ ㉡의 경우에는 많은 수의 구성원들에 대한 교육이 불가능하다.
⑤ ㉡의 경우 현 업무와는 별개로 예정된 계획에 따라 실시가 가능하다.

24 다음 프랜차이즈와 관련한 기사의 내용 중 일부를 읽고 밑줄 친 부분으로 보아 추측 가능한 내용을 고르면?

– '본○' 대박 김치죽 알고 보니 '쓰레기 죽' 파문 –

    먹다 남은 식재료로 죽을 만들어 이른바 '쓰레기 죽' 파장을 몰고 온 본○ 사건이 본사와 가맹점 간 소송으로 이어지게 됐다.

    7일 서울중앙지법에 따르면 프랜차이즈 업체 '본○'과 '본□□□'을 운영하고 있는 ㈜본△△△는 다른 손님이 먹다 남긴 김치 등을 재활용해 '낙지김치죽', '참치김치죽'을 만들어 판매했던 가맹점 업주 송모(42)씨와 홍모(43)씨 등을 상대로 각각 3억 원의 손해배상 청구소송을 제기했다. 본△△△ 측은 소장에서 "지난해 11월 서울 관악구와 영등포구에 있는 가맹점 두 곳에서 손님이 반찬으로 남기고 간 김치를 재활용해 다시 죽을 조리하는 모습이 방송 프로그램에 방영되면서 전국 가맹점들의 매출 급감 사태가 발생했다."라고 주장했다.

    본△△△는 1,200여 개에 이르는 전국 본○ 가맹점의 매출 손실을 모두 합하면 1개월에 50억 원에 달한다고 추산했다. 본△△△는 "가맹점 매출이 감소함에 따라 식재료를 공급하는 본사의 매출도 38억 원이 줄어 지난해 순수익이 예상보다 약 9억 원 감소했다."라고 덧붙였다. 실제로 소비자들은 일부 본○ 가맹점에서 먹다 남은 식재료를 다시 써서 음식을 만들고 있다는 사실이 알려진 후 인터넷을 통해 <u>쓰레기 죽을 먹지 않겠다.</u>'는 등의 반응을 보였다. 이에 따라 송씨와 홍씨 등은 지난해 12월 점포를 자진 폐업했다.

---

① 사업 초기부터 소비자에 대한 신뢰도의 구축이 가능하다.
② 하나의 프랜차이지 실패는 타 지점과 전체 시스템에 영향을 미칠 수 있다.
③ 소액의 자본으로도 시작이 가능하다는 것을 알 수 있다.
④ 재료의 대량구매에 의한 규모의 경제달성이 가능하다고 볼 수 있다.
⑤ 가맹점 수는 브랜드 이미지 제고에 중요하다.

25 인사팀에 신입사원 민기씨는 회사에서 NCS채용 도입을 위한 정보를 얻기 위해 NCS 기반 능력 중심 채용 설명회를 다녀오려고 한다. 민기씨는 오늘 오후 1시까지 김대리님께 보고서를 작성해서 드리고 30분 동안 피드백을 받기로 했다. 오전 중에 정리를 마치려면 시간이 빠듯할 것 같다. 다음에 제시된 설명회 자료와 교통편을 보고 민기씨가 생각한 것으로 틀린 것은?

최근 이슈가 되고 있는 공공기관의 NCS 기반 능력중심 채용에 관한 기업들의 궁금증 해소를 위하여 붙임과 같이 설명회를 개최하오니 많은 관심 부탁드립니다.
감사합니다.

−붙임−

설명회 장소	일시	비고
서울고용노동청(5층) 컨벤션홀	2015. 11. 13(금) PM 15:00~17:00	설명회의 원활한 진행을 위해 설명회 시작 15분 뒤부터는 입장을 제한합니다.

오시는 길
지하철 : 2호선 을지로입구역 4번 출구(도보 10분 거리)
버스 : 149, 152번 ○○센터(도보 5분 거리)

• 회사에서 버스정류장 및 지하철역까지 소요시간

출발지	도착지	소요시간	
회사	×× 정류장	도보	30분
		택시	10분
	지하철역	도보	20분
		택시	5분

• 서울고용노동청 가는 길

교통편	출발지	도착지	소요시간
지하철	잠실역	을지로입구역	1시간(환승포함)
버스	×× 정류장	○○센터 정류장	50분(정체 시 1시간 10분)

① 택시를 타지 않아도 버스를 타고 가면 늦지 않게 설명회에 갈 수 있다.
② 어떤 방법으로 이동하더라도 설명회에 입장은 가능하다.
③ 택시를 타지 않아도 지하철을 타고 가면 늦지 않게 설명회에 갈 수 있다.
④ 정체가 되지 않는다면 버스를 타고 가는 것이 지하철보다 빠르게 갈 수 있다.
⑤ 택시를 이용할 경우 늦지 않게 설명회에 갈 수 있다.

▌26~28 ▌ 다음 주어진 자료들은 H회사의 집화터미널에서 갑~무 지역 영업점까지의 이동경로와 영업용 자동차의 종류와 연비, 분기별 연료공급가격이다. 자료를 보고 물음에 답하시오.

〈그림〉 H회사 영업점 이동경로

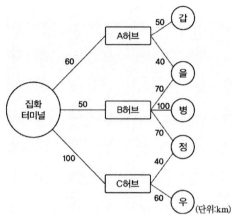

※ 물류 오배송 시 같은 허브에 연결된 지역이면 허브만 거쳐서 이동하고, 같은 허브에 연결된 지역이 아니라면 집화터미널로 다시 돌아가 확인 후 이동한다.

〈표 1〉 H회사 영업용 자동차의 종류와 연비

(단위 : km/L)

차종	연비
X(휘발유)	15
Y(경유)	20

※ 집화터미널-허브 간 이동은 X차량, 허브-지역 간 이동은 Y차량으로 이동한다.

〈표2〉 분기별 연료공급가격

(단위 : 천 원/L)

	휘발유	경유
1분기	1.5	1.2
2분기	2.1	1.8
3분기	1.8	1.5
4분기	1.5	1.3

26 1분기에 물류 이동 계획은 갑 지역 5번, 정 지역 5번이다. 1분기의 연료비는 총 얼마인가? (단, 모든 이동은 연료비가 가장 적게 드는 방향으로 이동한다)

① 82,000원

② 91,000원

③ 107,000원

④ 116,000원

⑤ 118,000원

27 2분기에 정 지역에 가야할 물류가 무 지역으로 오배송되었다. 연료비 손해는 얼마인가? (단, 모든 이동은 연료비가 가장 적게 드는 방향으로 이동한다)

① 7,200원

② 9,000원

③ 10,800원

④ 15,100원

⑤ 17,500원

28 연료비 10만 원 예산으로 3분기에 을 지역으로 물류 이동을 하려고 한다. 총 몇 회의 왕복이 가능한가?

① 3회

② 4회

③ 5회

④ 6회

⑤ 7회

｜29~30｜ 푸르미펜션을 운영하고 있는 K씨는 P씨에게 예약 문의전화를 받았다. 아래의 예약일정과 정보를 보고 K씨가 P씨에게 안내할 사항으로 옳은 것을 고르시오.

〈푸르미펜션 1월 예약 일정〉

일	월	화	수	목	금	토
					1	2
					• 매 가능 • 난 가능 • 국 완료 • 죽 가능	• 매 가능 • 난 완료 • 국 완료 • 죽 가능
3	4	5	6	7	8	9
• 매 완료 • 난 가능 • 국 완료 • 죽 가능	• 매 가능 • 난 가능 • 국 가능 • 죽 가능	• 매 가능 • 난 가능 • 국 가능 • 죽 가능	• 매 가능 • 난 가능 • 국 가능 • 죽 가능	• 매 가능 • 난 가능 • 국 가능 • 죽 가능	• 매 완료 • 난 가능 • 국 완료 • 죽 완료	• 매 완료 • 난 가능 • 국 완료 • 죽 완료
10	11	12	13	14	15	16
• 매 가능 • 난 완료 • 국 완료 • 죽 가능	• 매 가능 • 난 가능 • 국 가능 • 죽 가능	• 매 가능 • 난 가능 • 국 가능 • 죽 가능	• 매 가능 • 난 가능 • 국 가능 • 죽 가능	• 매 가능 • 난 가능 • 국 가능 • 죽 가능	• 매 가능 • 난 완료 • 국 완료 • 죽 가능	• 매 가능 • 난 완료 • 국 완료 • 죽 가능

※ 완료 : 예약완료, 가능 : 예약가능

〈푸르미펜션 이용요금〉

(단위 : 만 원)

객실명	인원		이용요금			
			비수기		성수기	
	기준	최대	주중	주말	주중	주말
매	12	18	23	28	28	32
난	12	18	25	30	30	35
국	15	20	26	32	32	37
죽	30	35	30	34	34	40

※ 주말 : 금-토, 토-일, 공휴일 전날-당일
　성수기 : 7~8월, 12~1월
※ 기준인원초과 시 1인당 추가 금액 : 10,000원

K씨 : 감사합니다. 푸르미펜션입니다.

P씨 : 안녕하세요. 회사 워크숍 때문에 예약문의를 좀 하려고 하는데요. 1월 8 ~ 9일이나 15 ~ 16일에 "국"실에 예약이 가능할까요? 웬만하면 8 ~ 9일로 예약하고 싶은데….

K씨 : 인원이 몇 명이시죠?

P씨 : 일단 15명 정도이고요 추가적으로 3명 정도 더 올 수도 있습니다.

K씨 : _____ ㉠ _____

P씨 : 기준 인원이 12명으로 되어있던데 너무 좁지는 않겠습니까?

K씨 : 두 방 모두 "국"실보다 방 하나가 적긴 하지만 총 면적은 비슷합니다. 하지만 화장실 등의 이용이 조금 불편하실 수는 있겠군요. 흠…. 8 ~ 9일로 예약하시면 비수기 가격으로 해드리겠습니다.

P씨 : 아, 그렇군요. 그럼 8 ~ 9일로 예약 하겠습니다. 그럼 가격은 어떻게 됩니까?

K씨 : _____ ㉡ _____ 인원이 더 늘어나게 되시면 1인당 10,000원씩 추가로 결재하시면 됩니다. 일단 10만 원만 홈페이지의 계좌로 입금하셔서 예약 완료하시고 차액은 당일에 오셔서 카드나 현금으로 계산하시면 됩니다.

29 ㉠에 들어갈 K씨의 말로 가장 알맞은 것은?

① 죄송합니다만 1월 8 ~ 9일, 15 ~ 16일 모두 예약이 모두 차서 이용 가능한 방이 없습니다.

② 1월 8 ~ 9일이나 15 ~ 16일에는 "국"실 예약이 모두 차서 예약이 어렵습니다. 15명이시면 1월 8 ~ 9일에는 "난"실, 15 ~ 16일에는 "매"실에 예약이 가능하신데 어떻게 하시겠습니까?

③ 1월 8 ~ 9일에는 "국"실 예약 가능하시고 15 ~ 16일에는 예약이 완료되었습니다. 15명이시면 15 ~ 16일에는 "매"실에 예약이 가능하신데 어떻게 하시겠습니까?

④ 1월 8 ~ 9일에는 "국"실 예약이 완료되었고 15 ~ 16일에는 예약 가능하십니다. 15명이시면 8 ~ 9일에는 "난"실에 예약이 가능하신데 어떻게 하시겠습니까?

⑤ 1월 8 ~ 9일이나 15 ~ 16일 모두 "국"실 예약이 가능하십니다.

30 ⓛ에 들어갈 K씨의 말로 가장 알맞은 것은?

① 그럼 1월 8 ~ 9일로 "난"실 예약 도와드리겠습니다. 15인일 경우 기본 30만 원에 추가 3인 하셔서 총 33만 원입니다.

② 그럼 1월 8 ~ 9일로 "난"실 예약 도와드리겠습니다. 15인일 경우 기본 35만 원에 추가 3인 하셔서 총 38만 원입니다.

③ 그럼 1월 8 ~ 9일로 "매"실 예약 도와드리겠습니다. 15인일 경우 기본 28만 원에 추가 3인 하셔서 총 31만 원입니다.

④ 그럼 1월 8 ~ 9일로 "매"실 예약 도와드리겠습니다. 15인일 경우 기본 32만 원에 추가 3인 하셔서 총 35만 원입니다.

⑤ 그럼 1월 8 ~ 9일로 "매"실 예약 도와드리겠습니다. 15인일 경우 기본 32만 원에 추가 3인 하셔서 총 38만 원입니다.

1 다음 그림은 엑셀 워크시트이다. 설명으로 옳지 않은 것은? (단, 성취도는 평균이 18 이상이면 "상", 18 미만이고 16 이상이면 "중", 16 미만이면 "하"이다)

	A	B	C	D	E	F	G	H	I
1									
2		번호	이 름	과제1	과제2	합계	평균	성취도	
3		1	김선희	19	20	39	19.5	상	
4		2	강성원	16	14	30	15.0	하	
5		3	박희철	15	19	34	17.0	중	
6		4	오상우	19	18	37	18.5	상	
7		5	신원철	18	17	35	17.5	중	
8									
9		최고점수		19	20	39	19.5		
10		최저점수		15	14	30	15.0		
11									

수행평가

① 셀 D9의 수식은 = MAX(D3 : D7)이다.

② 셀 D10의 수식은 = MIN(D3 : D7)이다.

③ 셀 F3의 수식은 = SUM(D3 : F3)이다.

④ 셀 G3의 수식은 = AVERAGE(D3 : E3)이다.

⑤ 셀 H3의 수식은 = IF(G3 >= 18, "상", IF(G3 >= 16, "중", "하"))이다.

2   다음은 스프레드시트를 이용하여 '사원별 컴퓨터 판매실적'을 분석한 그림이다. ㈎, ㈏에 들어갈 함수식이 참조하는 셀 영역은?

	사원별 컴퓨터 판매실적				
	4월	5월	6월	합계	판매순위
최진영	50	40	45	(가)	(나)
고상봉	30	35	40	105	3
송수진	40	50	50	140	2
류나라	60	55	70	185	1
계	180	180	205	565	

	㈎	㈏
①	C4 : E4	C$4 : E$4
②	C4 : E4	C$4 : F$7
③	C4 : E4	F$4 : F$7
④	C4 : C7	F$4 : F$7
⑤	C4 : C7	C$4 : E$4

3 엑셀 문서의 C2 셀을 조건과 같이 표시하려고 한다. 이때 사용할 함수를 〈보기〉에서 모두 고른 것은?

〈조건〉
- [B2 : B3] 셀 서식의 표시 형식은 '일반'이다.
- 주민등록번호 8번째 문자가 1이거나 3 이면 → '남'
- 주민등록번호 8번째 문자가 2이거나 4 이면 → '여'로 표시한다.

	A	B	C
1	이름	주민등록번호	성별
2	김보람	900511-1253311	남
3	심순애	901203-2343312	여

㉠ IF ㉡ OR
㉢ MID ㉣ RANK
㉤ COUNT

① ㉠㉡㉢　　② ㉠㉢㉣
③ ㉡㉢㉤　　④ ㉡㉣㉤
⑤ ㉢㉣㉤

▎4~5▎ 다음은 시스템 모니터링 코드 입력 방법을 설명하고 있다. 시스템을 보고 이어지는 〈보기〉에 알맞은 입력코드를 고르시오.

〈시스템 상태〉

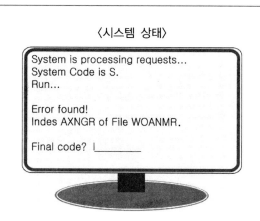

```
System is processing requests...
System Code is S.
Run...

Error found!
Indes AXNGR of File WOANMR.

Final code? |_____
```

〈입력 방법〉

항목	세부사항
Index XX of File YY	• 오류 문자 : 'Index' 뒤에 오는 문자 'XX' • 오류 발생 위치 : File 뒤에 오는 문자 'YY'
Error Value	• 오류 문자와 오류 발생 위치를 의미하는 문자에 사용된 알파벳을 비교하여 일치하는 알파벳의 개수를 확인
Final Code	• Error Value를 통하여 시스템 상태 판단

〈시스템 상태 판단 기준〉

판단 기준	Final Code
일치하는 알파벳의 개수 = 0	Maple
0 < 일치하는 알파벳의 개수 ≤ 1	Walnut
1 < 일치하는 알파벳의 개수 ≤ 2	Cherry
2 < 일치하는 알파벳의 개수 ≤ 3	Aceraceae
3 < 일치하는 알파벳의 개수 ≤ 4	Hockey

4

```
System is processing requests...
System Code is S.
Run...

Error found!
Indes AVENGORS of File JINIANWAVE.

Final code? |_____
```

① Maple   ② Walnut

③ Cherry   ④ Aceraceae

⑤ Hockey

5

〈보기〉

```
System is processing requests...
System Code is S.
Run...

Error found!
Indes QUESMAB of File ANDIEGOS.

Final code? |_____
```

① Maple   ② Walnut

③ Cherry   ④ Aceraceae

⑤ Hockey

▮6~7▮ 다음은 시스템 모니터링 코드 입력 방법을 설명하고 있다. 시스템을 보고 이어지는 〈보기〉에 알맞은 입력코드를 고르시오.

〈시스템 상태〉

```
System is processing requests...
System Code is S.
Run...

Error found!
Indes AXNGR of File WOANMR.

Final code? |_____
```

〈입력 방법〉

항목	세부사항
Index XX of File YY	• 오류 문자: 'Index' 뒤에 오는 문자 'XX' • 오류 발생 위치: File 뒤에 오는 문자 'YY'
Error Value	• 오류 문자와 오류 발생 위치를 의미하는 문자에 사용된 단어의 처음과 끝 알파벳을 아라비아 숫자(1, 2, 3~)에 대입한 합을 서로 비교하여 그 차이를 확인
Final Code	• Error Value를 통하여 시스템 상태 판단

* 'APPLE'의 Error Value 값은 1(A)+E(5)=6이다.

〈시스템 상태 판단 기준〉

판단 기준	Final Code
숫자에 대입한 두 합의 차이 = 0	raffle
0 < 숫자에 대입한 두 합의 차이 ≤ 5	acejin
5 < 숫자에 대입한 두 합의 차이 ≤ 10	macquin
10 < 숫자에 대입한 두 합의 차이 ≤ 15	phantus
15 < 숫자에 대입한 두 합의 차이	vuritam

6

〈보기〉

System is processing requests...
System Code is S.
Run...

Error found!
Indes CAESORB of File IVNUME

Final code? |_____

① raffle
② acejin
③ macquin
④ phantus
⑤ vuritam

7

〈보기〉

System is processing requests...
System Code is S.
Run...

Error found!
Indes KAYJERA of File HOTSPIE

Final code? |_____

① raffle
② acejin
③ macquin
④ phantus
⑤ vuritam

┃8~10┃ 다음 K서점 물류 창고 책임자와 담당하고 있는 재고 상품의 코드 목록을 보고 이어지는 질문에 답하시오.

책임자	코드번호	책임자	코드번호
정수빈	11082D0200400135	김재호	11056N0401100030
허경민	12083F0200901009	최주환	11046O0300900045
박건우	11093F0200600100	정진호	11053G0401201182
김재환	12107P0300700085	박세혁	12076N0200700030
오재일	12114H0601501250	양의지	12107Q0501300045
오재원	12091C0200500835	김태형	11091B0100200770
유희관	11035L0601701005	김대한	12081B0100101012

예시
* 2016년 5월에 인천 남도 사에서 출판된 '중국 철학'의 125번째 입고 제품
 → 1605 - 4J - 04012 - 00125

출판 연월	출판지		출판지		서적 코드				입고품 수량
	출판지 코드		출판사 코드		분야 코드		세부 코드		
	1	서울	A	참빛	01	요리	001	양식	
			B	성호			002	한식	
			C	세영	02	참고서	003	초등	
	2	부산	D	서인당			004	중등	
			E	시대			005	고등	
	3	대구	F	바탕골			006	일반	
2011년 10월			G	한빛			007	장식	00001부터
– 1110			H	명로	03	라이프	008	자동차	다섯 자리
	4	인천	I	예명사			009	가구	시리얼 넘버가
2009년 1월			J	남도			010	서양	부여됨.
– 0901			K	남경사	04	철학	011	동양	
	5	광주	L	태인			012	중국	
			M	원우	05	아동	013	놀이	
	6	세종	N	향인사			014	심리	
			O	세종당			015	Mac	
	7	제주	P	바다북	06	컴퓨터	016	윈도우	
			Q	해명			017	도스	

8 재고 상품 중 2012년 10월 광주 '남경사'에서 출판된 고등학교 참고서의 상품 코드로 알맞은 것은?

① 12105K0200500025
② 12104H0200401000
③ 12105K0400500120
④ 12104H0500210030
⑤ 12102D0200500776

9 다음 중 출판물의 분야가 동일한 서적을 보관하는 물류 창고의 책임자들로 알맞게 짝지어진 것은?

① 오재일, 박세혁
② 오재원, 김재호
③ 정수빈, 양의지
④ 박건우, 김태형
⑤ 김재환, 최주환

10 물류 창고에서, 제주도 지역에서 출판된 서적과 '라이프' 분야의 서적을 모두 찾아 본사 매장으로 보내야 한다. 이에 해당하는 서적을 보관 중인 물류 창고 책임자는 모두 몇 명인가?

① 2명
② 3명
③ 4명
④ 5명
⑤ 6명

11 다음 중 Windows 7의 [작업 표시줄 및 시작 메뉴 속성] 창에서 설정할 수 있는 항목으로 옳지 않은 것은?

① 작업 표시줄 항상 위 표시
② 화면에서의 작업 표시줄 위치
③ 시작 메뉴의 사용자 지정
④ 알림 영역의 사용자 지정
⑤ 작업 표시줄 도구 모음 선택

12 엑셀 사용 시 발견할 수 있는 다음과 같은 오류 메시지 중 설명이 올바르지 않은 것은 어느 것인가?

① #DIV/0! - 수식에서 어떤 값을 0으로 나누었을 때 표시되는 오류 메시지
② #N/A - 함수나 수식에 사용할 수 없는 데이터를 사용했을 경우 발생하는 오류 메시지
③ #NULL! - 잘못된 인수나 피연산자를 사용했을 경우 발생하는 오류 메시지
④ #NUM! - 수식이나 함수에 잘못된 숫자 값이 포함되어 있을 경우 발생하는 오류 메시지
⑤ #REF! - 셀 참조가 유효하지 않을 경우 발생하는 오류 메시지

13 다음 중 Windows 7의 [그림판]에서 실행할 수 있는 기능으로 옳지 않은 것은?

① 선택한 영역을 대칭으로 이동시킬 수 있다.
② 그림판에서 그림을 그린 다음 다른 문서에 붙여 넣거나 바탕 화면 배경으로 사용할 수 있다.
③ 선택한 영역의 색을 [색 채우기] 도구를 이용하여 다른 색으로 변경할 수 있다.
④ JPG, GIF, BMP와 같은 그림 파일도 그림판에서 작업할 수 있다.
⑤ 그림의 복사본을 전자 메일 메시지의 첨부 파일로 보낼 수 있다.

14 다음과 같은 시트에서 이름에 '철'이라는 글자가 포함된 셀의 서식을 채우기 색 '노랑', 글꼴 스타일 '굵은 기울임꼴'로 변경하고자 한다. 이를 위해 [A2 : A7] 영역에 설정한 조건부 서식의 수식 규칙으로 옳은 것은?

	A	B	C	D
1	이름	편집부	영업부	관리부
2	박초롱	89	65	92
3	강원철	69	75	85
4	김수현	75	86	35
5	민수진	87	82	80
6	신해철	55	89	45
7	안진철	98	65	95

① =COUNT(A2, "*철*")

② =COUNT(A2:A7, "*철*")

③ =COUNTIF(A2, "*철*")

④ =COUNTIF(A2:A7, "*철*")

⑤ =COUNTIF(A7, "*철*")

15 다음 워크시트에서 매출액[B3:B9]을 이용하여 매출 구간별 빈도수를 [F3:F6] 영역에 계산하고자 한다. 다음 중 이를 위한 배열수식으로 옳은 것은?

	A	B	C	D	E	F
1						
2		매출액		매출구간		빈도수
3		75		0	50	1
4		93		51	100	2
5		130		101	200	3
6		32		201	300	1
7		123				
8		257				
9		169				

① {=PERCENTILE(B3:B9, E3:E6)}

② {=PERCENTILE(E3:E6, B3:B9)}

③ {=FREQUENCY(B3:B9, E3:E6)}

④ {=FREQUENCY(E3:E6, B3:B9)}

⑤ {=PERCENTILE(E3:E9, B3:B9)}

16 다음 워크시트에서 부서명[E2:E4]을 번호[A2:A11] 순서대로 반복하여 발령부서[C2:C11]에 배정하고자 한다. 다음 중 [C2] 셀에 입력할 수식으로 옳은 것은?

	A	B	C	D	E
1	번호	이름	발령부서		부서명
2	1	황현아	기획팀		기획팀
3	2	김지만	재무팀		재무팀
4	3	정미주	총무팀		총무팀
5	4	오민아	기획팀		
6	5	김혜린	재무팀		
7	6	김윤중	총무팀		
8	7	박유미	기획팀		
9	8	김영주	재무팀		
10	9	한상미	총무팀		
11	10	서은정	기획팀		

① =INDEX($E$2:$E$4, MOD(A2, 3))

② =INDEX($E$2:$E$4, MOD(A2, 3)+1)

③ =INDEX($E$2:$E$4, MOD(A2−1, 3)+1)

④ =INDEX($E$2:$E$4, MOD(A2−1, 3))

⑤ =INDEX($E$2:$E$4, MOD(A2−1, 3)−1)

17 한컴오피스 흔글 프로그램에서 단축키 Alt + V는 어떤 작업을 실행하는가?

① 불러오기　　　　　　　　② 모두 선택

③ 저장하기　　　　　　　　④ 다른 이름으로 저장하기

⑤ 붙이기

18 다음 설명에 해당하는 엑셀 기능은?

> 입력한 데이터 정보를 기반으로 하여 데이터를 미니 그래프 형태의 시각적 표시로 나타내 주는 기능

① 클립아트　　　　　　　　　　② 스파크라인
③ 하이퍼링크　　　　　　　　　　④ 워드아트
⑤ 필터

19 다음 중 아래 시트에서 야근일수를 구하기 위해 [B9] 셀에 입력할 함수로 옳은 것은?

	A	B	C	D	E
1	**4월 야근 현황**				
2	날짜	도준영	전아롱	이진주	강석현
3	4월15일		V		V
4	4월16일	V		V	
5	4월17일	V	V	V	
6	4월18일		V	V	V
7	4월19일	V		V	
8	4월20일	V			
9	**야근일수**				
10					

① =COUNTBLANK(B3:B8)　　　　② =COUNT(B3:B8)
③ =COUNTA(B3:B8)　　　　　　④ =SUM(B3:B8)
⑤ =SUMIF(B3:B8)

NS그룹의 오 대리는 상사로부터 스마트폰 신상품에 대한 기획안을 제출하라는 업무를 받았다. 이에 오 대리는 먼저 기획안을 작성하기 위해 필요한 정보가 무엇인지 생각을 하였는데 이번에 개발하고자 하는 신상품이 노년층을 주 고객층으로 한 실용적이면서도 조작이 간편한 제품이기 때문에 우선 50~60대의 취향을 파악할 필요가 있었다. 따라서 오 대리는 50~60대 고객들이 현재 사용하고 있는 스마트폰의 모델과 좋아하는 디자인, 사용하면서 불편해 하는 사항, 지불 가능한 액수 등에 대한 정보가 필요함을 깨달았고 이러한 정보는 사내에 저장된 고객정보를 통해 얻을 수 있음을 인식하였다. 오 대리는 다음 주까지 기획안을 작성하여 제출해야 하기 때문에 이번 주에 모든 정보를 수집하기로 마음먹었고 기획안 작성을 위해서는 방대한 고객정보 중에서도 특히 노년층에 대한 정보만 선별할 필요가 있었다. 이렇게 사내에 저장된 고객정보를 이용할 경우 따로 정보수집으로 인한 비용이 들지 않는다는 사실도 오 대리에게는 장점으로 작용하였다. 여기까지 생각이 미치자 오 대리는 고객정보를 얻기 위해 고객센터에 근무하는 조 대리에게 관련 자료를 요청하였고 가급적 연령에 따라 분류해 줄 것을 당부하였다.

20 다음 중 오 대리가 수집하고자 하는 고객정보 중에서 반드시 포함되어야 할 사항으로 옳지 않은 것은?

① 연령   ② 사용하고 있는 모델

③ 거주지   ④ 사용 시 불편사항

⑤ 좋아하는 디자인

21 다음 〈보기〉의 사항들 중 위 사례에 포함된 사항은 모두 몇 개인가?

〈보기〉

- WHAT(무엇을?)
- WHEN(언제까지?)
- WHO(누가?)
- HOW MUCH(얼마나?)
- WHERE(어디에서?)
- WHY(왜?)
- HOW(어떻게?)

① 3개
② 4개
③ 5개
④ 6개
⑤ 7개

22 다음은 K쇼핑몰의 날짜별 판매상품 정보 중 일부이다. 다음의 파일에 표시된 대분류 옆의 ▼를 누르면 많은 종류의 상품 중 보고 싶은 대분류(예를 들어, 셔츠)만을 한 눈에 볼 수 있다. 이 기능은 무엇인가?

	A 날짜	B 상품코드	C 대분류	D 상품명	E 사이즈	F 원가	G 판매기
2	2013-01-01	9E2S_NB4819	셔츠	플라워 슬리브리스 롱 셔츠	55	16,000	49,000
3	2013-01-01	9E2S_PT4845	팬츠	내추럴 스트링 배기 팬츠	44	20,000	57,800
4	2013-01-01	9E2S_OPS5089	원피스	뉴클래식컬러지퍼원피스	44	23,000	65,500
5	2013-01-01	9E2S_SK5085	스커트	더블플라운스밴딩스커트	44	12,000	41,500
6	2013-01-01	9E2S_VT4980	베스트	드로잉 포켓 베스트	44	19,000	55,500
7	2013-01-01	9E2S_PT5053	팬츠	라이트모드롤업9부팬츠	44	10,000	38,200
8	2013-01-02	9E2S_CD4943	가디건	라인 패턴 니트 볼레로	55	9,000	36,000
9	2013-01-02	9E2S_OPS4801	원피스	러블리 레이스 롱 체크 원피스	55	29,000	79,800
10	2013-01-02	9E2S_BL4906	블라우스	러블리 리본 플라워 블라우스	44	15,000	46,800
11	2013-01-02	9E2S_OPS4807	원피스	러블리 벌룬 쉬폰 원피스	55	25,000	70,000
12	2013-01-02	9E2S_OPS4789	원피스	러블리브이넥 레이스 원피스	55	25,000	70,000
13	2013-01-03	9E2S_OPS5088	원피스	레오파드사틴포켓원피스	44	21,000	60,500
14	2013-01-04	9E2S_OPS4805	원피스	로맨틱 언밸런스 티어드 원피스	55	19,000	55,500
15	2013-01-04	9E2S_BL4803	블라우스	로맨틱 셔링 베스트 블라우스	44	14,000	43,500
16	2013-01-04	9E2S_TS4808	티셔츠	루즈핏스트라이프슬리브리스	44	8,000	33,000

① 조건부 서식
② 찾기
③ 필터
④ 정렬
⑤ 가상 분석

23 다음의 알고리즘에서 인쇄되는 S는?

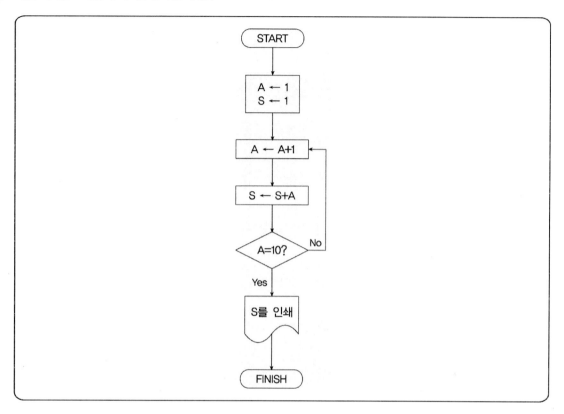

① 36　　　　　　　　　　② 45

③ 55　　　　　　　　　　④ 66

⑤ 75

24 다음의 알고리즘에서 인쇄되는 S는?

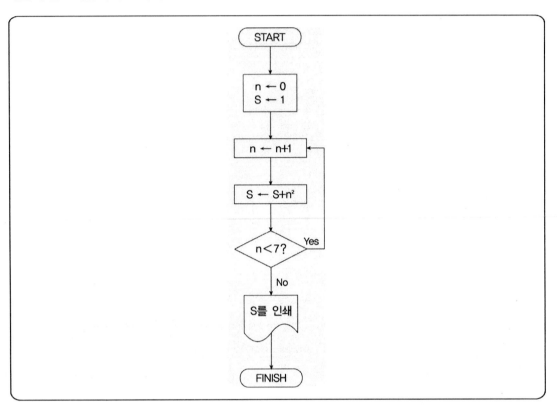

① 137 ② 139

③ 141 ④ 143

⑤ 145

25 다음은 오디오데이터에 대한 설명이다. ㈎, ㈏에 들어갈 용어를 바르게 짝지은 것은?

㈎	• 아날로그 형태의 소리를 디지털 형태로 변형하는 샘플링 과정을 통하여 작성된 데이터 • 실제 소리가 저장되어 재생이 쉽지만, 용량이 큼 • 파일의 크기 계산 : 샘플링 주기 × 샘플링 크기 × 시간 × 재생방식(모노 = 1, 스테레오 = 2)
MIDI	• 전자악기 간의 디지털 신호에 의한 통신이나 컴퓨터와 전자악기 간의 통신 규약 • 음성이나 효과음의 저장은 불가능하고, 연주 정보만 저장되므로 크기가 작음 • 시퀀싱 작업을 통해 작성되며, 16개 이상의 악기 동시 연주 가능
㈏	• 고음질 오디오 압축의 표준 형식 • MPEG-1의 압축 방식을 이용하여, 음반 CD 수준의 음질을 유지하면서 1/12 정도까지 압축

	㈎	㈏
①	WAVE	AVI
②	WAVE	MP3
③	MP3	WAVE
④	MP3	3AVI
⑤	MP3	AVI

26 다음은 한글 바로가기 단축키이다. 다음 중 잘못된 내용은?

단축키	기능	단축키	기능
F1	도움말	Ctrl + A	전체 선택
F2	찾기 … ㉠	Ctrl + C	복사
F3	블록설정	Ctrl + X	잘라내기
Ctrl + Esc	[시작] 메뉴 표시	Ctrl + V	붙여넣기
Alt + Enter↵	등록 정보 표시		
Alt + F4	창 닫기, 프로그램 종료 … ㉡		
PrtSc	화면 전체를 클립보드로 복사		
Alt + PrtSc	실행 중인 프로그램을 순서대로 전환 … ㉢		
Alt + ⇥	실행 중인 프로그램 목록을 보여 주면서 프로그램 전환		
Ctrl + Alt + Del	'Windows 작업관리자' 대화상자 호출(Ctrl + Shift + Esc) … ㉣		
Shift	CD 삽입시 자동 실행 기능 정지 … ㉤		

① ㉠
② ㉡
③ ㉢
④ ㉣
⑤ ㉤

27 지민 씨는 회사 전화번호부를 1대의 핸드폰에 저장하였다. 핸드폰 전화번호부에서 검색을 했을 때 나타나는 결과로 옳은 것은? (단, '6'을 누르면 '5468', '7846' 등이 뜨고 'ㅌ'을 누르면 '전태승' 등이 뜬다)

구분	이름	번호
총무팀	이서경	0254685554
마케팅팀	김민종	0514954554
인사팀	최찬웅	0324457846
재무팀	심빈우	0319485574
영업팀	민하린	01054892464
해외사업팀	김혜서	01099843432
전산팀	전태승	01078954654

① 'ㅎ'을 누르면 4명이 뜬다.
② '32'를 누르면 2명이 뜬다.
③ '55'를 누르면 2명이 뜬다.
④ 'ㅂ'을 누르면 아무도 나오지 않는다.
⑤ '4'를 누르면 5명의 번호 뒤의 네 자리가 뜬다.

|28~30| 다음은 우리나라에 수입되는 물품의 코드이다. 다음 코드 목록을 보고 이어지는 물음에 답하시오.

생산연월	생산지역			상품종류			순서
	지역코드		고유번호	분류코드		고유번호	
• 1602 2016년 2월 • 1608 2016년 8월 • 1702 2017년 2월	1	유럽	A 프랑스	01	가공 식품류	001 소시지	00001부터 시작하여 수입된 물품 순서대로 5자리의 번호가 매겨짐
			B 영국			002 맥주	
			C 이탈리아			003 치즈	
			D 독일	02	육류	004 돼지고기	
	2	남미	E 칠레			005 소고기	
			F 볼리비아			006 닭고기	
	3	동아시아	G 일본	03	농수산 식품류	007 파프리카	
			H 중국			008 바나나	
	4	동남 아시아	I 말레이시아			009 양파	
			J 필리핀			010 할라피뇨	
			K 태국			011 후추	
			L 캄보디아			012 파슬리	
	5	아프리카	M 이집트	04	공산품 류	013 의류	
			N 남아공			014 장갑	
	6	오세 아니아	O 뉴질랜드			015 목도리	
			P 오스트레일리아			016 가방	
	7	중동 아시아	Q 이란			017 모자	
			H 터키			018 신발	

〈예시〉

2016년 3월 남미 칠레에서 생산되어 31번째로 수입된 농수산식품류 파프리카 코드

<u>1603</u>   —   <u>2E</u>   —   <u>03007</u>   —   <u>00031</u>

28 다음 중 2016년 5월 유럽 독일에서 생산되어 64번째로 수입된 가공식품류 소시지의 코드로 맞는 것은?

① 16051A0100100034
② 16051D0200500064
③ 16054K0100200064
④ 16051D0100100064
⑤ 16051D0100200064

29 다음 중 아시아 대륙에서 생산되지 않은 상품의 코드를 고르면?

① 16017Q0401800078
② 16054J0300800023
③ 14053G0401300041
④ 17035M0401400097
⑤ 17043H0100200001

30 상품코드 17034L0301100001에 대한 설명으로 옳지 않은 것은 무엇인가?

① 첫 번째로 수입된 상품이다.
② 동남아시아 캄보디아에서 수입되었다.
③ 2017년 6월 수입되었다.
④ 농수산식품류에 속한다.
⑤ 후추이다.

기술능력

정답 및 해설 p.358

1 다음 중 변압기의 이상적인 병렬 운전을 위한 구비조건으로 옳지 않은 것은?

① 무부하에서 순환전류가 흐르지 않을 것

② 각 변압기의 권선비와 1차 및 2차 정격전압이 같을 것

③ 각 변압기의 임피던스가 정격용량에 비례할 것

④ 부하전류가 용량에 비례하여 각 변압기에 흐를 것

⑤ 부하전류가 같은 위상일 것

2 다음 그림과 같은 수용설비용량과 수용률을 갖는 부하의 부등률이 1.5이다. 평균 부하 역률을 75%라 하면 변압기 용량은 약 얼마인가?

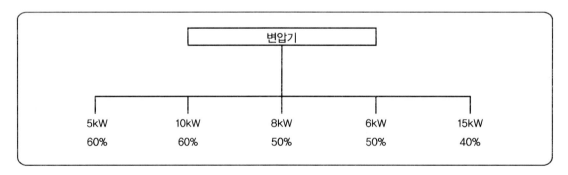

① 45kVA   ② 30kVA

③ 20kVA   ④ 15kVA

⑤ 10kVA

3 각 수용가의 수용 설비 용량이 50kW, 100kW, 80kW, 60kW, 150kW이며, 각각의 수용률이 0.6, 0.6, 0.5, 0.5, 0.4일 때 부하의 부등률이 1.3이라면 변압기 용량은 얼마인가? (단, 평균 부하 역률은 80%라고 한다)

① 142kVA

② 165kVA

③ 183kVA

④ 201kVA

⑤ 211kVA

4 다음 그림과 같은 회로에서 전원에 들어오는 전류 I[A]는?

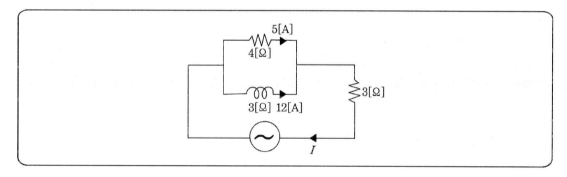

① 9[A]

② 11[A]

③ 13[A]

④ 15[A]

⑤ 17[A]

5 발전기나 주변압기의 내부고장에 대한 보호용으로 가장 적당한 계전기는 무엇인가?

① 차동 전류 계전기
② 과전류 계전기
③ 비율 차동 계전기
④ 온도 계전기
⑤ 지락 계전기

6 고압 및 특별 고압의 전로 중 발·변전소의 가공 전선 인입구 및 인출구에 설치해야 할 시설은 무엇인가?

① 저항기
② 피뢰기
③ 퓨즈
④ 과전류 차단기
⑤ 리액터

7 배전반 및 분전반에 대한 설명으로 옳지 않은 것은?

① 분전반은 옥내의 모든 배선에 대한 주개폐기와 각 분기회로의 보호퓨즈, 배선용 차단기, 누전 차단기 등이 설치된 설비를 말한다.
② 개폐기를 쉽게 개폐할 수 있는 장소에 시설하여야 한다.
③ 배전반 및 분전반을 옥측 또는 옥내에 시설하는 경우에는 방수형의 것을 사용하여야 한다.
④ 배전반 및 분전반에 시설하는 기구 및 전선은 쉽게 점검할 수 있도록 시설하여야 한다.
⑤ 배전반이나 분전반을 넣는 금속제의 함 및 이를 지지하는 금속프레임 또는 구조물은 접지를 할 필요가 없다.

8 20℃의 물 5*l*를 용기에 넣어 1kW의 전열기로 가열하여 90℃로 하는 데 40분이 걸렸다면 이 전열기의 효율은 얼마인가?

① 46%
② 51%
③ 56%
④ 61%
⑤ 66%

9 설계 하중에 따른 전주의 길이가 16m일 때 땅에 묻히는 표준 깊이는 몇 m 이상이어야 하는가? (단, 설계 하중이 9.8kN을 초과하는 경우이다)

① 50cm
② 3m
③ 3.2m
④ 5m
⑤ 5.2m

10 수변전설비의 전력 퓨즈(PF)를 차단기(CS)와 비교할 때의 특징으로 볼 수 없는 것은?

① 가격이 저렴하다.
② 차단용량이 적다.
③ 보수가 용이하다.
④ 소형이며 경량이다.
⑤ 정전용량이 작다.

11 저압회로의 과전류 차단기 보호방식 중 캐스케이드 보호방식은 최대 단락전류가 얼마를 초과하여야 하는가?

① 5kA

② 10kA

③ 15kA

④ 20kA

⑤ 25kA

12 대지를 귀로로 하는 송전선로에서 단도체 1선의 자기 인덕턴스(대지귀로 포함)는 몇 [H/m]인가? (단, r[m] : 전선의 반경, H_c[m] : 상당 대지면의 깊이, D[m] : 선간거리)

① $\left(1 + 2\log e\dfrac{2H_c}{r}\right) \times 10^{-7}$

② $\left(\dfrac{1}{2} + 2\log e\dfrac{H_c}{D}\right) \times 10^{-7}$

③ $\left(\dfrac{1}{2} + 2\log e\dfrac{2H_c}{r}\right) \times 10^{-7}$

④ $\left(1 + 2\log e\dfrac{2H_c}{D}\right) \times 10^{-7}$

⑤ $\left(\dfrac{1}{2} + 2\log e\dfrac{H_c}{r}\right) \times 10^{-7}$

13 용량 10kVA, 전압 3,450/105V, 단상 변압기 전로의 절연내력을 시험할 때, 시험전압을 연속하여 몇 분간 가하였을 때 이에 견디어야 하는가?

① 5분

② 10분

③ 15분

④ 20분

⑤ 30분

14 저압전로에서 그 전로에 지락이 생겼을 경우에 0.5초 이내에 자동적으로 전로를 차단하는 장치를 시설하는 경우 특별 제3종 접지공사의 접지저항 값은 자동차단기의 정격감도전류가 30mA일 때 몇 Ω 이하로 하여야 하는가?

① 50Ω

② 75Ω

③ 150Ω

④ 300Ω

⑤ 500Ω

15 변압기의 시설장소에 접지공사를 시행하기 곤란하여 가공공동지선을 설치하여 2 이상의 시설장소에 공통의 제2종 접지공사를 시행하는 경우 각 변압기를 중심으로 하여 지름 몇 m 이내의 지역에 시설하여야 하는가?

① 300m

② 400m

③ 500m

④ 600m

⑤ 700m

PART

IV

인성검사

01 인성검사의 개요

1 인성(성격)검사의 개념과 목적

인성(성격)이란 개인을 특징짓는 평범하고 일상적인 사회적 이미지, 즉 지속적이고 일관된 공적 성격(Public-personality)이며, 환경에 대응함으로써 선천적 · 후천적 요소의 상호작용으로 결정화된 심리적 · 사회적 특성 및 경향을 의미한다. 여러 연구 결과에 따르면 직무에서의 성공과 관련된 특성들은 개인의 능력보다 성격과 관련이 있다고 한다.

공기업에서는 인성검사를 통하여 각 개인이 어떠한 성격 특성이 발달되어 있고, 어떤 특성이 얼마나 부족한지, 그것이 해당 직무의 특성 및 조직문화와 얼마나 맞는지를 알아보고 이에 적합한 인재를 선발하고자 한다. 또한 개인에게 적합한 직무 배분과 부족한 부분을 교육을 통해 보완하도록 할 수 있다.

현재 공기업들은 인성검사를 한국행동과학연구소나 한국에스에이치엘 등의 기관에 의뢰하여 시행하고 있다. 한국수력원자력, 한국남동발전, 한국중부발전, 한국동서발전, 한국남부발전, 한국서부발전, 한국전력기술, 한전원자력연료, 한전KDN, 한국석유공사, 한국토지공사, 한국가스공사, 한국방송공사(KBS), 한국방송광고공사, 대한송유관공사, 한국기업평가, 법무부 등은 한국행동과학연구소에 인성검사를 의뢰하고 있는 곳이다.

인성검사의 문항은 각 개인의 특성을 알아보고자 하는 것으로 절대적으로 옳거나 틀린 답이 없다. 결과를 지나치게 의식하여 솔직하게 응답하지 않으면 과장 반응으로 분류될 수 있다. 그러므로 각 문항에 대해 자신의 생각이나 행동을 있는 그대로 솔직하게 나타내는 것이 가장 바람직하다.

인성검사의 측정요소는 검사방법에 따라 차이가 있다. 일부 기관의 경우는 보안을 위해 인성검사를 의뢰한 기업과 문항에 대한 공개를 하지 않아서 인성검사의 유형을 정확히 파악하는 것이 어렵다.

본서에는 일상생활에 활용할 수 있도록 고안된 자기보고식 성격유형지표인 MBTI와 인간의 행동유형(성격)과 행동패턴을 파악하는데 유용한 DISC행동유형, U-K 검사에 대한 간략한 소개를 실었다.

② 인성검사 대책

(1) 솔직하게 있는 그대로 표현한다

인성검사는 평범한 일상생활 내용들을 다룬 짧은 문장과 어떤 대상이나 일에 대한 선호를 선택하는 문장으로 구성되었으므로 평소에 자신이 생각한 바를 너무 골똘히 생각하지 말고 문제를 보는 순간 떠오른 것을 표현한다.

(2) 모든 문제를 신속하게 대답한다

인성검사는 시간제한이 없는 것이 원칙이지만 일정한 시간제한을 두고 있다. 인성검사는 개인의 성격과 자질을 알아보기 위한 검사이기 때문에 정답이 없다. 다만, 해당 공기업에서 바람직하게 생각하거나 기대되는 결과가 있을 뿐이다. 따라서 시간에 쫓겨서 대충 대답을 하는 것은 바람직하지 못하다.

(3) 일관성 있게 대답한다

간혹 반복되는 문제들이 출제되기 때문에 일관성 있게 답하지 않으면 감점될 수 있으므로 유의한다. 실제로 공기업 인사부 직원의 인터뷰에 따르면 일관성이 없게 대답한 응시자들이 감점을 받아 탈락했다고 한다. 거짓된 응답을 하다보면 일관성 없는 결과가 나타날 수 있으므로 신속하고 솔직하게 체크하다 보면 일관성 있는 응답이 될 것이다.

(4) 마지막까지 집중해서 검사에 임한다

장시간 진행되는 검사에 지칠 수 있으므로 마지막까지 집중해서 정확히 답할 수 있도록 해야 한다.

02 인성검사의 종류

① MBTI 16가지 성격유형

에너지 방향 (Energy)	E – 외향(Extraversion)	외부 세계의 사람이나 사물에 대하여 에너지를 사용한다.
	I – 내향(Introversion)	내부 세계의 개념이나 아이디어에 에너지를 사용한다.
인식기능 (Information)	S – 감각(Sensing)	오감을 통한 사실이나 사건을 더 잘 인식한다.
	N – 직관(iNtuition)	사실, 사선 이면의 의미나 관계, 가능성을 더 잘 인식한다.
판단기능 (Decision Making)	T – 사고(Thinking)	사고를 통한 논리적 근거를 바탕으로 판단한다.
	F – 감정(Feeling)	개인적, 사회적 가치를 바탕으로 한 감정을 근거로 판단한다.
생활양식 (Life Style)	J – 판단(Judging)	외부 세계에 대하여 빠르게 판단을 내리고 결정하려고 한다.
	P – 인식(Perception)	정보 자체에 관심이 많고 새로운 변화에 적응적이다.

Myers와 Briggs가 고안한 도표로, 생각이 많은 내향성은 도표의 위쪽 두 줄에, 적극적이고 활동적인 외향성은 도표의 아래쪽 두 줄에, 감각형은 도표의 왼쪽 두 줄에, 직관형은 도표의 오른쪽 두 줄에 배치하였고, 분석적이고 논리적인 사고형은 도표의 왼편과 오른편에 배치하고, 관계지향적인 감정형은 도표의 중앙에 배치시켰다. 정리정돈을 잘하는 판단형은 도표의 아래위로 배치하고, 개방적이며 때로는 즉흥적인 인식형은 도표의 가운데로 모아놓았다.

ISTJ(세상의 소금형)	ISFJ(임금 뒤편의 권력형)	INFJ(예언자형)	INTJ(과학자형)
ISTP(백과사전형)	ISFP(성인군자형)	INFP(잔다르크형)	INTP(아이디어뱅크형)
ESTP(수완좋은 활동가형)	ESFP(사교적인 유형)	ENFP(스파크형)	ENTP(발명가형)
ESTJ(사업가형)	ESFJ(친선도모형)	ENFJ(언변능숙형)	ENTJ(지도자형)

》》 ISTJ

신중하고 조용하며 집중력이 강하고 매사에 철저하다. 구체적, 체계적, 사실적, 논리적, 현실적인 성격을 띠고 있으며, 신뢰할 만한다. 만사를 체계적으로 조직화시키려고 하며 책임감이 강하다. 성취해야 한다고 생각하는 일이면 주위의 시선에 아랑곳하지 않고 꾸준하고 건실하게 추진해 나간다.

》》 ISFJ

조용하고 친근하고 책임감이 있으며 양심바르다. 맡은 일에 헌신적이며 어떤 계획의 추진이나 집단에 안정감을 준다. 매사에 철저하고 성실하고 정확하다. 기계분야에는 관심이 적다. 필요하면 세세한 면까지도 잘 처리해 나간다. 충실하고 동정심이 많고 타인의 감정에 민감하다.

》》 INFJ

인내심이 많고 독창적이며 필요하거나 원하는 일이라면 끝까지 이루려고 한다. 자기 일에 최선의 노력을 다한다. 타인에게 말없이 영향력을 미치며, 양심이 바르고 다른 사람에게 따뜻한 관심을 가지고 있다. 확고부동한 원리원칙을 중시한다. 공동선을 위해서는 확신에 찬 신념을 가지고 있기 때문에 존경을 받으며 사람들이 따른다.

》》 INTJ

대체로 독창적이며 자기 아이디어나 목표를 달성하는데 강한 추진력을 가지고 있다. 관심을 끄는 일이라면 남의 도움이 있든 없든 이를 계획하고 추진해 나가는 능력이 뛰어나다. 회의적, 비판적, 독립적이고 확고부동하며 때로는 고집스러울 때도 많다. 타인의 감정을 고려하고 타인의 관점에도 귀를 기울이는 법을 배워야 한다.

》》 ISTP

차분한 방관자이다. 조용하고 과묵하며, 절제된 호기심을 가지고 인생을 관찰하고 분석한다. 때로는 예기치 않게 유머 감각을 나타내기도 한다. 대체로 인간관계에 관심이 없고, 기계가 어떻게 왜 작동하는지 흥미가 없다. 논리적인 원칙에 따라 사실을 조직화하기를 좋아한다.

》》 ISFP

말없이 다정하고 친절하고 민감하며 자기 능력을 뽐내지 않고 겸손하다. 의견의 충돌을 피하고 자기 견해나 가치를 타인에게 강요하지 않는다. 남 앞에 서서 주도해 나가기 보다 충실히 따르는 편이다. 일하는 데에도 여유가 있다. 왜냐하면 목표를 달성하기 위해 안달복달하지 않고 현재를 즐기기 때문이다.

》》 INFP

마음이 따뜻하고 조용하며 자신이 관계하는 일이나 사람에 대하여 책임감이 강하고 성실하다. 이해심이 많고 관대하며 자신이 지향하는 이상에 대하여 정열적인 신념을 가졌으며, 남을 지배하거나 좋은 인상을 주고자하는 경향이 거의 없다. 완벽주의적 경향과, 노동의 대가를 넘어서 자신이 하는 일에 흥미를 찾고자하는 경향이 있으며, 인간이해와 인간복지에 기여할 수 있는 일을 좋아한다.

>> INTP

조용하고 과묵하다. 특히 이론적·과학적 추구를 즐기며, 논리와 분석으로 문제를 해결하기를 좋아한다. 주로 자기 아이디어에 관심이 많으나, 사람들의 모임이나 잡담에는 관심이 없다. 관심의 종류가 뚜렷하므로 자기의 지적 호기심을 활용할 수 있는 분야에서 능력을 발휘할 수 있다.

>> ESTP

현실적인 문제해결에 능하다. 근심이 없고 어떤 일이든 즐길 줄 안다. 기계 다루는 일이나 운동을 좋아하고 친구사귀기를 좋아한다. 적응력이 강하고 관용적이며, 보수적인 가치관을 가지고 있다. 긴 설명을 싫어한다. 기계의 분해 또는 조립과 같은 실제적인 일을 다루는데 능하다.

>> ESFP

사교적이고 태평스럽고 수용적이고 친절하며, 만사를 즐기는 형이기 때문에 다른 사람들로 하여금 일에 재미를 느끼게 한다. 운동을 좋아하고 주위에 벌어지는 일에 관심이 많아 끼어들기 좋아한다. 추상적인 이론보다는 구체적인 사실을 잘 기억하는 편이다. 건전한 상식이나 사물 뿐 아니라 사람들을 대상으로 구체적인 능력이 요구되는 분야에서 능력을 발휘할 수 있다.

>> ENFP

따뜻하고 정열적이고 활기에 넘치며 재능이 많고 상상력이 풍부하다. 관심이 있는 일이라면 어떤 일이든지 척척해낸다. 어려운 일이라도 해결을 잘하며 항상 남을 도와줄 태세를 가지고 있다. 자기 능력을 과시한 나머지 미리 준비하기보다 즉흥적으로 덤비는 경우가 많다. 자기가 원하는 일이라면 어떠한 이유라도 갖다 붙이며 부단히 새로운 것을 찾아 나선다.

>> ENTP

민첩하고 독창적이고 안목이 넓으며 다방면에 재능이 많다. 새로운 일을 시도하고 추진하려는 의욕이 넘치며, 새로운 문제나 복잡한 문제를 해결하는 능력이 뛰어나며 달변이다. 그러나 일상적이고 세부적인 면은 간과하기 쉽다. 한 일에 관심을 가져도 부단히 새로운 것을 찾아나간다. 자기가 원하는 일이면 논리적인 이유를 찾아내는데 능하다.

>> ESTJ

구체적이고 현실적이고 사실적이며, 기업 또는 기계에 재능을 타고난다. 실용성이 없는 일에는 관심이 없으며 필요할 때 응용할 줄 안다. 활동을 조직화하고 주도해 나가기를 좋아한다. 타인의 감정이나 관점에 귀를 기울일 줄 알면 훌륭한 행정가가 될 수 있다.

》》 ESFJ

마음이 따뜻하고 이야기하기 좋아하고, 사람들에게 인기가 있고 양심 바르고 남을 돕는 데에 타고난 기질이 있으며 집단에서도 능동적인 구성원이다. 조화를 중시하고 인화를 이루는데 능하다. 항상 남에게 잘 해주며, 격려나 칭찬을 들을 때 가장 신바람을 낸다. 사람들에게 직접적이고 가시적인 영향을 줄 수 있는 일에 가장 관심이 많다.

》》 ENFJ

주위에 민감하며 책임감이 강하다. 다른 사람들의 생각이나 의견을 중히 여기고, 다름 사람들의 감정에 맞추어 일을 처리하려고 한다. 편안하고 능란하게 계획을 내놓거나 집단을 이끌어 가는 능력이 있다. 사교성이 풍부하고 인기 있고 동정심이 많다. 남의 칭찬이나 비판에 지나치게 민감하게 반응한다.

》》 ENTJ

열성이 많고 솔직하고 단호하고 통솔력이 있다. 대중 연설과 같이 추리와 지적담화가 요구되는 일이라면 어떤 것이든 능하다. 보통 정보에 밝고 지식에 대한 관심과 욕구가 많다. 때로는 실제의 자신보다 더 긍정적이거나 자신 있는 듯한 사람으로 비칠 때도 있다.

❷ DISC 행동유형

일반적으로 사람들은 태어나서부터 성장하여 현재에 이르기까지 자기 나름대로의 독특한 동기요인에 의해 선택적으로 일정한 방식으로 행동을 취하게 된다. 그것은 하나의 경향성을 이루게 되어 자신이 일하고 있거나 생활하고 있는 환경에서 아주 편안한 상태로 자연스럽게 그러한 행동을 하게 된다. 우리는 그것을 행동 패턴(Behavior Pattern) 또는 행동 스타일(Behavior Style)이라고 한다. 사람들이 이렇게 행동의 경향성을 보이는 것에 대해 1928년 미국 콜롬비아대학 심리학교수인 William Mouston Marston 박사는 독자적인 행동유형모델을 만들어 설명하고 있다. Marston박사에 의하면 인간은 환경을 어떻게 인식하고 또한 그 환경 속에서 자기 개인의 힘을 어떻게 인식하느냐에 따라 4가지 형태로 행동을 하게 된다고 한다. 이러한 인식을 축으로 한 인간의 행동을 Marston박사는 각각 주도형, 사교형, 안정형, 신중형, 즉 DISC 행동유형으로 부르고 있다. DISC는 인간의 행동유형(성격)을 구성하는 핵심 4개요소인 Dominance, Influence, Steadiness, Conscientiousness의 약자로 다음과 같은 특징을 보인다.

Dominance(주도형) 담즙질	Influence(사교형) 다혈질
D 결과를 성취하기 위해 장애를 극복함으로써 스스로 환경을 조성한다.	I 다른 사람을 설득하거나 영향을 미침으로써 스스로 환경을 조성한다.
• 빠르게 결과를 얻는다. • 다른 사람의 행동을 유발시킨다. • 도전을 받아들인다. • 의사결정을 빠르게 내린다. • 기존의 상태에 문제를 제기한다. • 지도력을 발휘한다. • 어려운 문제를 처리한다. • 문제를 해결한다.	• 사람들과 접촉한다. • 호의적인 인상을 준다. • 말솜씨가 있다. • 다른 사람을 동기 유발시킨다. • 열정적이다. • 사람들을 즐겁게 한다. • 사람과 상황에 대해 낙관적이다. • 그룹활동을 좋아한다.

Conscientiousness(신중형) 우울질	Steadiness(안정형) 점액질
C 업무의 품질과 정확성을 높이기 위해 기존의 환경 안에서 신중하게 일한다.	S 과업을 수행하기 위해서 다른 사람과 협력을 한다.
• 중요한 지시나 기준에 관심을 둔다. • 세부사항에 신경을 쓴다. • 분석적으로 사고하고 찬반, 장단점 등을 고려한다. • 외교적 수완이 있다. • 갈등에 대해 간접적 혹은 우회적으로 접근한다. • 정확성을 점검한다. • 업무수행에 대해 비평적으로 분석한다.	• 예측가능하고 일관성 있게 일을 수행한다. • 참을성을 보인다. • 전문적인 기술을 개발한다. • 다른 사람을 돕고 지원한다. • 충성심을 보인다. • 남의 말을 잘 듣는다. • 흥분한 사람을 진정시킨다. • 안정되고, 조화로운 업무에 적합하다.

3 U-K 검사(Uchida – Kraepelin TEST ; 작업검사)

(1) 의의

UK검사란 Uchida Kraepelin 정신작업 검사로 일정한 조건 아래 단순한 작업을 시키고 나서 그 작업량의 패턴에서 인격을 파악하려고 하는 것이다. UK검사는 1~9까지의 숫자를 나열하고 앞과 뒤의 더한 수의 일의 자리 수를 기록하는 방법으로 진행된다. 예를 들어 1 2 3 4 5 6… 이란 숫자의 나열이 있을 때 $1 + 2 = 3$이면 3을 1과 2 사이에 기록하고 $5 + 6 = 11$은 일의 자리 수, 즉 1을 5와 6 사이에 기록한다.

예
```
2 5 7 8 5 1 9 5 8 7 2 6 4 7 1
 7 2 5 3 6 0 4 3 5 9 8 0 1 8
```

각 행마다 1분이 주어지며 1분이 지나면 다음 행으로 넘어가는 방식으로 진행된다. 시험 시작 전에 2분간 연습이 주어지고 전반부 15분, 휴식 5분, 후반부 15분으로 진행된다. 시간은 시행하는 곳마다 다를 수 있고 결과의 판단은 각 행의 마지막 계산이 있던 곳에 작업량 곡선을 표기하고 오답을 검사한다고 한다.

(2) Kraepelin 작업 5요인설

Kraepelin은 연속 덧셈의 결과 곡선을 다음과 같은 5가지 요소에 의거해 진단하였다.

① **추동**(drive) … 처음 시작할 때 과도하게 진행하는 것을 의미한다. 도입부이므로 의욕도 높고 피로도도 적어서 작업량이 많다.

② **흥분**(excitement) … 흥분 정도에 따라서 곡선의 기복이 나타난다.

③ **경험**(experience) … 학습 효과로 인해 어떻게 하는 건지 익혔음이 곡선에 보인다.

④ **피로**(fatigue) … 시간이 갈수록 지치고 반복에 의해 집중력이 떨어지므로 작업량이 줄어든다.

⑤ **연습**(practice) … 횟수를 거듭할수록 익숙해져서 작업량이 증가한다. 후반부에는 연습과 피로 효과가 동시에 일어난다.

(3) UK검사로 측정되는 것

① **능력** … 일정 시간 동안 주어진 일을 수행할 수 있는 능력의 측정

② **흥미** … 일정 시간 동안 주어진 일에 대해 보이는 흥미의 정도(변덕스러움)를 측정

③ **성격** … 대상자가 나타내는 일관적인 기질을 확인

(4) 일반적인 작업 곡선

① 전반, 후반 모두 처음 1분의 작업량이 많다.

② 대체적으로 2분 이후 작업이 저하되었다가 다시 많아진다.

③ 대체적으로 전기보다 후기의 작업량이 많다(휴식효과).

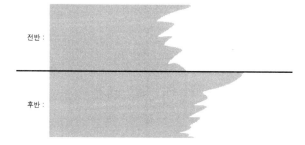

전반 :

후반 :

(5) 비정상인의 작업곡선

① 초두노력 부족 … 전반, 후반 모두 처음 1분간의 작업량이 눈에 띄게 높지 않다.

② 휴식효과 부족 … 중간에 5분 쉬었는데도 후반의 전체적인 작업량이 증가하지 않는다.

③ 작업량이 일정하지 않음 … 각 행 사이의 작업량이 많고 적음의 차가 극단적이다.

④ 긴장하지 않음 … 직업량이 월등히 적고 아래 행으로 갈수록 작업량이 계속 줄어든다.

⑤ 비정상자 … 오답이 너무 많다.

(6) 예시문제 1

① 전반부

```
5 7 8 4 2 3 6 1 8 9 7 2 1 7 8 9 5 7 8 5 1 8 4 5 6 9 2 3 8
2 8 6 2 4 3 2 4 8 1 9 4 6 5 3 2 1 4 8 4 3 7 1 8 2 5 2 5 8
4 2 5 8 9 1 7 5 3 6 4 8 9 5 2 3 4 1 2 4 9 1 8 2 4 6 1 2 3
2 8 9 5 7 2 6 5 2 7 5 1 6 8 5 4 6 1 2 7 4 5 2 8 6 8 7 5 7
1 3 3 6 1 8 9 7 2 1 3 7 8 5 7 8 4 2 7 5 8 2 3 4 7 1 2 1 5
3 2 4 1 5 9 4 2 2 7 5 4 6 9 1 8 2 4 7 6 7 8 1 2 8 9 5 9 5
5 9 5 4 7 5 3 2 7 1 4 6 4 7 8 4 9 1 5 3 2 4 5 8 5 2 1 3 2
4 4 3 9 5 3 1 1 2 7 8 2 5 8 3 9 4 6 7 5 1 2 8 9 7 3 5 8 4
2 8 5 6 7 1 5 5 3 7 4 7 8 5 9 1 2 6 2 9 6 2 5 6 6 7 4 1 5
1 5 8 3 7 2 4 3 5 4 5 6 9 8 7 1 2 3 5 4 6 8 8 5 3 1 3 1 2
2 3 8 4 6 7 9 5 2 9 5 1 3 7 4 5 1 7 8 5 9 2 3 4 1 5 5 7
2 5 5 7 4 9 5 9 5 2 3 5 6 4 6 7 4 6 9 8 5 2 5 3 1 5 6 7 9
```

② 후반부

```
5 7 8 5 1 8 4 5 6 9 2 3 8 2 8 6 2 4 3 2 4 8 1 9 4 6 5 3 5
6 7 9 5 2 9 5 1 3 7 4 5 1 7 8 5 9 4 2 5 8 9 1 7 5 3 6 2 4
2 1 4 8 4 3 7 1 8 2 5 2 4 8 4 3 7 4 5 6 9 8 7 1 2 3 5 4 1
9 5 2 3 4 1 2 4 9 1 8 2 4 6 1 2 3 2 1 6 4 6 7 4 6 3 6 1 9
8 9 7 2 1 7 8 9 5 7 8 8 5 4 6 1 2 7 4 5 2 8 6 8 7 5 7 5 8
1 5 5 3 7 4 7 8 5 9 1 1 5 8 6 1 3 3 7 1 2 1 5 2 4 1 5 5 3
9 4 2 2 7 5 4 6 9 1 8 2 4 7 6 7 8 1 2 8 9 5 9 5 6 8 4 3 1
3 5 6 1 8 9 7 5 8 2 3 4 5 9 5 4 7 5 3 2 7 1 4 6 4 7 8 4 6
1 9 1 5 3 2 4 5 8 5 2 1 3 2 4 4 3 9 5 3 1 1 4 2 5 5 7 4 8
2 9 5 9 5 2 2 7 8 2 5 8 3 9 4 6 7 5 1 2 8 9 7 3 5 8 4 6 5
2 8 5 6 7 2 9 6 2 5 6 6 7 4 1 5 2 9 8 5 2 5 3 1 5 8 3 7 2
3 6 8 8 5 3 1 3 1 2 2 1 3 7 8 5 7 8 4 2 7 2 3 8 4 8 2 3 1
```

(7) 예시문제 2

① 전반부

```
8 5 6 7 5 9 4 2 8 6 3 4 8 7 5 6 1 2 7 1 5 7 8 9 1 5 2 3 4
1 2 3 4 1 5 9 7 3 1 3 0 1 7 3 8 9 1 7 3 7 5 2 4 6 1 3 5 1
2 5 8 7 6 3 4 9 7 8 5 1 1 7 9 2 2 3 8 9 4 5 7 2 3 9 1 4 8
1 2 2 3 2 4 3 4 8 8 6 5 5 6 1 2 7 3 9 4 8 5 6 7 4 2 3 8 6
1 2 3 6 7 2 8 4 1 6 8 9 0 7 6 0 7 9 1 3 4 6 6 5 1 0 9 7 2
6 3 3 7 1 2 1 5 8 2 5 2 4 8 5 1 8 3 4 0 8 7 9 1 2 4 5 5 7
3 2 5 8 9 1 3 7 5 2 0 7 4 7 8 1 0 3 7 6 4 8 7 9 1 7 2 0 4
6 5 3 1 3 1 2 2 1 3 7 8 6 1 5 0 7 6 1 3 0 7 1 5 1 3 0 7 6
6 9 7 8 7 0 1 2 3 6 4 5 7 0 7 8 9 1 2 5 3 4 7 6 2 8 8 3 1
4 0 9 7 0 2 7 3 1 9 7 8 6 1 8 7 3 5 1 6 2 5 0 4 5 6 0 5 6
3 7 8 9 5 7 2 0 9 7 1 1 5 6 5 8 2 1 5 2 4 1 5 5 3 5 5 0 7
8 6 0 7 3 7 5 1 3 6 9 7 0 9 8 1 3 5 7 2 8 6 4 1 8 3 5 7 0
```

② 후반부

```
2 9 5 9 5 2 2 7 1 2 8 9 7 3 5 8 4 6 5 5 9 5 9 5 2 3 4 6 1
2 3 2 1 6 4 6 7 4 6 3 6 1 9 2 4 3 2 4 8 1 9 4 6 5 3 5 5 2
5 3 1 5 8 3 7 2 9 6 1 2 7 4 5 2 8 6 8 7 5 7 5 8 4 1 2 4 9
1 8 2 1 5 5 3 7 4 7 8 5 9 1 1 3 3 6 8 8 5 3 1 3 1 2 2 1 0
3 7 8 5 7 8 4 2 7 2 3 8 4 8 2 3 1 4 5 8 3 1 1 4 2 5 5 7 8
4 8 5 7 8 5 1 8 4 5 6 9 2 3 8 2 8 6 2 9 5 1 3 7 4 5 1 7 7
1 8 2 5 2 4 8 4 3 7 4 5 6 9 8 7 1 2 3 5 4 7 2 1 1 9 1 5 3
5 8 6 1 3 3 7 1 2 1 5 2 4 1 5 5 3 9 4 2 2 7 5 4 6 9 1 8 5
2 4 7 6 8 4 8 1 8 5 9 4 2 5 8 9 1 2 8 5 6 7 2 9 6 2 5 6 6
7 4 1 5 2 9 8 4 5 2 1 3 2 4 4 3 9 5 6 7 8 8 2 5 8 3 9 4 8
6 7 5 1 2 8 9 3 5 6 1 8 9 7 5 8 2 3 4 5 9 5 4 7 5 3 2 7 1
1 4 6 4 7 8 4 6 7 8 9 5 7 8 8 5 6 7 9 5 7 5 3 6 2 2 4 5 7
```

03 실전 인성검사

▌1~93▐ 다음 주어진 질문에 대해서 평소 자신이 생각하고 있는 것이나 행동하고 있는 것에 대해 박스에 주어진 응답요령에 따라 답하시오.

> 응답 Ⅰ : 제시된 문항들을 읽은 다음 각각의 문항에 자신이 동의하는 정도를 전혀 그렇지 않다. 그렇지 않다, 보통이다, 그렇다, 매우 그렇다에 맞게 표시하면 된다.
> 응답 Ⅱ : 제시된 문항들을 비교하여 상대적으로 자신의 성격과 가장 가까운 문항 하나와 가장 거리가 먼 문항 하나를 선택하여야 한다. 응답 Ⅱ의 응답은 가깝다 1개, 멀다 1개, 무응답 2개여야 한다.

1

문항	응답 Ⅰ					응답 Ⅱ	
	전혀 그렇지 않다	그렇지 않다	보통 이다	그렇다	매우 그렇다	멀다	가깝다
1-1 구체적인 일에 관심이 있는 편이다.	○	○	○	○	○	○	○
1-2 무슨 일도 좀처럼 바로 시작하지 못한다.	○	○	○	○	○	○	○
1-3 일은 착실히 하는 편이다.	○	○	○	○	○	○	○
1-4 일을 할 때 나의 의견을 강요한다.	○	○	○	○	○	○	○

2

문항	응답 Ⅰ					응답 Ⅱ	
	전혀 그렇지 않다	그렇지 않다	보통 이다	그렇다	매우 그렇다	멀다	가깝다
2-1 나는 밝고 개방적인 편이다.	○	○	○	○	○	○	○
2-2 보수적인 면을 추구한다.	○	○	○	○	○	○	○
2-3 질서보다 자유를 중요시 하는 편이다.	○	○	○	○	○	○	○
2-4 창조적인 편이다.	○	○	○	○	○	○	○

3

문항	응답 I					응답 II	
	전혀 그렇지 않다	그렇지 않다	보통 이다	그렇다	매우 그렇다	멀다	가깝다
3-1 혼자서 취미에 몰두하는 것을 좋아한다.	○	○	○	○	○	○	○
3-2 새로운 일을 시도하는 것이 즐겁다.	○	○	○	○	○	○	○
3-3 누군가 나를 해칠 것 같다.	○	○	○	○	○	○	○
3-4 나는 폭력적이라는 말을 자주 듣는다.	○	○	○	○	○	○	○

4

문항	응답 I					응답 II	
	전혀 그렇지 않다	그렇지 않다	보통 이다	그렇다	매우 그렇다	멀다	가깝다
4-1 모임에서 회장에 어울리지 않는다고 생각한다.	○	○	○	○	○	○	○
4-2 어떠한 일에도 의욕이 없이 임하는 편이다.	○	○	○	○	○	○	○
4-3 학급에서는 존재가 두드러졌었다.	○	○	○	○	○	○	○
4-4 아무것도 생각하지 않을 때가 많다.	○	○	○	○	○	○	○

5

문항	응답 I					응답 II	
	전혀 그렇지 않다	그렇지 않다	보통 이다	그렇다	매우 그렇다	멀다	가깝다
5-1 매사에 열정적인 편이다.	○	○	○	○	○	○	○
5-2 조금만 더 노력하면 되는데 라는 소릴 자주 듣는다.	○	○	○	○	○	○	○
5-3 멋진 조연역할을 하는 배우를 좋아한다.	○	○	○	○	○	○	○
5-4 모든 일에 리드를 하는 편이다.	○	○	○	○	○	○	○

6

문항	응답 I					응답 II	
	전혀 그렇지 않다	그렇지 않다	보통 이다	그렇다	매우 그렇다	멀다	가깝다
6-1 남의 앞에 나서기를 좋아하지 않는다.	○	○	○	○	○	○	○
6-2 매사 여유 있게 대비하는 타입이다.	○	○	○	○	○	○	○
6-3 업무가 진행 중이라도 야근은 하지 않는다.	○	○	○	○	○	○	○
6-4 무리해서 행동할 필요는 없다.	○	○	○	○	○	○	○

7

문항	응답 I					응답 II	
	전혀 그렇지 않다	그렇지 않다	보통 이다	그렇다	매우 그렇다	멀다	가깝다
7-1 정해진 대로 움직이지 것이 안심이 된다.	○	○	○	○	○	○	○
7-2 자유분방한 편이다.	○	○	○	○	○	○	○
7-3 비교적 냉정한 편이다.	○	○	○	○	○	○	○
7-4 봉사활동에 관심이 많은 편이다.	○	○	○	○	○	○	○

8

문항	응답 I					응답 II	
	전혀 그렇지 않다	그렇지 않다	보통 이다	그렇다	매우 그렇다	멀다	가깝다
8-1 동료나 형제에게 양보를 많이 하는 편이다.	○	○	○	○	○	○	○
8-2 문학작품을 보고 감동한 적이 없다.	○	○	○	○	○	○	○
8-3 상대방의 감정에 대해 소중하게 생각한다.	○	○	○	○	○	○	○
8-4 매우 이성적인 사람으로 보이고 싶다.	○	○	○	○	○	○	○

9

문항	응답 Ⅰ					응답 Ⅱ	
	전혀 그렇지 않다	그렇지 않다	보통 이다	그렇다	매우 그렇다	멀다	가깝다
9-1 조직의 일원으로 어울린다.	○	○	○	○	○	○	○
9-2 업무는 매뉴얼대로 철저히 진행한다.	○	○	○	○	○	○	○
9-3 매사에 새로운 시도를 즐기지 않는다.	○	○	○	○	○	○	○
9-4 환경은 변하지 않는 것이 좋다.	○	○	○	○	○	○	○

10

문항	응답 Ⅰ					응답 Ⅱ	
	전혀 그렇지 않다	그렇지 않다	보통 이다	그렇다	매우 그렇다	멀다	가깝다
10-1 활동범위가 좁은 편이다.	○	○	○	○	○	○	○
10-2 발이 넓다는 소릴 많이 듣는다.	○	○	○	○	○	○	○
10-3 자신을 시원시원한 사람이라고 생각한다.	○	○	○	○	○	○	○
10-4 좋다고 생각하면 바로 행동한다.	○	○	○	○	○	○	○

11

문항	응답 Ⅰ					응답 Ⅱ	
	전혀 그렇지 않다	그렇지 않다	보통 이다	그렇다	매우 그렇다	멀다	가깝다
11-1 가끔 자신이 속이 좁은 행동을 한다고 느낀다.	○	○	○	○	○	○	○
11-2 생각이 복잡할 때가 많다.	○	○	○	○	○	○	○
11-3 질문을 받으면 그때의 느낌으로 대답하는 편이다.	○	○	○	○	○	○	○
11-4 매사 신중하게 일을 진행하지 못한다.	○	○	○	○	○	○	○

12

문항	응답 I					응답 II	
	전혀 그렇지 않다	그렇지 않다	보통 이다	그렇다	매우 그렇다	멀다	가깝다
12-1 외출시 문을 잠갔는지 별로 확인하지 않는다.	○	○	○	○	○	○	○
12-2 안전책을 고르는 타입이다.	○	○	○	○	○	○	○
12-3 꼼꼼하지 못하다.	○	○	○	○	○	○	○
12-4 단념은 중요하다고 생각한다.	○	○	○	○	○	○	○

13

문항	응답 I					응답 II	
	전혀 그렇지 않다	그렇지 않다	보통 이다	그렇다	매우 그렇다	멀다	가깝다
13-1 무슨 일이든지 끝까지 도전하는 편이다.	○	○	○	○	○	○	○
13-2 예상하지 못한 업무도 도전해 보고 싶다.	○	○	○	○	○	○	○
13-3 평범하고 평온하게 행복한 인생을 살고 싶다.	○	○	○	○	○	○	○
13-4 특별히 소극적이라고 생각하지 않는다.	○	○	○	○	○	○	○

14

문항	응답 I					응답 II	
	전혀 그렇지 않다	그렇지 않다	보통 이다	그렇다	매우 그렇다	멀다	가깝다
14-1 반복되는 일상보다 새로운 경험을 좋아한다.	○	○	○	○	○	○	○
14-2 내일의 계획은 머리 속에 기억해 둔다.	○	○	○	○	○	○	○
14-3 꾸준히 노력하는 것을 잘 하지 못한다.	○	○	○	○	○	○	○
14-4 나는 성급하지 않다고 생각한다.	○	○	○	○	○	○	○

15

문항	응답 I					응답 II	
	전혀 그렇지 않다	그렇지 않다	보통 이다	그렇다	매우 그렇다	멀다	가깝다
15-1 말보다 행동이 강한 편이다.	○	○	○	○	○	○	○
15-2 엉덩이가 무거운 편이다.	○	○	○	○	○	○	○
15-3 일이 늦어지더라도 신중하게 진행하는 것이 좋다.	○	○	○	○	○	○	○
15-4 특별히 구애받는 것이 싫다.	○	○	○	○	○	○	○

16

문항	응답 I					응답 II	
	전혀 그렇지 않다	그렇지 않다	보통 이다	그렇다	매우 그렇다	멀다	가깝다
16-1 돌다리도 두들겨 보고 건너는 편이다.	○	○	○	○	○	○	○
16-2 행동하기 전에 생각을 많이 하는 편이다.	○	○	○	○	○	○	○
16-3 전통을 지키는 것은 중요하다.	○	○	○	○	○	○	○
16-4 요즘 신세대를 보면 부러움을 느낀다.	○	○	○	○	○	○	○

17

문항	응답 I					응답 II	
	전혀 그렇지 않다	그렇지 않다	보통 이다	그렇다	매우 그렇다	멀다	가깝다
17-1 상식적인 판단을 하는 타입이라고 생각한다.	○	○	○	○	○	○	○
17-2 객관적인 사람이라는 평을 자주 듣는다.	○	○	○	○	○	○	○
17-3 틀에 박힌 사고방식은 싫다.	○	○	○	○	○	○	○
17-4 대인관계에서 가장 중요한 것은 배려이다.	○	○	○	○	○	○	○

18

문항	응답 I					응답 II	
	전혀 그렇지 않다	그렇지 않다	보통 이다	그렇다	매우 그렇다	멀다	가깝다
18-1 나에게 도움이 되는 사람만 만난다.	○	○	○	○	○	○	○
18-2 괴로워하는 사람을 보면 그 이유부터 묻는다.	○	○	○	○	○	○	○
18-3 대화할 때 상대방을 배려하지 않는 편이다.	○	○	○	○	○	○	○
18-4 상식 이하의 행동을 하는 사람을 보면 화가 난다.	○	○	○	○	○	○	○

19

문항	응답 I					응답 II	
	전혀 그렇지 않다	그렇지 않다	보통 이다	그렇다	매우 그렇다	멀다	가깝다
19-1 대화할 때 상대방의 눈을 바라보며 말한다.	○	○	○	○	○	○	○
19-2 시시해도 계획대로 행동하는 것이 좋다.	○	○	○	○	○	○	○
19-3 업무가 많은 때는 철야도 필요하다고 생각한다.	○	○	○	○	○	○	○
19-4 주변의 일을 모두 하는 편이다.	○	○	○	○	○	○	○

20

문항	응답 I					응답 II	
	전혀 그렇지 않다	그렇지 않다	보통 이다	그렇다	매우 그렇다	멀다	가깝다
20-1 항상 바쁜 편이다.	○	○	○	○	○	○	○
20-2 독서를 즐기는 편이다.	○	○	○	○	○	○	○
20-3 남들과 경쟁하는 것을 즐긴다.	○	○	○	○	○	○	○
20-4 목표 달성을 위해 노력하지 않는 편이다.	○	○	○	○	○	○	○

21

문항	응답 I					응답 II	
	전혀 그렇지 않다	그렇지 않다	보통 이다	그렇다	매우 그렇다	멀다	가깝다
21-1 한번도 남에게 양보를 한 적이 없다.	○	○	○	○	○	○	○
21-2 집착이 강한 편이다.	○	○	○	○	○	○	○
21-3 새로운 사람을 만날 때에는 용기가 필요하다.	○	○	○	○	○	○	○
21-4 동호회 등의 활동을 즐기는 편이다.	○	○	○	○	○	○	○

22

문항	응답 I					응답 II	
	전혀 그렇지 않다	그렇지 않다	보통 이다	그렇다	매우 그렇다	멀다	가깝다
22-1 홀로 떠나는 배낭여행을 좋아한다.	○	○	○	○	○	○	○
22-2 여러 가지 일들을 경험하길 좋아한다.	○	○	○	○	○	○	○
22-3 스트레스 해소를 위해서는 집에서 쉬는 편이다.	○	○	○	○	○	○	○
22-4 다양한 부류의 사람들과의 만남은 즐겁다.	○	○	○	○	○	○	○

23

문항	응답 I					응답 II	
	전혀 그렇지 않다	그렇지 않다	보통 이다	그렇다	매우 그렇다	멀다	가깝다
23-1 무리한 도전을 할 필요는 없다고 생각한다.	○	○	○	○	○	○	○
23-2 남의 앞에 나서는 것을 잘 한다.	○	○	○	○	○	○	○
23-3 모임에서 항상 리드를 해야 한다.	○	○	○	○	○	○	○
23-4 누군가 도와주지 않을까라는 생각을 자주 한다.	○	○	○	○	○	○	○

24

문항	응답 I					응답 II	
	전혀 그렇지 않다	그렇지 않다	보통 이다	그렇다	매우 그렇다	멀다	가깝다
24-1 지하철의 걸인에게 적선한 경우가 많다.	○	○	○	○	○	○	○
24-2 지나친 도움에는 자존심이 상한다.	○	○	○	○	○	○	○
24-3 사적인 이유로 업무를 미룬 적이 있다.	○	○	○	○	○	○	○
24-4 배려 깊다는 소릴 자주 듣는다.	○	○	○	○	○	○	○

25

문항	응답 I					응답 II	
	전혀 그렇지 않다	그렇지 않다	보통 이다	그렇다	매우 그렇다	멀다	가깝다
25-1 모든 일에 신속함을 가장 우선시 한다.	○	○	○	○	○	○	○
25-2 무슨 일이 있어도 오늘 할 일은 오늘 끝낸다.	○	○	○	○	○	○	○
25-3 시간단위로 계획을 세워 일을 진행하는 편이다.	○	○	○	○	○	○	○
25-4 유연한 대처 방식을 가지고 있다.	○	○	○	○	○	○	○

26

문항	응답 I					응답 II	
	전혀 그렇지 않다	그렇지 않다	보통 이다	그렇다	매우 그렇다	멀다	가깝다
26-1 독서를 통해 많은 지식을 얻는 편이다.	○	○	○	○	○	○	○
26-2 청소년들과 세대차이를 느낀다.	○	○	○	○	○	○	○
26-3 한 가지 일에 매달리는 편이다.	○	○	○	○	○	○	○
26-4 소수의 친구들과 깊게 사귀는 편이다.	○	○	○	○	○	○	○

27

문항	응답 I					응답 II	
	전혀 그렇지 않다	그렇지 않다	보통 이다	그렇다	매우 그렇다	멀다	가깝다
27-1 낯선 경험을 즐기는 편이다.	○	○	○	○	○	○	○
27-2 새로운 것에 대한 지나친 연구는 시간낭비이다.	○	○	○	○	○	○	○
27-3 규칙을 벗어나는 것을 싫어한다.	○	○	○	○	○	○	○
27-4 일부러 규범을 어긴 적이 있다.	○	○	○	○	○	○	○

28

문항	응답 I					응답 II	
	전혀 그렇지 않다	그렇지 않다	보통 이다	그렇다	매우 그렇다	멀다	가깝다
28-1 한 분야에 전문가가 되고 싶다.	○	○	○	○	○	○	○
28-2 주변 사람으로 인해 곤경에 빠진 적이 있다.	○	○	○	○	○	○	○
28-3 동료들에게 따돌림을 당한 적이 있다.	○	○	○	○	○	○	○
28-4 동료들에게 좋은 인상을 주기 위해 노력해야 한다.	○	○	○	○	○	○	○

29

문항	응답 I					응답 II	
	전혀 그렇지 않다	그렇지 않다	보통 이다	그렇다	매우 그렇다	멀다	가깝다
29-1 팀웍이 좋은 곳에서 일하고 싶다.	○	○	○	○	○	○	○
29-2 동료들이 나를 싫어한다고 느낀 적이 많다.	○	○	○	○	○	○	○
29-3 무슨 일이든 내 잘못 때문이라고 생각한다.	○	○	○	○	○	○	○
29-4 나는 괜찮은 사람이라고 생각한다.	○	○	○	○	○	○	○

30

문항	응답 I					응답 II	
	전혀 그렇지 않다	그렇지 않다	보통 이다	그렇다	매우 그렇다	멀다	가깝다
30-1 고독을 즐기는 편이다.	○	○	○	○	○	○	○
30-2 혼자 있어도 외로움을 느낀 적이 없다.	○	○	○	○	○	○	○
30-3 금방 흥분을 하는 편이다.	○	○	○	○	○	○	○
30-4 신경질적인 성격이라고 들은 적이 있다.	○	○	○	○	○	○	○

31

문항	응답 I					응답 II	
	전혀 그렇지 않다	그렇지 않다	보통 이다	그렇다	매우 그렇다	멀다	가깝다
31-1 내 감정을 능숙하게 제어할 수 있다.	○	○	○	○	○	○	○
31-2 동료가 실수를 해도 이해하고 넘기는 편이다.	○	○	○	○	○	○	○
31-3 자주 생각이 바뀌는 편이다.	○	○	○	○	○	○	○
31-4 고지식하다는 소릴 자주 듣는다.	○	○	○	○	○	○	○

32

문항	응답 I					응답 II	
	전혀 그렇지 않다	그렇지 않다	보통 이다	그렇다	매우 그렇다	멀다	가깝다
32-1 농담을 자주 하는 사람은 가벼워 보인다.	○	○	○	○	○	○	○
32-2 문제를 해결하기 위해서는 많은 사람과 상의한다.	○	○	○	○	○	○	○
32-3 모든 일은 나만의 방식대로 처리한다.	○	○	○	○	○	○	○
32-4 사소한 것도 반드시 확인을 하고 넘어간다.	○	○	○	○	○	○	○

33

문항	응답 Ⅰ					응답 Ⅱ	
	전혀 그렇지 않다	그렇지 않다	보통 이다	그렇다	매우 그렇다	멀다	가깝다
33-1 나는 도움이 되지 않는 사람이라고 생각한다.	○	○	○	○	○	○	○
33-2 다른 사람에게 열등감을 느낄 때가 많다.	○	○	○	○	○	○	○
33-3 내 자신을 존중하는 편이다.	○	○	○	○	○	○	○
33-4 자기 주장이 강한 편이다.	○	○	○	○	○	○	○

34

문항	응답 Ⅰ					응답 Ⅱ	
	전혀 그렇지 않다	그렇지 않다	보통 이다	그렇다	매우 그렇다	멀다	가깝다
34-1 대화에서 경청하는 것은 중요하다고 생각한다.	○	○	○	○	○	○	○
34-2 다른 사람의 의견에 따라가는 편이다.	○	○	○	○	○	○	○
34-3 스포츠 활동에 참여하는 것을 좋아하지 않는다.	○	○	○	○	○	○	○
34-4 가까운 거리는 걸어다니는 편이다.	○	○	○	○	○	○	○

35

문항	응답 Ⅰ					응답 Ⅱ	
	전혀 그렇지 않다	그렇지 않다	보통 이다	그렇다	매우 그렇다	멀다	가깝다
35-1 여유가 없어도 반드시 운동은 해야 한다.	○	○	○	○	○	○	○
35-2 나는 야망이 강한 사람이다.	○	○	○	○	○	○	○
35-3 일상의 여유로움을 만끽하고 살고 싶다.	○	○	○	○	○	○	○
35-4 현실과 타협하는 편이다.	○	○	○	○	○	○	○

36

문항	응답 I					응답 II	
	전혀 그렇지 않다	그렇지 않다	보통 이다	그렇다	매우 그렇다	멀다	가깝다
36-1 대인관계에서 공격적인 타입이다.	○	○	○	○	○	○	○
36-2 자기 방어에 능숙한 편이다.	○	○	○	○	○	○	○
36-3 인간관계를 잘하면 손해 볼 것이 없다고 생 각한다.	○	○	○	○	○	○	○
36-4 유행에 둔감하다고 생각한다.	○	○	○	○	○	○	○

37

문항	응답 I					응답 II	
	전혀 그렇지 않다	그렇지 않다	보통 이다	그렇다	매우 그렇다	멀다	가깝다
37-1 나는 상식이 아주 풍부한 사람이다.	○	○	○	○	○	○	○
37-2 다양한 화제를 두고 많은 사람과 대화할 수 있다.	○	○	○	○	○	○	○
37-3 노력해도 결과가 따르지 않으면 의미가 없다.	○	○	○	○	○	○	○
37-4 성과보다 최선을 다하는 태도가 더 중요하다.	○	○	○	○	○	○	○

38

문항	응답 I					응답 II	
	전혀 그렇지 않다	그렇지 않다	보통 이다	그렇다	매우 그렇다	멀다	가깝다
38-1 매일 삶을 성공적으로 살기 위해 노력한다.	○	○	○	○	○	○	○
38-2 특별한 꿈이나 목표가 없다.	○	○	○	○	○	○	○
38-3 성공을 위해 끊임없이 노력하는 편이다.	○	○	○	○	○	○	○
38-4 야망보다는 행복이 더 중요하다.	○	○	○	○	○	○	○

39

문항	응답 I					응답 II	
	전혀 그렇지 않다	그렇지 않다	보통 이다	그렇다	매우 그렇다	멀다	가깝다
39-1 같은 사물, 사건을 남들과 다르게 본다.	○	○	○	○	○	○	○
39-2 영화를 보면 등장인물의 감정에 쉽게 이입된다.	○	○	○	○	○	○	○
39-3 감성적 판단을 자제하는 편이다.	○	○	○	○	○	○	○
39-4 감성이 풍부한 편이다.	○	○	○	○	○	○	○

40

문항	응답 I					응답 II	
	전혀 그렇지 않다	그렇지 않다	보통 이다	그렇다	매우 그렇다	멀다	가깝다
40-1 매사에 이성적인 사고를 지향한다.	○	○	○	○	○	○	○
40-2 냉철한 사람을 보면 먼저 거부감이 든다.	○	○	○	○	○	○	○
40-3 슬픔이나 감동으로 인해 눈물을 자주 흘린다.	○	○	○	○	○	○	○
40-4 힘든 문제가 생겨도 불안감을 느끼지 않는다.	○	○	○	○	○	○	○

41

문항	응답 I					응답 II	
	전혀 그렇지 않다	그렇지 않다	보통 이다	그렇다	매우 그렇다	멀다	가깝다
41-1 어둡고 외진 곳을 갈 때는 항상 주의한다.	○	○	○	○	○	○	○
41-2 시간약속을 어기는 사람은 정말 싫다.	○	○	○	○	○	○	○
41-3 다른 사람의 말에 쉽게 상처를 받는다.	○	○	○	○	○	○	○
41-4 인간관계에 대해서 크게 신경을 쓰지 않는다.	○	○	○	○	○	○	○

42

문항	응답 I					응답 II	
	전혀 그렇지 않다	그렇지 않다	보통 이다	그렇다	매우 그렇다	멀다	가깝다
42-1 친하게 지내는 사람에게만 신경을 쓴다.	○	○	○	○	○	○	○
42-2 쉽게 낙심하는 편이다.	○	○	○	○	○	○	○
42-3 무기력해질 때가 많다.	○	○	○	○	○	○	○
42-4 낙천적인 사람이 되고 싶다.	○	○	○	○	○	○	○

43

문항	응답 I					응답 II	
	전혀 그렇지 않다	그렇지 않다	보통 이다	그렇다	매우 그렇다	멀다	가깝다
43-1 예전의 실수들이 떠올라 괴로운 적이 있다.	○	○	○	○	○	○	○
43-2 낯선 사람과의 대화에 능숙하다.	○	○	○	○	○	○	○
43-3 대인관계에 부담을 느끼는 편이다.	○	○	○	○	○	○	○
43-4 시끄럽게 짖는 개를 보면 폭력을 써서 조용히 시킨다.	○	○	○	○	○	○	○

44

문항	응답 I					응답 II	
	전혀 그렇지 않다	그렇지 않다	보통 이다	그렇다	매우 그렇다	멀다	가깝다
44-1 무례한 사람을 보면 화가 날 때가 많다.	○	○	○	○	○	○	○
44-2 사소한 일로 지인들과 자주 다툰다.	○	○	○	○	○	○	○
44-3 지금까지 살아오면서 언성을 높인 적이 거의 없다.	○	○	○	○	○	○	○
44-4 항상 조용한 편이다.	○	○	○	○	○	○	○

45

문항	응답 I					응답 II	
	전혀 그렇지 않다	그렇지 않다	보통 이다	그렇다	매우 그렇다	멀다	가깝다
45-1 피곤할 때 가끔 주변사람들에게 짜증을 낸다.	○	○	○	○	○	○	○
45-2 사이코패스 영화를 자주 본다.	○	○	○	○	○	○	○
45-3 토막살인 등 잔인한 뉴스를 봐도 무감각하다.	○	○	○	○	○	○	○
45-4 가축을 직접 도살할 수 있을 것 같다.	○	○	○	○	○	○	○

46

문항	응답 I					응답 II	
	전혀 그렇지 않다	그렇지 않다	보통 이다	그렇다	매우 그렇다	멀다	가깝다
46-1 학창시절 늦잠은 자도 지각을 한 적은 없다.	○	○	○	○	○	○	○
46-2 나는 아침형 인간이라고 생각한다.	○	○	○	○	○	○	○
46-3 부지런하다는 평을 자주 들었다.	○	○	○	○	○	○	○
46-4 혼자 일하는 것이 더 능률적이다.	○	○	○	○	○	○	○

47

문항	응답 I					응답 II	
	전혀 그렇지 않다	그렇지 않다	보통 이다	그렇다	매우 그렇다	멀다	가깝다
47-1 자주 샤워를 하는 편이다.	○	○	○	○	○	○	○
47-2 잘 씻지 않는 사람을 보면 불쾌하다.	○	○	○	○	○	○	○
47-3 방 청소를 잘 하지 않는 편이다.	○	○	○	○	○	○	○
47-4 내 주변은 늘 정리정돈이 잘 되어 있다.	○	○	○	○	○	○	○

48

문항	응답 I					응답 II	
	전혀 그렇지 않다	그렇지 않다	보통 이다	그렇다	매우 그렇다	멀다	가깝다
48-1 자신을 험담하는 것을 들으면 참을 수 없다.	○	○	○	○	○	○	○
48-2 타인의 평가에 그다지 민감하지 않다.	○	○	○	○	○	○	○
48-3 타인의 평가를 참고하여 발전할 것을 다짐한다.	○	○	○	○	○	○	○
48-4 타인을 비방하는 것을 즐긴다.	○	○	○	○	○	○	○

49

문항	응답 I					응답 II	
	전혀 그렇지 않다	그렇지 않다	보통 이다	그렇다	매우 그렇다	멀다	가깝다
49-1 착한 사람이라는 소릴 자주 듣는다.	○	○	○	○	○	○	○
49-2 남에게 아쉬운 말을 하지 않는다.	○	○	○	○	○	○	○
49-3 당당한 사람을 보면 부럽다.	○	○	○	○	○	○	○
49-4 남들 앞에서는 항상 당당한 편이다.	○	○	○	○	○	○	○

50

문항	응답 I					응답 II	
	전혀 그렇지 않다	그렇지 않다	보통 이다	그렇다	매우 그렇다	멀다	가깝다
50-1 한 번 화를 내면 쉽게 풀리지 않는다.	○	○	○	○	○	○	○
50-2 음악을 들으면 쉽게 리듬을 타는 편이다.	○	○	○	○	○	○	○
50-3 신나는 음악을 들어도 흥이 나지 않는다.	○	○	○	○	○	○	○
50-4 감정표현에 아주 능한 편이다.	○	○	○	○	○	○	○

51

문항	응답 I					응답 II	
	전혀 그렇지 않다	그렇지 않다	보통 이다	그렇다	매우 그렇다	멀다	가깝다
51-1 약속을 어기는 일은 절대로 있을 수 없는 일이다.	○	○	○	○	○	○	○
51-2 약속을 소홀히 하는 사람을 보면 참을 수 없다.	○	○	○	○	○	○	○
51-3 약속시간 전에 항상 약속장소에 도착한다.	○	○	○	○	○	○	○
51-4 약속은 어길 수도 있는 것이다.	○	○	○	○	○	○	○

52

문항	응답 I					응답 II	
	전혀 그렇지 않다	그렇지 않다	보통 이다	그렇다	매우 그렇다	멀다	가깝다
52-1 재능보다는 능력이 더 중요하다.	○	○	○	○	○	○	○
52-2 나 자신을 책망할 때가 많다.	○	○	○	○	○	○	○
52-3 나의 잘못을 인정하고 반성하는 편이다.	○	○	○	○	○	○	○
52-4 다른 사람이 자신을 비난해도 기분 나쁘지 않다.	○	○	○	○	○	○	○

53

문항	응답 I					응답 II	
	전혀 그렇지 않다	그렇지 않다	보통 이다	그렇다	매우 그렇다	멀다	가깝다
53-1 과거에 공부를 열심히 하지 않은 것을 후회한다.	○	○	○	○	○	○	○
53-2 실수를 해서 잠을 제대로 자지 못한 적이 많다.	○	○	○	○	○	○	○
53-3 큰 실수나 아픔을 쉽게 잊는 편이다.	○	○	○	○	○	○	○
53-4 남의 실수는 반드시 지적하고 넘어가는 편이다.	○	○	○	○	○	○	○

54

문항	응답 Ⅰ					응답 Ⅱ	
	전혀 그렇지 않다	그렇지 않다	보통 이다	그렇다	매우 그렇다	멀다	가깝다
54-1 작은 일이라도 쉽게 결정하는 것은 어리석은 일이다.	○	○	○	○	○	○	○
54-2 타인의 의견에서 중요한 정보를 많이 얻는다.	○	○	○	○	○	○	○
54-3 타인의 의견에 의해 결정이 자주 바뀐다.	○	○	○	○	○	○	○
54-4 자신의 생각과 행동을 신뢰하는 편이다.	○	○	○	○	○	○	○

55

문항	응답 Ⅰ					응답 Ⅱ	
	전혀 그렇지 않다	그렇지 않다	보통 이다	그렇다	매우 그렇다	멀다	가깝다
55-1 내 의견의 반대의견은 항상 참고한다.	○	○	○	○	○	○	○
55-2 내 자신이 추진한 일의 결과는 항상 만족스럽다.	○	○	○	○	○	○	○
55-3 운동을 즐기는 편이다.	○	○	○	○	○	○	○
55-4 땀 흘리는 것은 정말 불쾌하다.	○	○	○	○	○	○	○

56

문항	응답 Ⅰ					응답 Ⅱ	
	전혀 그렇지 않다	그렇지 않다	보통 이다	그렇다	매우 그렇다	멀다	가깝다
56-1 순간 떠오르는 아이디어를 자주 활용한다.	○	○	○	○	○	○	○
56-2 객관적 분석없이 일을 진행하는 것은 어리석다.	○	○	○	○	○	○	○
56-3 주관적인 판단은 절대 신뢰하지 않는다.	○	○	○	○	○	○	○
56-4 몸보다 머리를 쓰는 일이 더 좋다.	○	○	○	○	○	○	○

57

문항	응답 I					응답 II	
	전혀 그렇지 않다	그렇지 않다	보통 이다	그렇다	매우 그렇다	멀다	가깝다
57-1 상상력과 호기심이 많은 편이다.	○	○	○	○	○	○	○
57-2 판타지 영화, 가상의 세계를 동경한다.	○	○	○	○	○	○	○
57-3 비현실적인 것에 시간을 허비하지 않는다.	○	○	○	○	○	○	○
57-4 드라마, 영화의 소재는 비현실적이라고 생각한다.	○	○	○	○	○	○	○

58

문항	응답 I					응답 II	
	전혀 그렇지 않다	그렇지 않다	보통 이다	그렇다	매우 그렇다	멀다	가깝다
58-1 논쟁할 때는 항상 타인의 주장에 신경을 쓴다.	○	○	○	○	○	○	○
58-2 논쟁할 때는 상대방의 입장을 이해하려고 한다.	○	○	○	○	○	○	○
58-3 자신의 주장을 확실하게 드러내는 편이다.	○	○	○	○	○	○	○
58-4 타인의 주장을 항상 받아들이는 편이다.	○	○	○	○	○	○	○

59

문항	응답 I					응답 II	
	전혀 그렇지 않다	그렇지 않다	보통 이다	그렇다	매우 그렇다	멀다	가깝다
59-1 청결에 항상 신경을 쓴다.	○	○	○	○	○	○	○
59-2 내 방의 물건은 항상 제자리에 있어야 한다.	○	○	○	○	○	○	○
59-3 다른 사람들에게 인정을 받고 싶다.	○	○	○	○	○	○	○
59-4 내 자신이 자랑스러운 적이 많다.	○	○	○	○	○	○	○

60

문항	응답 I					응답 II	
	전혀 그렇지 않다	그렇지 않다	보통 이다	그렇다	매우 그렇다	멀다	가깝다
60-1 창의적인 분야에 도전해 보고 싶다.	○	○	○	○	○	○	○
60-2 창조성이 떨어지는 편이다.	○	○	○	○	○	○	○
60-3 기발한 아이디어가 종종 떠오른다.	○	○	○	○	○	○	○
60-4 정형화된 업무방식을 선호한다.	○	○	○	○	○	○	○

61

문항	응답 I					응답 II	
	전혀 그렇지 않다	그렇지 않다	보통 이다	그렇다	매우 그렇다	멀다	가깝다
61-1 친구들에게 모욕을 당하면 화가 난다.	○	○	○	○	○	○	○
61-2 비난받지 않도록 무슨 일이든 잘하려 한다.	○	○	○	○	○	○	○
61-3 모든 사람에게 잘할 필요는 없다고 생각한다.	○	○	○	○	○	○	○
61-4 나에게 친절한 사람만 만나고 싶다.	○	○	○	○	○	○	○

62

문항	응답 I					응답 II	
	전혀 그렇지 않다	그렇지 않다	보통 이다	그렇다	매우 그렇다	멀다	가깝다
62-1 절제력이 약한 편이다.	○	○	○	○	○	○	○
62-2 재미있는 일에 몰두하면 시간가는 줄 모른다.	○	○	○	○	○	○	○
62-3 내 능력을 타인에게 과시하고 싶다.	○	○	○	○	○	○	○
62-4 나의 약한 모습은 타인에게 들키고 싶지 않다.	○	○	○	○	○	○	○

63

문항		응답 I					응답 II	
		전혀 그렇지 않다	그렇지 않다	보통 이다	그렇다	매우 그렇다	멀다	가깝다
63-1	무슨 일이든 노력한 만큼 보상받지 못했다.	○	○	○	○	○	○	○
63-2	노력한 만큼 결과가 따라와야 성공이라 생각한다.	○	○	○	○	○	○	○
63-3	인생은 불공평한 것 같다.	○	○	○	○	○	○	○
63-4	남의 인생과 바꾸어 살아보고 싶다.	○	○	○	○	○	○	○

64

문항		응답 I					응답 II	
		전혀 그렇지 않다	그렇지 않다	보통 이다	그렇다	매우 그렇다	멀다	가깝다
64-1	이성 교제 경험이 많은 편이다.	○	○	○	○	○	○	○
64-2	한 이성을 오랫동안 사귀는 편이다.	○	○	○	○	○	○	○
64-3	이성과의 교제에는 별로 관심이 없다.	○	○	○	○	○	○	○
64-4	이성에게 고백을 받아본 적이 없다.	○	○	○	○	○	○	○

65

문항		응답 I					응답 II	
		전혀 그렇지 않다	그렇지 않다	보통 이다	그렇다	매우 그렇다	멀다	가깝다
65-1	죽음을 생각해 본 적이 있다.	○	○	○	○	○	○	○
65-2	매순간의 삶이 즐겁고 행복하다.	○	○	○	○	○	○	○
65-3	혼자라서 외롭고 힘들다고 느낄 때가 많다.	○	○	○	○	○	○	○
65-4	이유 없이 기분이 가라앉는 경우가 많다.	○	○	○	○	○	○	○

66

문항	응답 I					응답 II	
	전혀 그렇지 않다	그렇지 않다	보통 이다	그렇다	매우 그렇다	멀다	가깝다
66-1 현실은 죽음과 고통이 많은 슬픈 곳이다.	○	○	○	○	○	○	○
66-2 삶이 힘들다고 느껴질 때가 많다.	○	○	○	○	○	○	○
66-3 남에게 강요당하는 것을 싫어한다.	○	○	○	○	○	○	○
66-4 비합리적인 규칙은 지키기 않는 것이 좋다.	○	○	○	○	○	○	○

67

문항	응답 I					응답 II	
	전혀 그렇지 않다	그렇지 않다	보통 이다	그렇다	매우 그렇다	멀다	가깝다
67-1 우연한 일은 없다고 생각한다.	○	○	○	○	○	○	○
67-2 보이지 않는 힘이 존재한다고 믿는다.	○	○	○	○	○	○	○
67-3 나의 인생은 내가 스스로 개척해야 한다.	○	○	○	○	○	○	○
67-4 나의 인생을 방해하는 장애물들이 너무 많다.	○	○	○	○	○	○	○

68

문항	응답 I					응답 II	
	전혀 그렇지 않다	그렇지 않다	보통 이다	그렇다	매우 그렇다	멀다	가깝다
68-1 내가 믿는 종교는 진리라고 생각한다.	○	○	○	○	○	○	○
68-2 타인의 종교에 배타적인 편이다.	○	○	○	○	○	○	○
68-3 모든 종교는 허구라고 생각한다.	○	○	○	○	○	○	○
68-4 보이지 않는 것은 믿을 수가 없다.	○	○	○	○	○	○	○

69

문항	응답 Ⅰ					응답 Ⅱ	
	전혀 그렇지 않다	그렇지 않다	보통 이다	그렇다	매우 그렇다	멀다	가깝다
69-1 인간의 능력으로 될 수 없는 일이 너무 많다.	○	○	○	○	○	○	○
69-2 합리적인 이성에 의해 세상은 모두 설명된다.	○	○	○	○	○	○	○
69-3 갑자기 타인이 공격해 오면 바로 반격할 것이다.	○	○	○	○	○	○	○
69-4 타인에게 공격당하면 반드시 되돌려 주어야 한다.	○	○	○	○	○	○	○

70

문항	응답 Ⅰ					응답 Ⅱ	
	전혀 그렇지 않다	그렇지 않다	보통 이다	그렇다	매우 그렇다	멀다	가깝다
70-1 작은 일도 많이 고민하고 결정해야 한다.	○	○	○	○	○	○	○
70-2 쉽게 결정한다면 실패할 것이라 생각한다.	○	○	○	○	○	○	○
70-3 정확성보다는 신속성이 우선이다.	○	○	○	○	○	○	○
70-4 계획적인 삶이야말로 이상적인 삶이다.	○	○	○	○	○	○	○

71

문항	응답 Ⅰ					응답 Ⅱ	
	전혀 그렇지 않다	그렇지 않다	보통 이다	그렇다	매우 그렇다	멀다	가깝다
71-1 내가 가진 조건은 실망스럽다.	○	○	○	○	○	○	○
71-2 지금 내 모습과 주변환경은 만족스럽다.	○	○	○	○	○	○	○
71-3 타인에게 감정을 잘 드러내지 않는다.	○	○	○	○	○	○	○
71-4 감정이 쉽게 표출되는 편이다.	○	○	○	○	○	○	○

72

문항	응답 I					응답 II	
	전혀 그렇지 않다	그렇지 않다	보통 이다	그렇다	매우 그렇다	멀다	가깝다
72-1 말수가 적은 편이다.	○	○	○	○	○	○	○
72-2 지인들과 대화를 많이 하는 편이다.	○	○	○	○	○	○	○
72-3 즐거운 대화는 삶을 더 풍요롭게 한다.	○	○	○	○	○	○	○
72-4 다수의 의견을 존중하는 편이다.	○	○	○	○	○	○	○

73

문항	응답 I					응답 II	
	전혀 그렇지 않다	그렇지 않다	보통 이다	그렇다	매우 그렇다	멀다	가깝다
73-1 모두 찬성을 해도 혼자 반대한 적이 있다.	○	○	○	○	○	○	○
73-2 자신의 목소리를 크게 내는 것이 이기는 것 이다.	○	○	○	○	○	○	○
73-3 승부근성이 강한 편이다.	○	○	○	○	○	○	○
73-4 타인과의 경쟁에서는 반드시 이겨야 한다.	○	○	○	○	○	○	○

74

문항	응답 I					응답 II	
	전혀 그렇지 않다	그렇지 않다	보통 이다	그렇다	매우 그렇다	멀다	가깝다
74-1 악의를 가지고 거짓말 한 적이 있다.	○	○	○	○	○	○	○
74-2 잘못을 감추기 위해 거짓말을 할 수 있다.	○	○	○	○	○	○	○
74-3 자신을 위해 타인의 실수를 부풀린 적이 있다.	○	○	○	○	○	○	○
74-4 타인을 위해 자신이 실수를 덮어쓴 적이 있다.	○	○	○	○	○	○	○

75

문항	응답 I					응답 II	
	전혀 그렇지 않다	그렇지 않다	보통 이다	그렇다	매우 그렇다	멀다	가깝다
75-1 정직한 사람은 어디서든 성공할 것이다.	○	○	○	○	○	○	○
75-2 상황에 따라 적당한 거짓말도 필요하다.	○	○	○	○	○	○	○
75-3 어떤 상황에서든 정직이 최선이다.	○	○	○	○	○	○	○
75-4 선의의 거짓말은 반드시 필요하다.	○	○	○	○	○	○	○

76

문항	응답 I					응답 II	
	전혀 그렇지 않다	그렇지 않다	보통 이다	그렇다	매우 그렇다	멀다	가깝다
76-1 내 결혼식 때 친구들이 많이 올 것이다.	○	○	○	○	○	○	○
76-2 평소에 친구들에게 연락을 자주 하는 편이다.	○	○	○	○	○	○	○
76-3 많은 친구들을 만나는 것은 시간낭비이다.	○	○	○	○	○	○	○
76-4 친구들의 전화번호를 모두 외우고 있다.	○	○	○	○	○	○	○

77

문항	응답 I					응답 II	
	전혀 그렇지 않다	그렇지 않다	보통 이다	그렇다	매우 그렇다	멀다	가깝다
77-1 나는 싫어하는 사람이 없다.	○	○	○	○	○	○	○
77-2 나를 싫어하는 사람이 없다.	○	○	○	○	○	○	○
77-3 특별히 싫은 유형의 사람이 있다.	○	○	○	○	○	○	○
77-4 특별히 좋은 사람도 없고 싫은 사람도 없다.	○	○	○	○	○	○	○

78

문항	응답 I					응답 II	
	전혀 그렇지 않다	그렇지 않다	보통 이다	그렇다	매우 그렇다	멀다	가깝다
78-1 지인의 사소한 충고에도 늘 신경을 쓴다.	○	○	○	○	○	○	○
78-2 타인의 말이 마음에 남을 때가 많다.	○	○	○	○	○	○	○
78-3 자신에게 상처주는 말을 하는 사람이 많다.	○	○	○	○	○	○	○
78-4 타인의 말에 상처를 받지 않는다.	○	○	○	○	○	○	○

79

문항	응답 I					응답 II	
	전혀 그렇지 않다	그렇지 않다	보통 이다	그렇다	매우 그렇다	멀다	가깝다
79-1 흐린 날에는 반드시 우산을 가지 나간다.	○	○	○	○	○	○	○
79-2 중요한 일은 밤을 세워서 준비한다.	○	○	○	○	○	○	○
79-3 준비성이 철저한 편이 아니다.	○	○	○	○	○	○	○
79-4 우산이 없으면 그냥 비를 맞고 다니는 편이다.	○	○	○	○	○	○	○

80

문항	응답 I					응답 II	
	전혀 그렇지 않다	그렇지 않다	보통 이다	그렇다	매우 그렇다	멀다	가깝다
80-1 타인의 생명을 위해 목숨을 내놓을 수 있다.	○	○	○	○	○	○	○
80-2 뉴스의 대형사고 소식을 접하면 안타깝다.	○	○	○	○	○	○	○
80-3 타인의 불행에 무감각한 편이다.	○	○	○	○	○	○	○
80-4 타인의 생명에 관여하고 싶지 않다.	○	○	○	○	○	○	○

81

문항	응답 Ⅰ					응답 Ⅱ	
	전혀 그렇지 않다	그렇지 않다	보통 이다	그렇다	매우 그렇다	멀다	가깝다
81-1 불합리한 일을 당하면 참을 수 없다.	○	○	○	○	○	○	○
81-2 불합리한 일을 당해도 참는 것이 좋다.	○	○	○	○	○	○	○
81-3 상사가 사적인 일을 지시해도 불만 없이 수 행한다.	○	○	○	○	○	○	○
81-4 조직의 불합리한 관행은 고쳐져야 한다.	○	○	○	○	○	○	○

82

문항	응답 Ⅰ					응답 Ⅱ	
	전혀 그렇지 않다	그렇지 않다	보통 이다	그렇다	매우 그렇다	멀다	가깝다
82-1 특별히 열정을 가지고 하는 일이 있다.	○	○	○	○	○	○	○
82-2 가끔 나의 삶이 무미건조하게 느껴진다.	○	○	○	○	○	○	○
82-3 특별한 취미가 없다.	○	○	○	○	○	○	○
82-4 일을 하느라 취미생활을 할 여유가 없다.	○	○	○	○	○	○	○

83

문항	응답 Ⅰ					응답 Ⅱ	
	전혀 그렇지 않다	그렇지 않다	보통 이다	그렇다	매우 그렇다	멀다	가깝다
83-1 나만의 독특한 취미를 가지고 있다.	○	○	○	○	○	○	○
83-2 건강을 위해 많은 노력을 하는 편이다.	○	○	○	○	○	○	○
83-3 체력이 약한 편이다.	○	○	○	○	○	○	○
83-4 적어도 일주일에 한 번 이상 운동을 한다.	○	○	○	○	○	○	○

84

문항	응답 I					응답 II	
	전혀 그렇지 않다	그렇지 않다	보통 이다	그렇다	매우 그렇다	멀다	가깝다
84-1 새해 계획대로 실천하는 편이다.	○	○	○	○	○	○	○
84-2 계속 계획을 세우지만 실천하기는 어렵다.	○	○	○	○	○	○	○
84-3 매일 일정을 계획하고 준비한다.	○	○	○	○	○	○	○
84-4 계획대로 사는 삶은 흥미가 없다.	○	○	○	○	○	○	○

85

문항	응답 I					응답 II	
	전혀 그렇지 않다	그렇지 않다	보통 이다	그렇다	매우 그렇다	멀다	가깝다
85-1 영어 외에 다른 외국어 학습에도 관심이 많다.	○	○	○	○	○	○	○
85-2 전공이나 관심사에만 관심이 많다.	○	○	○	○	○	○	○
85-3 해외여행의 경험이 없다.	○	○	○	○	○	○	○
85-4 외국에 대해 관심이 전혀 없다.	○	○	○	○	○	○	○

86

문항	응답 I					응답 II	
	전혀 그렇지 않다	그렇지 않다	보통 이다	그렇다	매우 그렇다	멀다	가깝다
86-1 감정이 얼굴에 잘 드러난다.	○	○	○	○	○	○	○
86-2 감정이 얼굴에 잘 드러나지 않는다.	○	○	○	○	○	○	○
86-3 나는 냉정한 편이라고 생각된다.	○	○	○	○	○	○	○
86-4 나는 온화한 편이라고 생각된다.	○	○	○	○	○	○	○

87

문항	응답 I					응답 II	
	전혀 그렇지 않다	그렇지 않다	보통 이다	그렇다	매우 그렇다	멀다	가깝다
87-1 좋지 않은 말은 직접적으로 상대방에게 하지 않는다.	○	○	○	○	○	○	○
87-2 하고 싶은 말은 반드시 하는 편이다.	○	○	○	○	○	○	○
87-3 억울한 일을 당해도 해명하지 않는 편이다.	○	○	○	○	○	○	○
87-4 타인에게 당한 만큼 갚아줘야 하는 편이다.	○	○	○	○	○	○	○

88

문항	응답 I					응답 II	
	전혀 그렇지 않다	그렇지 않다	보통 이다	그렇다	매우 그렇다	멀다	가깝다
88-1 적절한 경쟁은 생활의 활력소가 된다.	○	○	○	○	○	○	○
88-2 경쟁에서 뒤처지지 않기 위해 부정도 저지를 수 있다.	○	○	○	○	○	○	○
88-3 남보다 경쟁력을 갖추고 있다고 생각한다.	○	○	○	○	○	○	○
88-4 나쁜 일을 해도 죄의식을 갖지 않는다.	○	○	○	○	○	○	○

89

문항	응답 I					응답 II	
	전혀 그렇지 않다	그렇지 않다	보통 이다	그렇다	매우 그렇다	멀다	가깝다
89-1 돈많고 잘생긴 친구가 부럽다.	○	○	○	○	○	○	○
89-2 멋진 이성을 사귀는 친구가 부럽다.	○	○	○	○	○	○	○
89-3 나 자신의 현재 모습에 만족한다.	○	○	○	○	○	○	○
89-4 돈 많은 부모를 다시 만나고 싶다.	○	○	○	○	○	○	○

90

문항	응답 I					응답 II	
	전혀 그렇지 않다	그렇지 않다	보통 이다	그렇다	매우 그렇다	멀다	가깝다
90-1 나는 이성을 사귀는 주요 기준이 외모이다.	○	○	○	○	○	○	○
90-2 이성 교제시 중요한 것은 내적인 아름다움이다.	○	○	○	○	○	○	○
90-3 이성 교제는 서로에게 발전적인 만남이다.	○	○	○	○	○	○	○
90-4 이성 교제시 3달 이상을 넘겨 본 적이 없다.	○	○	○	○	○	○	○

91

문항	응답 I					응답 II	
	전혀 그렇지 않다	그렇지 않다	보통 이다	그렇다	매우 그렇다	멀다	가깝다
91-1 아끼고 사랑하는 사람이 있다.	○	○	○	○	○	○	○
91-2 거리낌 없이 마음을 나눌 수 있는 상대가 있다.	○	○	○	○	○	○	○
91-3 실속없이 시간을 보내는 자신에게 화가 난다.	○	○	○	○	○	○	○
91-4 시간이 아까워 분 단위로 나누어 쓴다.	○	○	○	○	○	○	○

92

문항	응답 I					응답 II	
	전혀 그렇지 않다	그렇지 않다	보통 이다	그렇다	매우 그렇다	멀다	가깝다
92-1 세상은 기쁨보다 슬픔이 더 많은 것 같다.	○	○	○	○	○	○	○
92-2 세상에는 사랑보다 미움과 증오가 더 많다.	○	○	○	○	○	○	○
92-3 모든 인간은 이기적이다.	○	○	○	○	○	○	○
92-4 나는 이기적이지 않다.	○	○	○	○	○	○	○

93

문항	응답 Ⅰ					응답 Ⅱ	
	전혀 그렇지 않다	그렇지 않다	보통 이다	그렇다	매우 그렇다	멀다	가깝다
93-1 쓰레기를 길에 버린 적이 없다.	○	○	○	○	○	○	○
93-2 차가 없으면 횡단보도를 신호를 무시하고 건 넌다.	○	○	○	○	○	○	○
93-3 상사에게 너무 순종하면 손해를 본다.	○	○	○	○	○	○	○
93-4 경우에 따라 상사에게 화를 낼 수도 있다.	○	○	○	○	○	○	○

PART

V

면접

01 면접의 기본

① 면접준비

(1) 면접의 기본 원칙

① **면접의 의미** … 면접이란 다양한 면접기법을 활용하여 지원한 직무에 필요한 능력을 지원자가 보유하고 있는지를 확인하는 절차라고 할 수 있다. 즉, 지원자의 입장에서는 채용 직무수행에 필요한 요건들과 관련하여 자신의 환경, 경험, 관심사, 성취 등에 대해 기업에 직접 어필할 수 있는 기회를 제공받는 것이며, 기업의 입장에서는 서류전형만으로 알 수 없는 지원자에 대한 정보를 직접적으로 수집하고 평가하는 것이다.

② **면접의 특징** … 면접은 기업의 입장에서 서류전형이나 필기전형에서 드러나지 않는 지원자의 능력이나 성향을 볼 수 있는 기회로, 면대면으로 이루어지며 즉흥적인 질문들이 포함될 수 있기 때문에 지원자가 완벽하게 준비하기 어려운 부분이 있다. 하지만 지원자 입장에서도 서류전형이나 필기전형에서 모두 보여주지 못한 자신의 능력 등을 기업의 인사담당자에게 어필할 수 있는 추가적인 기회가 될 수도 있다.

[서류 · 필기전형과 차별화되는 면접의 특징]

- 직무수행과 관련된 다양한 지원자 행동에 대한 관찰이 가능하다.
- 면접관이 알고자 하는 정보를 심층적으로 파악할 수 있다.
- 서류상의 미비한 사항과 의심스러운 부분을 확인할 수 있다.
- 커뮤니케이션 능력, 대인관계 능력 등 행동 · 언어적 정보도 얻을 수 있다.

③ 면접의 유형

    ㉠ **구조화 면접** : 구조화 면접은 사전에 계획을 세워 질문의 내용과 방법, 지원자의 답변 유형에 따른 추가 질문과 그에 대한 평가 역량이 정해져 있는 면접 방식으로 표준화 면접이라고도 한다.

      - 표준화된 질문이나 평가요소가 면접 전 확정되며, 지원자는 편성된 조나 면접관에 영향을 받지 않고 동일한 질문과 시간을 부여받을 수 있다.

      - 조직 또는 직무별로 주요하게 도출된 역량을 기반으로 평가요소가 구성되어, 조직 또는 직무에서 필요한 역량을 가진 지원자를 선발할 수 있다.

      - 표준화된 형식을 사용하는 특성 때문에 비구조화 면접에 비해 신뢰성과 타당성, 객관성이 높다.

ⓛ 비구조화 면접 : 비구조화 면접은 면접 계획을 세울 때 면접 목적만을 명시하고 내용이나 방법은 면접관에게 전적으로 일임하는 방식으로 비표준화 면접이라고도 한다.

- 표준화된 질문이나 평가요소 없이 면접이 진행되며, 편성된 조나 면접관에 따라 지원자에게 주어지는 질문이나 시간이 다르다.
- 면접관의 주관적인 판단에 따라 평가가 이루어져 평가 오류가 빈번히 일어난다.
- 상황 대처나 언변이 뛰어난 지원자에게 유리한 면접이 될 수 있다.

④ 경쟁력 있는 면접 요령

㉠ 면접 전에 준비하고 유념할 사항

- 예상 질문과 답변을 미리 작성한다.
- 작성한 내용을 문장으로 외우지 않고 키워드로 기억한다.
- 지원한 회사의 최근 기사를 검색하여 기억한다.
- 지원한 회사가 속한 산업군의 최근 기사를 검색하여 기억한다.
- 면접 전 1주일간 이슈가 되는 뉴스를 기억하고 자신의 생각을 반영하여 정리한다.
- 찬반토론에 대비한 주제를 목록으로 정리하여 자신의 논리를 내세운 예상답변을 작성한다.

㉡ 면접장에서 유념할 사항

- 질문의 의도 파악 : 답변을 할 때에는 질문 의도를 파악하고 그에 충실한 답변이 될 수 있도록 질문사항을 유념해야 한다. 많은 지원자가 하는 실수 중 하나로 답변을 하는 도중 자기 말에 심취되어 질문의 의도와 다른 답변을 하거나 자신이 알고 있는 지식만을 나열하는 경우가 있는데, 이럴 경우 의사소통능력이 부족한 사람으로 인식될 수 있으므로 주의하도록 한다.
- 답변은 두괄식 : 답변을 할 때에는 두괄식으로 결론을 먼저 말하고 그 이유를 설명하는 것이 좋다. 미괄식으로 답변을 할 경우 용두사미의 답변이 될 가능성이 높으며, 결론을 이끌어 내는 과정에서 논리성이 결여될 우려가 있다. 또한 면접관이 결론을 듣기 전에 말을 끊고 다른 질문을 추가하는 예상치 못한 상황이 발생될 수 있으므로 답변은 자신이 전달하고자 하는 바를 먼저 밝히고 그에 대한 설명을 하는 것이 좋다.
- 지원한 회사의 기업정신과 인재상을 기억 : 답변을 할 때에는 회사가 원하는 인재라는 인상을 심어주기 위해 지원한 회사의 기업정신과 인재상 등을 염두에 두고 답변을 하는 것이 좋다. 모든 회사에 해당되는 두루뭉술한 답변보다는 지원한 회사에 맞는 맞춤형 답변을 하는 것이 좋다.
- 나보다는 회사와 사회적 관점에서 답변 : 답변을 할 때에는 자기중심적인 관점을 피하고 좀 더 넓은 시각으로 회사와 국가, 사회적 입장까지 고려하는 인재임을 어필하는 것이 좋다. 자기중심적 시각을 바탕으로 자신의 출세만을 위해 회사에 입사하려는 인상을 심어줄 경우 면접에서 불이익을 받을 가능성이 높다.
- 난처한 질문은 정직한 답변 : 난처한 질문에 답변을 해야 할 때에는 피하기보다는 정면 돌파로 정직하고 솔직하게 답변하는 것이 좋다. 난처한 부분을 감추고 드러내지 않으려 회피하려는 지원자의 모습은 인사담당자에게 입사 후에도 비슷한 상황에 처했을 때 회피할 수도 있다는 우려를 심어줄 수 있다. 따라서 직장생활에 있어 중요한 덕목 중 하나인 정직을 바탕으로 솔직하게 답변을 하도록 한다.

(2) 면접의 종류 및 준비 전략

① 인성면접

㉠ 면접 방식 및 판단기준

- 면접 방식 : 인성면접은 면접관이 가지고 있는 개인적 면접 노하우나 관심사에 의해 질문을 실시한다. 주로 입사지원서나 자기소개서의 내용을 토대로 지원동기, 과거의 경험, 미래 포부 등을 이야기하도록 하는 방식이다.
- 판단기준 : 면접관의 개인적 가치관과 경험, 해당 역량의 수준, 경험의 구체성·진실성 등

㉡ 특징 : 인성면접은 그 방식으로 인해 역량과 무관한 질문들이 많고 지원자에게 주어지는 면접질문, 시간 등이 다를 수 있다. 또한 입사지원서나 자기소개서의 내용을 토대로 하기 때문에 지원자별 질문이 달라질 수 있다.

㉢ 예시 문항 및 준비전략

- 예시 문항

> - 3분 동안 자기소개를 해 보십시오.
> - 자신의 장점과 단점을 말해 보십시오.
> - 학점이 좋지 않은데 그 이유가 무엇입니까?
> - 최근에 인상 깊게 읽은 책은 무엇입니까?
> - 회사를 선택할 때 중요시하는 것은 무엇입니까?
> - 일과 개인생활 중 어느 쪽을 중시합니까?
> - 10년 후 자신은 어떤 모습일 것이라고 생각합니까?
> - 휴학 기간 동안에는 무엇을 했습니까?

- 준비전략 : 인성면접은 입사지원서나 자기소개서의 내용을 바탕으로 하는 경우가 많으므로 자신이 작성한 입사지원서와 자기소개서의 내용을 충분히 숙지하도록 한다. 또한 최근 사회적으로 이슈가 되고 있는 뉴스에 대한 견해를 묻거나 시사상식 등에 대한 질문을 받을 수 있으므로 이에 대한 대비도 필요하다. 자칫 부담스러워 보이지 않는 질문으로 가볍게 대답하지 않도록 주의하고 모든 질문에 입사 의지를 담아 성실하게 답변하는 것이 중요하다.

② 발표면접

㉠ 면접 방식 및 판단기준

- 면접 방식 : 지원자가 특정 주제와 관련된 자료를 검토하고 그에 대한 자신의 생각을 면접관 앞에서 주어진 시간 동안 발표하고 추가 질의를 받는 방식으로 진행된다.
- 판단기준 : 지원자의 사고력, 논리력, 문제해결력 등

㉡ 특징 : 발표면접은 지원자에게 과제를 부여한 후, 과제를 수행하는 과정과 결과를 관찰·평가한다. 따라서 과제수행 결과뿐 아니라 수행과정에서의 행동을 모두 평가할 수 있다.

ⓒ 예시 문항 및 준비전략

• 예시 문항

[신입사원 조기 이직 문제]

※ 지원자는 아래에 제시된 자료를 검토한 뒤, 신입사원 조기 이직의 원인을 크게 3가지로 정리하고 이에 대한 구체적인 개선안을 도출하여 발표해 주시기 바랍니다.

※ 본 과제에 정해진 정답은 없으나 논리적 근거를 들어 개선안을 작성해 주십시오.

• A기업은 동종업계 유사기업들과 비교해 볼 때, 비교적 높은 재무안정성을 유지하고 있으며 업무강도가 그리 높지 않은 것으로 외부에 알려져 있음.
• 최근 조사결과, 동종업계 유사기업들과 연봉을 비교해 보았을 때 연봉 수준도 그리 나쁘지 않은 편이라는 것이 확인되었음.
• 그러나 지난 3년간 1~2년차 직원들의 이직률이 계속해서 증가하고 있는 추세이며, 경영진 회의에서 최우선 해결과제 중 하나로 거론되었음.
• 이에 따라 인사팀에서 현재 1~2년차 사원들을 대상으로 개선되어야 하는 A기업의 조직문화에 대한 설문조사를 실시한 결과, '상명하복식의 의사소통'이 36.7%로 1위를 차지했음.
• 이러한 설문조사와 함께, 신입사원 조기 이직에 대한 원인을 분석한 결과 파랑새 증후군, 셀프홀릭 증후군, 피터팬 증후군 등 3가지로 분류할 수 있었음.

〈동종업계 유사기업들과의 연봉 비교〉

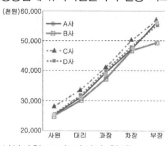

〈우리 회사 조직문화 중 개선되었으면 하는 것〉

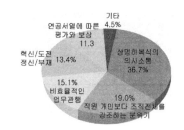

〈신입사원 조기 이직의 원인〉

• 파랑새 증후군
- 현재의 직장보다 더 좋은 직장이 있을 것이라는 막연한 기대감으로 끊임없이 새로운 직장을 탐색함.
- 학력 수준과 맞지 않는 '하향지원', 전공과 적성을 고려하지 않고 일단 취업하고 보자는 '묻지마 지원'이 파랑새 증후군을 초래함.

• 셀프홀릭 증후군
- 본인의 역량에 비해 가치가 낮은 일을 주로 하면서 갈등을 느낌.

• 피터팬 증후군
- 기성세대의 문화를 무조건 수용하기보다는 자유로움과 변화를 추구함.
- 상명하복, 엄격한 규율 등 기성세대가 당연시하는 관행에 거부감을 가지며 직장에 답답함을 느낌.

- 준비전략 : 발표면접의 시작은 과제 안내문과 과제 상황, 과제 자료 등을 정확하게 이해하는 것에서 출발한다. 과제 안내문을 침착하게 읽고 제시된 주제 및 문제와 관련된 상황의 맥락을 파악한 후 과제를 검토한다. 제시된 기사나 그래프 등을 충분히 활용하여 주어진 문제를 해결할 수 있는 해결책이나 대안을 제시하며, 발표를 할 때에는 명확하고 자신 있는 태도로 전달할 수 있도록 한다.

③ 토론면접

  ㉠ 면접 방식 및 판단기준

- 면접 방식 : 상호갈등적 요소를 가진 과제 또는 공통의 과제를 해결하는 내용의 토론 과제를 제시하고, 그 과정에서 개인 간의 상호작용 행동을 관찰하는 방식으로 면접이 진행된다.
- 판단기준 : 팀워크, 적극성, 갈등 조정, 의사소통능력, 문제해결능력 등

  ㉡ 특징 : 토론을 통해 도출해 낸 최종안의 타당성도 중요하지만, 결론을 도출해 내는 과정에서의 의사소통능력이나 갈등상황에서 의견을 조정하는 능력 등이 중요하게 평가되는 특징이 있다.

  ㉢ 예시 문항 및 준비전략

- 예시 문항

> - 군 가산점제 부활에 대한 찬반토론
> - 담뱃값 인상에 대한 찬반토론
> - 비정규직 철폐에 대한 찬반토론
> - 대학의 영어 강의 확대 찬반토론
> - 워크숍 장소 선정을 위한 토론

- 준비전략 : 토론면접은 무엇보다 팀워크와 적극성이 강조된다. 따라서 토론과정에 적극적으로 참여하며 자신의 의사를 분명하게 전달하며, 갈등상황에서 자신의 의견만 내세울 것이 아니라 다른 지원자의 의견을 경청하고 배려하는 모습도 중요하다. 갈등상황을 일목요연하게 정리하여 조정하는 등의 의사소통능력을 발휘하는 것도 좋은 전략이 될 수 있다.

④ 상황면접

  ㉠ 면접 방식 및 판단기준

- 면접 방식 : 상황면접은 직무 수행 시 접할 수 있는 상황들을 제시하고, 그러한 상황에서 어떻게 행동할 것인지를 이야기하는 방식으로 진행된다.
- 판단기준 : 해당 상황에 적절한 역량의 구현과 구체적 행동지표

  ㉡ 특징 : 실제 직무 수행 시 접할 수 있는 상황들을 제시하므로 입사 이후 지원자의 업무수행능력을 평가하는 데 적절한 면접 방식이다. 또한 지원자의 가치관, 태도, 사고방식 등의 요소를 통합적으로 평가하는 데 용이하다.

ⓒ 예시 문항 및 준비전략

- 예시 문항

> 당신은 생산관리팀의 팀원으로, 생산팀이 기한에 맞춰 효율적으로 제품을 생산할 수 있도록 관리하는
> 역할을 맡고 있습니다. 3개월 뒤에 제품A를 정상적으로 출시하기 위해 생산팀의 생산 계획을 수립한
> 상황입니다. 그러나 원가가 곧 실적으로 이어지는 구매팀에서는 최대한 원가를 줄여 전반적 단가를
> 낮추려고 원가절감을 위한 제안을 하였으나, 연구개발팀에서는 구매팀이 제안한 방식으로 제품을 생
> 산할 경우 대부분이 구매팀의 실적으로 산정될 것이므로 제대로 확인도 해보지 않은 채 적합하지 않
> 은 방식이라고 판단하고 있습니다. 당신은 어떻게 하겠습니까?

- 준비전략 : 상황면접은 먼저 주어진 상황에서 핵심이 되는 문제가 무엇인지를 파악하는 것에서 시작한다. 주질문과 세부질문을 통하여 질문의 의도를 파악하였다면, 그에 대한 구체적인 행동이나 생각 등에 대해 응답할수록 높은 점수를 얻을 수 있다.

⑤ 역할면접

㉠ 면접 방식 및 판단기준

- 면접 방식 : 역할면접 또는 역할연기 면접은 기업 내 발생 가능한 상황에서 부딪히게 되는 문제와 역할을 가상적으로 설정하여 특정 역할을 맡은 사람과 상호작용하고 문제를 해결해 나가도록 하는 방식으로 진행된다. 역할연기 면접에서는 면접관이 직접 역할연기를 하면서 지원자를 관찰하기도 하지만, 역할연기 수행만 전문적으로 하는 사람을 투입할 수도 있다.
- 판단기준 : 대처능력, 대인관계능력, 의사소통능력 등

㉡ 특징 : 역할면접은 실제 상황과 유사한 가상 상황에서의 행동을 관찰함으로서 지원자의 성격이나 대처 행동 등을 관찰할 수 있다.

㉢ 예시 문항 및 준비전략

- 예시 문항

> [금융권 역할면접의 예]
> 당신은 ○○은행의 신입 텔러이다. 사람이 많은 월말 오전 한 할아버지(면접관 또는 역할담당자)께서 ○
> ○은행을 사칭한 보이스피싱으로 500만 원을 피해 보았다며 소란을 일으키고 있다. 실제 업무상황이라
> 고 생각하고 상황에 대처해 보시오.

- 준비전략 : 역할연기 면접에서 측정하는 역량은 주로 갈등의 원인이 되는 문제를 해결 하고 제시된 해결방안을 상대방에게 설득하는 것이다. 따라서 갈등해결, 문제해결, 조정·통합, 설득력과 같은 역량이 중요시된다. 또한 갈등을 해결하기 위해서 상대방에 대한 이해도 필수적인 요소이므로 고객 지향을 염두에 두고 상황에 맞게 대처해야 한다.

역할면접에서는 변별력을 높이기 위해 면접관이 압박적인 분위기를 조성하는 경우가 많기 때문에 스트레스 상황에서 불안해하지 않고 유연하게 대처할 수 있도록 시간과 노력을 들여 충분히 연습하는 것이 좋다.

② 면접 이미지 메이킹

(1) 성공적인 이미지 메이킹 포인트

① 복장 및 스타일

㉠ 남성

- 양복 : 양복은 단색으로 하며 넥타이나 셔츠로 포인트를 주는 것이 효과적이다. 짙은 회색이나 감청색이 가장 단정하고 품위 있는 인상을 준다.
- 셔츠 : 흰색이 가장 선호되나 자신의 피부색에 맞추는 것이 좋다. 푸른색이나 베이지색은 산뜻한 느낌을 줄 수 있다. 양복과의 배색도 고려하도록 한다.
- 넥타이 : 의상에 포인트를 줄 수 있는 아이템이지만 너무 화려한 것은 피한다. 지원자의 피부색은 물론, 정장과 셔츠의 색을 고려하며, 체격에 따라 넥타이 폭을 조절하는 것이 좋다.
- 구두&양말 : 구두는 검정색이나 짙은 갈색이 어느 양복에나 무난하게 어울리며 깔끔하게 닦아 준비한다. 양말은 정장과 동일한 색상이나 검정색을 착용한다.
- 헤어스타일 : 머리스타일은 단정한 느낌을 주는 짧은 헤어스타일이 좋으며 앞머리가 있다면 이마나 눈썹을 가리지 않는 선에서 정리하는 것이 좋다.

ⓛ 여성

- 의상 : 단정한 스커트 투피스 정장이나 슬랙스 슈트가 무난하다. 블랙이나 그레이, 네이비, 브라운 등 차분해 보이는 색상을 선택하는 것이 좋다.
- 소품 : 구두, 핸드백 등은 같은 계열로 코디하는 것이 좋으며 구두는 너무 화려한 디자인이나 굽이 높은 것을 피한다. 스타킹은 의상과 구두에 맞춰 단정한 것으로 선택한다.
- 액세서리 : 액세서리는 너무 크거나 화려한 것은 좋지 않으며 과하게 많이 하는 것도 좋은 인상을 주지 못한다. 착용하지 않거나 작고 깔끔한 디자인으로 포인트를 주는 정도가 적당하다.
- 메이크업 : 화장은 자연스럽고 밝은 이미지를 표현하는 것이 좋으며 진한 색조는 인상이 강해 보일 수 있으므로 피한다.
- 헤어스타일 : 커트나 단발처럼 짧은 머리는 활동적이면서도 단정한 이미지를 줄 수 있도록 정리한다. 긴 머리의 경우 하나로 묶거나 단정한 머리망으로 정리하는 것이 좋으며, 짙은 염색이나 화려한 웨이브는 피한다.

② 인사

㉠ 인사의 의미 : 인사는 예의범절의 기본이며 상대방의 마음을 여는 기본적인 행동이라고 할 수 있다. 인사는 처음 만나는 면접관에게 호감을 살 수 있는 가장 쉬운 방법이 될 수 있기도 하지만 제대로 예의를 지키지 않으면 지원자의 인성 전반에 대한 평가로 이어질 수 있으므로 각별히 주의해야 한다.

ⓛ 인사의 핵심 포인트

- 인사말 : 인사말을 할 때에는 밝고 친근감 있는 목소리로 하며, 자신의 이름과 수험번호 등을 간략하게 소개한다.
- 시선 : 인사는 상대방의 눈을 보며 하는 것이 중요하며 너무 빤히 쳐다본다는 느낌이 들지 않도록 주의한다.
- 표정 : 인사는 마음에서 우러나오는 존경이나 반가움을 표현하고 예의를 차리는 것이므로 살짝 미소를 지으며 하는 것이 좋다.
- 자세 : 인사를 할 때에는 가볍게 목만 숙인다거나 흐트러진 상태에서 인사를 하지 않도록 주의하며 절도 있고 확실하게 하는 것이 좋다.

③ 시선처리와 표정, 목소리

　㉠ **시선처리와 표정** : 표정은 면접에서 지원자의 첫인상을 결정하는 중요한 요소이다. 얼굴표정은 사람의 감정을 가장 잘 표현할 수 있는 의사소통 도구로 표정 하나로 상대방에게 호감을 주거나, 비호감을 사기도 한다. 호감이 가는 인상의 특징은 부드러운 눈썹, 자연스러운 미간, 적당히 볼록한 광대, 올라간 입 꼬리 등으로 가볍게 미소를 지을 때의 표정과 일치한다. 따라서 면접 중에는 밝은 표정으로 미소를 지어 호감을 형성할 수 있도록 한다. 시선은 면접관과 고르게 맞추되 생기 있는 눈빛을 띄도록 하며, 너무 빤히 쳐다본다는 인상을 주지 않도록 한다.

　㉡ **목소리** : 면접은 주로 면접관과 지원자의 대화로 이루어지므로 목소리가 미치는 영향이 상당하다. 답변을 할 때에는 부드러우면서도 활기차고 생동감 있는 목소리로 하는 것이 면접관에게 호감을 줄 수 있으며 적당한 제스처가 더해진다면 상승효과를 얻을 수 있다. 그러나 적절한 답변을 하였음에도 불구하고 콧소리나 날카로운 목소리, 자신감 없는 작은 목소리는 답변의 신뢰성을 떨어뜨릴 수 있으므로 주의하도록 한다.

④ 자세

　㉠ 걷는 자세
　　• 면접장에 입실할 때에는 상체를 곧게 유지하고 발끝은 평행이 되게 하며 무릎을 스치듯 11자로 걷는다.
　　• 시선은 정면을 향하고 턱은 가볍게 당기며 어깨나 엉덩이가 흔들리지 않도록 주의한다.
　　• 발바닥 전체가 닿는 느낌으로 안정감 있게 걸으며 발소리가 나지 않도록 주의한다.
　　• 보폭은 어깨넓이만큼이 적당하지만, 스커트를 착용했을 경우 보폭을 줄인다.
　　• 걸을 때도 미소를 유지한다.

　㉡ 서있는 자세
　　• 몸 전체를 곧게 펴고 가슴을 자연스럽게 내민 후 등과 어깨에 힘을 주지 않는다.
　　• 정면을 바라본 상태에서 턱을 약간 당기고 아랫배에 힘을 주어 당기며 바르게 선다.
　　• 양 무릎과 발뒤꿈치는 붙이고 발끝은 11자 또는 V형을 취한다.
　　• 남성의 경우 팔을 자연스럽게 내리고 양손을 가볍게 쥐어 바지 옆선에 붙이고, 여성의 경우 공수자세를 유지한다.

ⓒ 앉은 자세

• 남성

> • 의자 깊숙이 앉고 등받이와 등 사이에 주먹 1개 정도의 간격을 두며 기대듯 앉지 않도록 주의한다.
> (남녀 공통 사항)
> • 무릎 사이에 주먹 2개 정도의 간격을 유지하고 발끝은 11자를 취한다.
> • 시선은 정면을 바라보며 턱은 가볍게 당기고 미소를 짓는다. (남녀 공통 사항)
> • 양손은 가볍게 주먹을 쥐고 무릎 위에 올려놓는다.
> • 앉고 일어날 때에는 자세가 흐트러지지 않도록 주의한다. (남녀 공통 사항)

• 여성

> • 스커트를 입었을 경우 왼손으로 뒤쪽 스커트 자락을 누르고 오른손으로 앞쪽 자락을 누르며 의자에 앉는다.
> • 무릎은 붙이고 발끝을 가지런히 하며, 다리를 왼쪽으로 비스듬히 기울이면 단정해 보이는 효과가 있다.
> • 양손을 모아 무릎 위에 모아 놓으며 스커트를 입었을 경우 스커트 위를 가볍게 누르듯이 올려놓는다.

(2) 면접 예절

① 행동 관련 예절

ⓐ **지각은 절대금물** : 시간을 지키는 것은 예절의 기본이다. 지각을 할 경우 면접에 응시할 수 없거나, 면접 기회가 주어지더라도 불이익을 받을 가능성이 높아진다. 따라서 면접장소가 결정되면 교통편과 소요시간을 확인하고 가능하다면 사전에 미리 방문해 보는 것도 좋다. 면접 당일에는 서둘러 출발하여 면접 시간 20 ~ 30분 전에 도착하여 회사를 둘러보고 환경에 익숙해지는 것도 성공적인 면접을 위한 요령이 될 수 있다.

ⓑ **면접 대기 시간** : 지원자들은 대부분 면접장에서의 행동과 답변 등으로만 평가를 받는다고 생각하지만 그렇지 않다. 면접관이 아닌 면접진행자 역시 대부분 인사실무자이며 면접관이 면접 후 지원자에 대한 평가에 있어 확신을 위해 면접진행자의 의견을 구한다면 면접진행자의 의견이 당락에 영향을 줄 수 있다. 따라서 면접 대기 시간에도 행동과 말을 조심해야 하며, 면접을 마치고 돌아가는 순간까지도 긴장을 늦춰서는 안 된다. 면접 중 압박적인 질문에 답변을 잘 했지만, 면접장을 나와 흐트러진 모습을 보이거나 욕설을 한다면 면접 탈락의 요인이 될 수 있으므로 주의해야 한다.

ⓒ 입실 후 태도 : 본인의 차례가 되어 호명되면 또렷하게 대답하고 들어간다. 만약 면접장 문이 닫혀 있다면 상대에게 소리가 들릴 수 있을 정도로 노크를 두세 번 한 후 대답을 듣고 나서 들어가야 한다. 문을 여닫을 때에는 소리가 나지 않게 조용히 하며 공손한 자세로 인사한 후 성명과 수험번호를 말하고 면접관의 지시에 따라 자리에 앉는다. 이 경우 착석하라는 말이 없는데 먼저 의자에 앉으면 무례한 사람으로 보일 수 있으므로 주의한다. 의자에 앉을 때에는 끝에 앉지 말고 무릎 위에 양손을 가지런히 얹는 것이 예절이라고 할 수 있다.

ⓔ 옷매무새를 자주 고치지 마라. : 일부 지원자의 경우 옷매무새 또는 헤어스타일을 자주 고치거나 확인하기도 하는데 이러한 모습은 과도하게 긴장한 것 같아 보이거나 면접에 집중하지 못하는 것으로 보일 수 있다. 남성 지원자의 경우 넥타이를 자꾸 고쳐 맨다거나 정장 상의 끝을 너무 자주 만지작거리지 않는다. 여성 지원자는 머리를 계속 쓸어 올리지 않고, 특히 짧은 치마를 입고서 신경이 쓰여 치마를 끌어 내리는 행동은 좋지 않다.

ⓜ 다리를 떨거나 산만한 시선은 면접 탈락의 지름길 : 자신도 모르게 다리를 떨거나 손가락을 만지는 등의 행동을 하는 지원자가 있는데, 이는 면접관의 주의를 끌 뿐만 아니라 불안하고 산만한 사람이라는 느낌을 주게 된다. 따라서 가능한 한 바른 자세로 앉아 있는 것이 좋다. 또한 면접관과 시선을 맞추지 못하고 여기저기 둘러보는 듯한 산만한 시선은 지원자가 거짓말을 하고 있다고 여겨지거나 신뢰할 수 없는 사람이라고 생각될 수 있다.

② 답변 관련 예절

ⓐ 면접관이나 다른 지원자와 가치 논쟁을 하지 않는다. : 질문을 받고 답변하는 과정에서 면접관 또는 다른 지원자의 의견과 다른 의견이 있을 수 있다. 특히 평소 지원자가 관심이 많은 문제이거나 잘 알고 있는 문제인 경우 자신과 다른 의견에 대해 이의가 있을 수 있다. 하지만 주의할 것은 면접에서 면접관이나 다른 지원자와 가치 논쟁을 할 필요는 없다는 것이며 오히려 불이익을 당할 수도 있다. 정답이 정해져 있지 않은 경우에는 가치관이나 성장배경에 따라 문제를 받아들이는 태도에서 답변까지 충분히 차이가 있을 수 있으므로 굳이 면접관이나 다른 지원자의 가치관을 지적하고 고치려 드는 것은 좋지 않다.

ⓑ 답변은 항상 정직해야 한다. : 면접이라는 것이 아무리 지원자의 장점을 부각시키고 단점을 축소시키는 것이라고 해도 절대로 거짓말을 해서는 안 된다. 거짓말을 하게 되면 지원자는 불안하거나 꺼림칙한 마음이 들게 되어 면접에 집중을 하지 못하게 되고 수많은 지원자를 상대하는 면접관은 그것을 놓치지 않는다. 거짓말은 그 지원자에 대한 신뢰성을 떨어뜨리며 이로 인해 다른 스펙이 아무리 훌륭하다고 해도 채용에서 탈락하게 될 수 있음을 명심하도록 한다.

ⓒ 경력직을 경우 전 직장에 대해 험담하지 않는다. : 지원자가 전 직장에서 무슨 업무를 담당했고 어떤 성과를 올렸는지는 면접관이 관심을 둘 사항일 수 있지만, 이전 직장의 기업문화나 상사들이 어땠는지는 그다지 궁금해 하는 사항이 아니다. 전 직장에 대해 험담을 늘어놓는다든가, 동료와 상사에 대한 악담을 하게 된다면 오히려 지원자에 대한 부정적인 이미지만 심어줄 수 있다. 만약 전 직장에 대한 말을 해야 할 경우가 생긴다면 가능한 한 객관적으로 이야기하는 것이 좋다.

ⓔ 자기 자신이나 배경에 대해 자랑하지 않는다. : 자신의 성취나 부모, 형제 등 집안사람들이 사회·경제적으로 어떠한 위치에 있는지에 대한 자랑은 면접관으로 하여금 지원자에 대해 오만한 사람이거나 배경에 의존하려는 나약한 사람이라는 이미지를 갖게 할 수 있다. 따라서 자기 자신이나 배경에 대해 자랑하지 않도록 하고, 자신이 한 일에 대해서 너무 자세하게 얘기하지 않도록 주의해야 한다.

❸ 면접 질문 및 답변 포인트

(1) 가족 및 대인관계에 관한 질문

① 당신의 가정은 어떤 가정입니까?

면접관들은 지원자의 가정환경과 성장과정을 통해 지원자의 성향을 알고 싶어 이와 같은 질문을 한다. 비록 가정 일과 사회의 일이 완전히 일치하는 것은 아니지만 '가화만사성'이라는 말이 있듯이 가정이 화목해야 사회에서도 화목하게 지낼 수 있기 때문이다. 그러므로 답변 시에는 가족사항을 정확하게 설명하고 집안의 분위기와 특징에 대해 이야기하는 것이 좋다.

② 아버지의 직업은 무엇입니까?

아주 기본적인 질문이지만 지원자는 아버지의 직업과 내가 무슨 관련성이 있을까 생각하기 쉬워 포괄적인 답변을 하는 경우가 많다. 그러나 이는 바람직하지 않은 것으로 단답형으로 답변하면 세부적인 직종 및 근무연한 등을 물을 수 있으므로 모든 걸 한 번에 대답하는 것이 좋다.

③ 친구 관계에 대해 말해 보십시오.

지원자의 인간성을 판단하는 질문으로 교우관계를 통해 답변자의 성격과 대인관계능력을 파악할 수 있다. 새로운 환경에 적응을 잘하여 새로운 친구들이 많은 것도 좋지만, 깊고 오래 지속되어온 인간관계를 말하는 것이 더욱 바람직하다.

(2) 성격 및 가치관에 관한 질문

① 당신의 PR포인트를 말해 주십시오.

PR포인트를 말할 때에는 지나치게 겸손한 태도는 좋지 않으며 적극적으로 자기를 주장하는 것이 좋다. 앞으로 입사 후 하게 될 업무와 관련된 자기의 특성을 구체적인 일화를 더하여 이야기하도록 한다.

② 당신의 장·단점을 말해 보십시오.

지원자의 구체적인 장·단점을 알고자 하기 보다는 지원자가 자기 자신에 대해 얼마나 알고 있으며 어느 정도의 객관적인 분석을 하고 있나, 그리고 개선의 노력 등을 시도하는지를 파악하고자 하는 것이다. 따라서 장점을 말할 때는 업무와 관련된 장점을 뒷받침할 수 있는 근거와 함께 제시하며, 단점을 이야기할 때에는 극복을 위한 노력을 반드시 포함해야 한다.

③ 가장 존경하는 사람은 누구입니까?

존경하는 사람을 말하기 위해서는 우선 그 인물에 대해 알아야 한다. 잘 모르는 인물에 대해 존경한다고 말하는 것은 면접관에게 바로 지적당할 수 있으므로, 추상적이라도 좋으니 평소에 존경스럽다고 생각했던 사람에 대해 그 사람의 어떤 점이 좋고 존경스러운지 대답하도록 한다. 또한 자신에게 어떤 영향을 미쳤는지도 언급하면 좋다.

(3) 학교생활에 관한 질문

① 지금까지의 학교생활 중 가장 기억에 남는 일은 무엇입니까?

가급적 직장생활에 도움이 되는 경험을 이야기하는 것이 좋다. 또한 경험만을 간단하게 말하지 말고 그 경험을 통해서 얻을 수 있었던 교훈 등을 예시와 함께 이야기하는 것이 좋으나 너무 상투적인 답변이 되지 않도록 주의해야 한다.

② 성적은 좋은 편이었습니까?

면접관은 이미 서류심사를 통해 지원자의 성적을 알고 있다. 그럼에도 불구하고 이 질문을 하는 것은 지원자가 성적에 대해서 어떻게 인식하느냐를 알고자 하는 것이다. 성적이 나빴던 이유에 대해서 변명하려 하지 말고 담백하게 받아드리고 그것에 대한 개선노력을 했음을 밝히는 것이 적절하다.

③ 학창시절에 시위나 집회 등에 참여한 경험이 있습니까?

기업에서는 노사분규를 기업의 사활이 걸린 중대한 문제로 인식하고 거시적인 차원에서 접근한다. 이러한 기업문화를 제대로 인식하지 못하여 학창시절의 시위나 집회 참여 경험을 자랑스럽게 답변할 경우 감점요인이 되거나 심지어는 탈락할 수 있다는 사실에 주의한다. 시위나 집회에 참가한 경험을 말할 때에는 타당성과 정도에 유의하여 답변해야 한다.

(4) 지원동기 및 직업의식에 관한 질문

① 왜 우리 회사를 지원했습니까?

이 질문은 어느 회사나 가장 먼저 물어보고 싶은 것으로 지원자들은 기업의 이념, 대표의 경영능력, 재무구조, 복리후생 등 외적인 부분을 설명하는 경우가 많다. 이러한 답변도 적절하지만 지원회사의 주력 상품에 관한 소비자의 인지도, 경쟁사 제품과의 시장점유율을 비교하면서 입사동기를 설명한다면 상당히 주목 받을 수 있을 것이다.

② 만약 이번 채용에 불합격하면 어떻게 하겠습니까?

불합격할 것을 가정하고 회사에 응시하는 지원자는 거의 없을 것이다. 이는 지원자를 궁지로 몰아넣고 어떻게 대응하는지를 살펴보며 입사 의지를 알아보려고 하는 것이다. 이 질문은 너무 깊이 들어가지 말고 침착하게 답변하는 것이 좋다.

③ 당신이 생각하는 바람직한 사원상은 무엇입니까?

직장인으로서 또는 조직의 일원으로서의 자세를 묻는 질문으로 지원하는 회사에서 어떤 인재상을 요구하는 가를 알아두는 것이 좋으며, 평소에 자신의 생각을 미리 정리해 두어 당황하지 않도록 한다.

④ 직무상의 적성과 보수의 많음 중 어느 것을 택하겠습니까?

이런 질문에서 회사 측에서 원하는 답변은 당연히 직무상의 적성에 비중을 둔다는 것이다. 그러나 적성만을 너무 강조하다 보면 오히려 솔직하지 못하다는 인상을 줄 수 있으므로 어느 한 쪽을 너무 강조하거나 경시하는 태도는 바람직하지 못하다.

⑤ 상사와 의견이 다를 때 어떻게 하겠습니까?

과거와 다르게 최근에는 상사의 명령에 무조건 따르겠다는 수동적인 자세는 바람직하지 않다. 회사에서는 때에 따라 자신이 판단하고 행동할 수 있는 직원을 원하기 때문이다. 그러나 지나치게 자신의 의견만을 고집한다면 이는 팀원 간의 불화를 야기할 수 있으며 팀 체제에 악영향을 미칠 수 있으므로 선호하지 않는다는 것에 유념하여 답해야 한다.

⑥ 근무지가 지방인데 근무가 가능합니까?

근무지가 지방 중에서도 특정 지역은 되고 다른 지역은 안 된다는 답변은 바람직하지 않다. 직장에서는 순환 근무라는 것이 있으므로 처음에 지방에서 근무를 시작했다고 해서 계속 지방에만 있는 것은 아님을 유의하고 답변하도록 한다.

(5) 여가 활용에 관한 질문

① 취미가 무엇입니까?

기초적인 질문이지만 특별한 취미가 없는 지원자의 경우 대답이 애매할 수밖에 없다. 그래서 가장 많이 대답하게 되는 것이 독서, 영화감상, 혹은 음악감상 등과 같은 흔한 취미를 말하게 되는데 이런 취미는 면접관의 주의를 끌기 어려우며 설사 정말 위와 같은 취미를 가지고 있다하더라도 제대로 답변하기는 힘든 것이 사실이다. 가능하면 독특한 취미를 말하는 것이 좋으며 이제 막 시작한 것이라도 열의를 가지고 있음을 설명할 수 있으면 그것을 취미로 답변하는 것도 좋다.

② 술자리를 좋아합니까?

이 질문은 정말로 술자리를 좋아하는 정도를 묻는 것이 아니다. 우리나라에서는 대부분 술자리가 친교의 자리로 인식되기 때문에 그것에 얼마나 적극적으로 참여할 수 있는 가를 우회적으로 묻는 것이다. 술자리를 싫어한다고 대답하게 되면 원만한 대인관계에 문제가 있을 수 있다고 평가될 수 있으므로 술을 잘 마시지 못하더라도 술자리의 분위기는 즐긴다고 답변하는 것이 좋으며 주량에 대해서는 정확하게 말하는 것이 좋다.

(6) 지원자를 당황하게 하는 질문

① 성적이 좋지 않은데 이 정도의 성적으로 우리 회사에 입사할 수 있다고 생각합니까?

비록 자신의 성적이 좋지 않더라도 이미 서류심사에 통과하여 면접에 참여하였다면 기업에서는 지원자의 성적보다 성적 이외의 요소, 즉 성격·열정 등을 높이 평가했다는 것이라고 할 수 있다. 그러나 이런 질문을 받게 되면 지원자는 당황할 수 있으나 주눅 들지 말고 침착하게 대처하는 면모를 보인다면 더 좋은 인상을 남길 수 있다.

② 우리 회사 회장님 함자를 알고 있습니까?

회장이나 사장의 이름을 조사하는 것은 면접일을 통고받았을 때 이미 사전 조사되었어야 하는 사항이다. 단답형으로 이름만 말하기보다는 그 기업에 입사를 희망하는 지원자의 입장에서 답변하는 것이 좋다.

③ 당신은 이 회사에 적합하지 않은 것 같군요.

이 질문은 지원자의 입장에서 상당히 곤혹스러울 수밖에 없다. 질문을 듣는 순간 그렇다면 면접은 왜 참가시킨 것인가 하는 생각이 들 수도 있다. 하지만 당황하거나 흥분하지 말고 침착하게 자신의 어떤 면이 회사에 적당하지 않는지 겸손하게 물어보고 지적당한 부분에 대해서 고치겠다는 의지를 보인다면 오히려 자신의 능력을 어필할 수 있는 기회로 사용할 수도 있다.

④ 다시 공부할 계획이 있습니까?

이 질문은 지원자가 합격하여 직장을 다니다가 공부를 더 하기 위해 회사를 그만 두거나 학습에 더 관심을 두어 일에 대한 능률이 저하될 것을 우려하여 묻는 것이다. 이때에는 당연히 학습보다는 일을 강조해야 하며, 업무 수행에 필요한 학습이라면 업무에 지장이 없는 범위에서 야간학교를 다니거나 회사에서 제공하는 연수 프로그램 등을 활용하겠다고 답변하는 것이 적당하다.

⑤ 지원한 분야가 전공한 분야와 다른데 여기 일을 할 수 있겠습니까?

수험생의 입장에서 본다면 지원한 분야와 전공이 다르지만 서류전형과 필기전형에 합격하여 면접을 보게 된 경우라고 할 수 있다. 이는 결국 해당 회사의 채용 방침상 전공에 크게 영향을 받지 않는다는 것이므로 무엇보다 자신이 전공하지는 않았지만 어떤 업무도 적극적으로 임할 수 있다는 자신감과 능동적인 자세를 보여주도록 노력하는 것이 좋다.

02 면접기출

- 1분 동안 자기소개를 해 보시오.

- 한전(한국전력공사)에 지원하게 된 동기에 대해 말해보시오.

- 본인의 좌우명이나 생활신조가 있다면 말해보시오.

- 본인의 전공에 대해서 설명해 보시오. 그리고 그 전공이 한전에서 어떻게 활용될 수 있는지도 이야기해 보시오.

- 한전에 입사하면 어떤 업무를 하고 싶은지 말해보시오.

- 본인이 희망 직무를 선택한 이유에 대해 말해보시오.

- 입사 후 첫 월급을 받으면 어떻게 사용할 것입니까?

- 최근에 본 영화 제목은 무엇입니까?

- 본인은 팀원을 타이트하게 관리하는 리더가 되고 싶은지 아니면 온화하게 이끄는 리더가 되고 싶은지 선택하고 그 이유를 말해보시오.

- 과정 중심적 성향과 결과 중심적 성향 중 본인과 맞는 것은 무엇이라고 생각합니까?

- 본인만의 스트레스 해소방법이 있다면 말해보시오.

- 한전에 다니는 동기나 선배가 있습니까? 있다면 그들에게 들은 한전의 근로상 단점에 대해 말해보시오.

- 한전은 전국 지사로 이루어져 있습니다. 어디에서 근무하고 싶습니까?

- 한전의 인재상 4가지에 대해 말해보시오. 또 본인과 가장 부합하는 인재상에 대해 말해보시오.

- 지금까지 본인이 했던 일 중 가장 가치 있었다고 생각하는 일에 대해 말해보시오.

- 최근 가장 고마운 사람과 가장 미운 사람을 한 명씩 말해보시오. 그 이유에 대해서도 말해보시오.

- 한전에 입사하기 위해 특별히 준비한 것이 있습니까?

- 한전에 입사하려면 어떤 역량이 필요하다고 생각합니까?

- 부모님이 싸울 때 누구 편에 서서 다툼을 해결하겠습니까?

- 상사나 동료와 의견이 다를 경우 본인은 어떻게 대처하겠습니까?

- 만약 시간여행이 가능하다면 본인은 언제로 돌아가고 싶습니까?

- 로또에 당첨된다면 어떻게 할 것입니까?

- 최근 강원도 산불사태처럼 한전으로 인해 피해를 입었다고 피해보상을 요구하는 전화가 온다면 어떻게 대처할 것입니까?

- 악성민원 응대방법에 대해 말해보시오.

- 악성민원인이 상사와 멱살을 잡고 싸운다면 어떻게 할 것입니까?

- 국제유가상승이 우리나라의 경제에 미치는 영향에 대해 설명해 보시오.

- 한전의 지난 분기 실적에 대해서 알고 있습니까? 그렇다면 그 이유가 무엇 때문이라고 생각합니까?

- 한전의 재정 상태가 현재 적자입니다. 그렇다면 전기요금을 인상해야 할까요? 아니면 인하해야 할까요? 그렇게 결정한 이유에 대해서도 말해보시오.

- 한전이 우리나라의 전기를 담당하는 것에 대해서 본인은 어떻게 생각합니까?

- 최근 한전과 관련된 시사 이슈 한 가지를 말해보시오.

- 오늘 아침에 본 뉴스기사에 대해 말하고 그 기사에 대한 본인의 생각을 말해보시오.

- 본인 혹은 지인들이 알고 있는 한전의 문제점과 그것을 해결할 방법에 대해 말해보시오.

- 발전 혹은 전력시스템 관련 업무경험이 있습니까?

- 오늘 준비했으나 미처 하지 못한 말이 있다면 마지막으로 해보시오.

- 존경하는 기업은 어디인가?

- 기업윤리 환경을 잘 지키는 회사는 어디라고 생각하는가?

- 중첩의 원리에 대해 설명해 보시오.

- 맥스웰 방정식에 대해 설명해 보시오.

- 푸리에 급수에 대해 설명해 보시오.

- 유효전력과 무효전력에 대해 설명해 보시오.

- 전봇대(전신주)에 대해 본인이 아는 대로 설명해 보시오.

- 본인이 한국전력공사에 적합한 인원인가? 그렇다면 그 이유를 말해보시오.

- 한국전력공사 면접 준비를 하면서 새롭게 발견한 본인의 모습이 있다면 말해보시오.

- 아르바이트나 프로젝트 수행시 부담감을 느낀 경험이 있다면 말해보시오.

- 한국전력공사에 입사하면 가장 먼저 무엇을 하고 싶은가?

- 지금까지 살면서 힘들었던 경험을 말해보시오. 왜 그 상황이 발생했으며, 어떻게 극복했는지도 함께 말해보시오.

- 본인의 장점과 단점에 대해 말해보시오. 왜 그런 단점이 생기게 되었는지도 말해보시오.

- 주위 사람들이 말하는 본인은 어떠한 사람인가?

- 본인이 경험한 공적인 일과 사적인 일 사이의 갈등 사례가 있다면 말해보시오.

- 학교 교육 중 가장 마음에 들었던 과목은 무엇인가?

- 한국전력공사와 관련된 기사를 본적이 있는가? 그렇다면 그 기사의 내용과 그것을 본 본인의 생각의 말해보시오.

- 업무 수행 시 동료와 상사 간 의견 차이가 있다면 어떻게 해결할 것인가?

- 상사가 이유 없이 자꾸 본인을 꾸짖는다면 어떻게 행동할 것인가?

- 본인만의 팀워크를 이끌어내는 방법이 있다면 말해보시오.

- 본인이 리더인데 팀원들과 의견을 다를 경우 어떻게 할 것인지 말해보시오.

- V2G에 대해 설명해 보시오.

- AMI 통신기술에 대해 설명해 보시오.

- 변압기 절연유에 대해 설명해 보시오.

- 철탑의 종류에는 어떠한 것들이 있는지 말해보시오.

- 변전설비에 대해 설명해 보시오.

- 로또를 구매한 경험이 지금까지 몇 번 정도 되는가?

- 핸드폰에 저장된 인원의 수는 모두 몇 명인가?

- 친구들이 당신의 별명을 무엇이라고 부르는가? 왜 그 별명을 얻게 되었는가?

- 사람들과의 관계에서 가장 중요하게 생각하는 것은 무엇인가?

- 가공통신선의 특징과 장점에 대해 말해보시오.

- 계전기의 특징과 왜 빨리 작동해야 하는지 그리고 종류에 대해 말해보시오.

- 조상설비에 대해 설명해 보시오.

- 태양열 발전 원리에 대해 설명해 보시오.

- 본인이 리더 역할을 한 경험이 있다면 구체적으로 말해보시오.

- 다른 문화권에서 적응한 경험이 있다면 말해보시오.

- 자기 개발을 위해 나는 이런 일까지 해보았다. 하는 일이 있다면 말해보시오.

- 본인이 생각하는 불편하다고 느끼는 상사의 유형에 대해 말해보시오.

- 본인의 체력을 객관적 수치로 점수를 매긴다면 몇 점이라고 생각하는가?

- 에너지 자립섬이 무엇인지 설명해보시오.

- 국익과 사익 중 무엇이 더 중요하다고 생각하는가?

- 우리나라에서 향후 20년 동안 발전할 산업에는 무엇이 있다고 생각하는가?

- 온도가 0도보다 2배 추운 온도는 몇 도인지 말해보시오.

- 유도장해의 종류에는 무엇이 있는지 설명해보시오.

- 온실가스의 감축방안에 대해 설명해보시오.

- 귀하는 가훈이 있는가? 가훈이 생기게 된 배경과 현재 가훈을 지키고 있는지에 대해 말해보시오.

- 신재생에너지 확대 방안에 대하여 말해보시오.

- 한전의 해외사업에 대해서 말해보시오.

- 추후 10년 안에 석탄발전을 못하게 되는데 그럼 한전은 앞으로 무엇으로 먹고 살아야 하는지 말해보시오.

- ESS에 대해 설명해보시오.

- 한전의 마스코트 이름을 말해보시오.

- 한전의 본사 주소를 말해보시오.

- 전기요금을 어떻게 계산하는지 설명해보시오.

- 집에서 전기요금고지서를 본 적 있습니까? 그렇다면 고지서에서 본 것을 말해보시오.

- 집에서 전기가 고장 나면 몇 번으로 전화를 걸어야 하는지 말해보시오.

- 누진제에 대한 국민들의 불만 원인이 무엇이라고 생각하는지 말해보시오.

- 전기차단기는 어떤 물질을 사용하여 어떤 원리로 차단하는지 설명해보시오.

- 가공전선과 지중전선의 구조와 절연물질에 대하여 설명해보시오.

- 고리원전의 문제점에 대하여 말해보시오.

- 한전의 경쟁사가 어디라고 생각하는지 말해보시오.

- 귀하의 직업관에 대해 설명해보시오.

- 야근을 시킨다면 어떻게 하겠는가?

- 존경하는 인물은 누구인지 그 이유까지 말해보시오.

- 무효전력과 유효전력에 내하어 설명해보시오.

- 자신만이 가지고 있는 자랑거리를 말해보시오.

- 한전 본사에 대해 알고 있는 대로 설명하시오.

- 직장 선택 시 가장 중요하게 생각하는 것은 무엇인가?

- 10년 후 오늘 어디서 무엇을 하고 있을 것이라고 생각하는가?

- 입사 후 비연고지인 벽지 사무소로 배치된다면 어떻게 할 것인가?

- 고주파가 기계에 미치는 영향은 무엇인가?

- 발전파업에 대해 어떻게 생각하는가?

- 봉사활동 한 경험과 느낀 점을 간략하게 말해보시오.

- 주변에서 도움을 청할 때 도와준 경험에 대해 말해보시오.

- 베르누이 방정식에 대해 설명하시오.

- 캐비테이션에 대해 간략히 설명하시오.

- 공조냉동기술에 대해 설명하시오.

- 밀양송전탑에 대해서 아는 대로 말해보시오.

- 전기가 가정까지 어떻게 들어가는지에 대해 설명해보시오.

- 리더로서의 경험이 있는가?

- 인턴 중 다른 회사에서 스카우트 제의가 들어온다면 어떻게 하겠는가?

- 어학연수를 다녀 온 적이 있는가?

- 토익시험은 몇 번이나 응시했는가?

- 영문학과 전공인데 영어회화를 잘 할 수 있는지 그러면 영어로 자기소개를 해보시오.

- 대학시절 학과 공부 외에 어떤 일들을 하였는가?

- 우리 공사의 봉사활동 캐치프레이즈가 무엇인가?

- 직류송전과 교류송전의 차이에 대해 설명하고 둘 중 무엇이 더 좋은 것인가?

- 피뢰기의 구비조건에 대해 설명해보시오.

- 한국전력의 사업내용이나 앞으로 나아갈 방향에 대해 말해보시오.

PART

VI

정답 및 해설

01 NCS 기출유형문제 정답 및 해설

02 NCS 직무능력검사 정답 및 해설

1	②	2	⑤	3	⑤	4	④	5	⑤	6	⑤	7	③	8	①	9	⑤	10	①
11	③	12	①	13	③	14	③	15	③	16	②	17	③	18	③	19	③	20	④
21	②	22	②	23	④	24	③	25	②	26	④	27	④	28	②	29	②	30	④

1 ②

신재생에너지를 활용한 에너지 신산업의 핵심은 전력저장장치(Energy Storage System)와 분산형 전원(Distributed Resources)의 구축에 있다. 태양광 설비 등을 이용하여 에너지를 생산할 뿐만 아니라 이를 저장하여 사용 및 판매에 이르는 활동에까지 소비자들이 직접 참여할 수 있는, 이른바 에너지 자립을 단위 지역별로 가능하도록 하는 것이 핵심 내용이다. 이것은 기존의 중앙집중적인 에너지 공급 방식에서 탈피하여 에너지 자급자족이 가능한 분산형 전원 설비를 갖추어야만 가능한 일이다. 따라서 전력저장장치와 분산형 전원의 개술 개발과 보급은 에너지 신산업의 필수적이고 기본적인 조건이라고 할 수 있다.

2 ⑤

'거리 = 시간 × 속력'을 이용하여 계산할 수 있다.

총 4시간의 소요 시간 중 작업 시간 1시간 30분을 빼면, 왕복 이동한 시간은 2시간 30분이 된다. 트럭에서 태양광 설치 장소까지의 거리를 $x$km라고 하면, 시속 4km로 이동한 거리와 시속 8km로 되돌아 온 거리 모두 $x$km가 된다.

따라서 거리 = 시간 × 속력 → 시간 = 거리 ÷ 속력 공식을 이용하여, 2시간 30분은 2.5시간이므로 $2.5 = (x ÷ 4) + (x ÷ 8)$이 성립하게 된다.

이것을 풀면, $2.5 = x/4 + x/8 → 2.5 = 3/8x → x = 2.5 × 8/3 = 6.666… → 약 6.67$km가 된다.

3 ⑤

제시된 글에서 필자가 말하고자 하는 바는, 1인 가구의 대다수는 노인가구가 차지하고 있으며 노인가구는 소득 수준은 낮은 데 반해 연료비 비율이 높다는 문제점을 지적하고자 하는 것이다. 따라서 보기 ① ~ ④의 내용은 필자의 언급 내용과 직접적인 연관성이 있는 근거 자료가 될 수 있으나, 과거의 연료비 증감 내역은 반드시 근거로써 제시되어야 할 것이라고 볼 수는 없다.

4 ④

주어진 요금 체계에 의해 다음과 같이 계산할 수 있다.

- 길동 : 165kwh를 사용하였으므로 200kwh 이하 사용 구간이 되어 기본요금은 910원이 되며, 전력량 요금은 $93.3 \times 165 = 15,394$원이 된다. 따라서 청구금액은 다음과 같다.

  $910 + 15,394 - 4,000 = 12,304$원

  $12,304 \times$ 부가세 $10\% = 1,230$원

  $12,304 + 1,230 + 470 = 14,004$원 → 청구금액

- 을순 : 240kwh를 사용하였으므로 $201 \sim 400$kwh 사용 구간이 되어 기본요금은 1,600원이 되며, 전력량 요금은 $(93.3 \times 200) + (187.9 \times 40) = 18,660 + 7,516 = 26,176$원이 된다. 따라서 청구금액은 다음과 같다.

  $1,600 + 26,176 = 27,776$원(200kwh를 초과하여 사용한 경우이므로 필수사용량 보장공제는 없다)

  $27,776 \times$ 부가세 $10\% = 2,777$원

  $27,776 + 2,777 + 470 = 31,023$원 → 청구금액

---

5 ⑤

LiB, VRB, NaS 방식은 모두 이온의 특성을 이용한 화학적 방식으로 볼 수 있으며, Flywheel 방식 또한 전기에너지 → 운동에너지 → 전기에너지의 변환을 거치는 화학적 방식의 에너지저장 기술이다. 반면, 수위의 낙차를 이용한 양수발전과 압축하여 둔 공기를 가열함으로써 터빈을 돌리는 방식인 CAES는 물리적인 방식의 에너지저장 기술에 해당된다.

---

6 ⑤

디젤 발전은 내연력을 통한 발전이므로 친환경과 지속가능한 에너지 정책을 위한 발전 형태로 볼 수 없다. 오히려 디젤 발전을 줄여 신재생에너지원을 활용한 전력 생산 및 공급 방식이 에너지 신산업 정책에 부합한다고 볼 수 있다.

---

7 ③

〈보기〉의 의견을 살펴보면 다음과 같다.

가. 중국, 미국, 인도 등의 나라가 소비 순위 $1 \sim 3$위를 차지하고 있다는 것은 인구수와 에너지 및 전력의 소비량이 대체적으로 비례한다고 볼 수 있다.

나. 단순 수치로 비교할 경우, 미국은 에너지 소비량 대비 석유 소비량이 $838 \div 2,216 \times 100 =$ 약 38% 수준이나, 일본은 $197 \div 442 \times 100 =$ 약 45% 수준이므로 일본이 가장 많다.

다. 석유 : 전력의 비율을 의미하므로 인도의 경우 $1,042 \div 181 =$ 약 5.8배이나 중국의 경우 $5,357 \div 527 =$ 약 10.2배이므로 중국의 비율 차이가 가장 크다(어림값으로도 비교 가능).

8 ①

가. 전력예비율은 현재부하에 대한 예비전력의 비율이 된다.(2,562 ÷ 6,805 × 100 = 약 37.7%)

나. 현재의 예비전력이 2,562만kW이므로 10분의 1 수준이면 약 250만kW가 되므로 300만kW 미만의 주의
단계에 해당된다.

다. 하절기와 동절기에 모두 사용자제가 요구되는 시간대이므로 전력소비가 많은 때이다.

라. 전력예비율은 예비전력 ÷ 현재부하에 대한 비율이므로 일정한 공급능력 상황에서 현재부하가 올라가면
전력예비율은 낮아지게 된다.

---

9 ⑤

지정 범위에서 인수의 순위를 구하는 경우 'RANK' 함수를 사용한다. 이 경우, 수식은 '= RANK(인수, 범위,
결정 방법)'이 된다. 결정 방법은 0 또는 생략하면 내림차순, 0 이외의 값은 오름차순으로 표시하게 된다.

---

10 ①

산업 재해의 예방과 대책 마련을 위한 5단계 행동 요령은 다음과 같다.

1. 안전을 관리하는 조직을 구성한다.

2. 사실을 조사하고 분석하여 발견한다.

3. 원인을 정확히 분석한다.

4. 대책 마련을 위한 기술을 공고화한다.

5. 시정책을 적용하고 뒤처리를 한다.

---

11 ③

③ B 위원은 시 전체 설치된 자동심장충격기가 몇 개인지 물었는데 보건관리과장은 ⓒ에서 다른 답변을 하
고 있다. 회의 중 받은 질의에 대해서는 질의자의 질문에 적절한 답변을 해야 한다.

① 명령을 할 때에는 강압적인 말투보다는 요청하듯 부드럽게 표현하는 것이 효과적이다.

② 회의에서 질의를 할 때에는 가장 먼저 자신의 소속이나 이름을 밝히고, 발표자의 보고를 경청했다는 표현 등
을 함께 해 주면 좋다.

④ 질책을 하기 전에는 칭찬의 말을 먼저 하고 질책의 말을 하는 것이 바람직하며, 질책 후에는 격려를 함
께 하는 것이 청자의 반발을 최소화할 수 있다.

⑤ 발언의 마지막에 문제점을 다시 한 번 강조하여 효과적인 말하기를 하고 있다.

---

12 ①

후쿠오카공항(K13)역에서 나카스카와바타(K09)역까지 4개 역을 이동하는 데 12분이 걸리고, 공항선에서 하
코자키선으로 환승하는 데 10분, 나카스카와바타(H01)역에서 지요겐초구치(H03)역까지 2개 역을 이동하는
데 6분이 걸린다. 따라서 후쿠오카공항(K13)역에서 오전 9시에 출발할 경우, 지요겐초구치(H03)역에는 28
분 후인 9시 28분에 도착한다.

13 ③

㉣ 영희가 A에서 현지 시각 오전 11시에 출발하여 2시간 이동하여 C에 도착했을 때는 A의 현지 시각으로 오후 1시이다. 표에 따르면 A의 시차와 C의 시차는 +8로 동일하므로, C의 현지 시각은 오후 1시이다.

14 ③

③ 3kW 설치 시 정부보조금을 현행 420만원에서 500만원으로 인상한다고 하여도 소비자 부담금이 420만원으로 여전히 소비자의 초기투자 부담이 남아있다. 또한 보조금 지원사업의 A/S 기간을 10년으로 늘린다고 하여도 설비 수명이 20년이므로 이후의 유지·보수 문제가 남는다.

15 ③

③ 2011~2014년 동안 산업용 전력시장 수입량의 전년대비 증가율이 가장 작은 해는 2014년이고, 산업용 전력시장의 수출량의 전년대비 증가율이 가장 큰 해는 2012년이다.

① 2014년 국내 산업용 전력시장 판매량은 202.0kWh이고 수입량은 5.0kWh로, 2014년 국내 산업용 전력시장 판매량 대비 수입량의 비율은 $\frac{5.0}{202.0} \times 100 =$ 약 2.5%이다.

② 2011~2014년 동안 국내 산업용 전력시장 판매량의 전년대비 증가율이 가장 큰 해는 $\frac{116.0 - 72.0}{72.0} \times 100 =$ 약 61% 증가한 2012년이다.

④ 2012년 우리나라의 산업용 전력시장 수출량의 전년대비 증가율은 $\frac{18.0 - 2.5}{2.5} \times 100 = 620\%$이고, 2012년 한전의 산업용 전력시장 매출액의 전년대비 증가율은 $\frac{304.4 - 43..0}{43.0} =$ 약 608%로 그 차이는 30%p 이하이다.

⑤ 2014년 한전의 산업용 전력시장 매출액 증가율은 $\frac{4,348.4 - 1,203.1}{1,203.1} \times 100 =$ 약 261%로 200% 이상 증가하였다.

16 ②

• TV 월간소비전력량 = 150 × 7 × 30 = 31.5kWh
• 냉장고 월간소비전력량 = 100 × 24 × 30 = 72kWh
• 에어컨 월간소비전력량 = 1,800 × 5 × 30 = 270kWh
• 컴퓨터 월간소비전력량 = 120 × 4 × 30 = 14.4kWh
따라서 총 월간소비전력량은 387.9kWh이다.

17 ③

주명령과 보조명령을 따라 이동했을 때 A에서 출발하여 B에 도착하는 경로는 ③과 같다.

18 ③

관련 정보를 검색한 후에는 예약과 관련된 주요 내용을 간단명료하게 상사에게 보고한 후 상사의 승인을 받고 예약을 진행한다.

---

19 ③

① **깔대기형** : 정보의 필터링 또는 부분을 전체로 병합하는 방법을 표시
② **교대 육각형** : 상호 인접한 사항에 대한 연관성을 표시
④ **상향 화살표형** : 작업, 프로세스 또는 워크플로에서 위쪽으로 향하는 진행 방향 또는 단계를 표시
⑤ **톱니바퀴형** : 연관 내용을 표시할 때 사용

---

20 ④

MS-Access는 기본적으로 테이블, 쿼리, 폼, 보고서, 페이지, 매크로, 모듈 등으로 구성한다.
④ 우편물 레이블 마법사 기능을 이용한다.

---

21 ②

② 8번 조항의 결격사유에 해당하기 위해서는 300만 원 이상의 벌금형을 선고받아야 한다.
① 3번 조항에서 집행이 종료된 후 5년이 지나지 않았다.
③ 6번 조항에서 처분을 받은 때로부터 5년이 지나지 않았다.
④ 10번 조항에 해당한다.
⑤ 9번 조항에 해당한다.

---

22 ②

② 회의 구성원인 영업본부장이 출석하지 못하는 경우에는 그 바로 하위직에 있는 자가 대리로 출석하여 그 직무를 대행할 수 있다.
① 회의 안건과 관련되는 부처의 장은 회의 구성원이 될 수 있다.
③ 회의는 회의 의장인 기획본부장이 주재한다.
④ 민간전문가 3명을 제외한 회의 출석 구성원이 10명이므로 출석 구성원의 3분의 2 이상인 최소 7명의 찬성으로 의결한다.
⑤ 의장인 기획본부장의 권한이다.

---

23 ④

네 가지 조건 중 적어도 두 가지를 충족하는 사람만 우수 직원으로 표창을 받는다고 하였으므로 조건에 해당하는 직원을 정리해 보면 다음과 같다.
1. 소속 부서에서 가장 높은 근무평점을 받아야 한다. → 갑, 정, 무

2. 근무한 날짜가 250일 이상이어야 한다. → 을, 병, 정

3. 직원 교육자료 연구에 참여한 적이 있으면서, 직원 연수교육에 3회 이상 참석하여야 한다. → 갑, 무(갑이나 무가 직원 교육자료 연구에 참여하지 않았다면 250일 이상 근무한 사람이 한 명도 없어야 하는데 을, 병, 정이 250일 이상 근무하였으므로 갑과 무는 직원 교육자료 연구에 참여하였다.)

4. 전력연구원에서 활동한 사람은 그 활동 보고서가 한전 공식 자료로 등록되어야 한다. → 병

따라서 갑, 병, 정, 무는 반드시 우수 직원 표창을 받는다.

---

24 ③

③ 고객과의 협의를 통해 수락의사 통지기간을 1회에 한하여 송전용전기설비는 2개월, 배전용전기설비는 1개월 이내에서 연장할 수 있다.

---

25 ②

접속제의에 이의가 있거나 새로운 접속방안의 검토를 희망하는 경우, 고객은 2회에 한하여 접속제의의 재검토를 요청할 수 있다.

---

26 ④

④ 이 가구의 지정일 기준 예상 청구금액 중 사용량 요금이 차지하는 비율은
$\dfrac{53,206}{64,873} \times 100 =$ 약 82.02%로, 80% 이상이다.

---

27 ④

- 첫 번째 조건 : A를 선발한다면 C, F 중 1명 이상을, B를 선발한다면 G를 함께 선발
- 두 번째 조건 : D와 E는 함께 선발할 수 없다.
- 네 번째 조건 : A 선발 제외
- 여섯 번째 조건 : C 선발 제외

상생협력본부 소속인 A와 C가 선발에서 제외된 상황에서 세 번째 조건에 따라 상생협력본부 직원을 1명 이상 선발해야 하므로 F는 반드시 포함된다. F가 선발된 상황에서 B가 선발되려면 G가 함께 선발되어야 하는데, 이 경우 어학 능력이 중, 하, 하로 다섯 번째 조건에 맞지 않는다. 두 번째 조건에 따라 D와 E를 함께 선발할 수 없는 상황에서 다섯 번째 조건에 맞게 직원을 선발하면 D, F, G가 된다.

28 ②

① 고급자격증 보유자에 해당하므로 1차전형 면제, 2차전형 5% 가점을 받는다.

② 기초생활수급과 장애인 가점 혜택이 중복되므로 상위인 장애인 가점 혜택이 적용돼 1차전형 면제, 이후 단계별 10%의 가점을 받는다.

③ 한전 체험형 청년인턴은 인턴수료 후 3년 이내 1회에 한해 우대되는데, 2012년 3월에 수료한 丙은 2017년 상반기 채용에서 가점을 받을 수 없다.

④ 비수도권 인재와 취업지원대상자(국가보훈) 가점 혜택이 중복되므로 상위인 취업지원대상자(국가보훈) 가점 혜택이 적용돼 1차전형 면제, 이후 단계별 5%의 가점을 받는다.

⑤ 한전 전기공학장학생은 1차전형 면제만 우대하면, 가점을 받지는 않는다.

---

29 ②

위장접선시각인 9시 16분에 시침과 분침을 위치시킨 후 12시와 6시를 잇는 수직선을 축으로 시침과 분침을 각각 좌우 대칭 이동시키면(N) 2시 44분이다. 이 시간에서 시계방향으로 시침과 분침을 각각 60° 만큼 회전시키면(C₆) 4시 54분이다. 이 시간에서 다시 3시와 9시를 잇는 수평선을 축으로 시침과 분침을 각각 상하 대칭 이동시키면(W) 1시 36분이 된다.

---

30 ④

왼편부터 한 열씩 세로로 읽은 암호문 〈HEWHT CSECH OXIJP XVPUQ DBYUB VJKII〉를 표로 나타내보면 다음과 같다.

H	C	O	X	D	V	→2
E	S	X	V	B	J	→8
W	E	I	P	Y	K	→9
H	C	J	U	U	I	→0
T	H	P	Q	B	I	→1

PART ❶ 의사소통능력 🔍

1	③	2	③	3	⑤	4	⑤	5	④	6	④	7	⑤	8	④	9	④	10	②
11	②	12	④	13	③	14	④	15	②	16	③	17	③	18	③	19	②	20	①
21	②	22	②	23	④	24	⑤	25	⑤	26	④	27	⑤	28	③	29	②	30	②

1　③

지문의 도입부에서는 식량 확보 실패의 원인이 생산보다 분배임을 언급하고 있다. 생산보다 분배가 문제인 것은 지구의 모든 지역에서의 농작물 수확량 향상 속도가 동일하지 않기 때문이다. 따라서 분배의 불균형 문제에 대한 원인이 되는 것은 ③의 내용 밖에 없다.

2　③

'화재안전평가제도'를 전면 도입하여 안전등급이 낮은 시장이 전통시장 지원사업에 선정되는 일이 없도록 하는 것은 사업의 취지에 맞는다고 볼 수 없고, 안전등급을 높이기 위한 구체적인 사업계획 수립을 유도하는 것이 적절한 실행 계획이라고 보아야 한다.

한편, 주차장, 시설현대화 등을 한 번도 지원받지 못한 성장가능성이 높은 시장을 대상으로 '첫걸음 컨설팅'을 실시하는 것도 세부 특징에 근거한 적절한 실행 계획으로 볼 수 있다.

3　⑤

2015년 우리나라에서 지급된 산업재해 보험급여는 약 4조 원 가량이라고 제시되어 있지만 선진국의 지급 비용은 얼마인지 기사 내용에서는 찾을 수 없다.

① 우리나라에서 산업재해 근로자를 위한 사회 복귀 시스템을 실시한지 17년이 되었다.

② 선진국 산재지정병원에서는 의료재활뿐만 아니라 심리, 직업재활 프로그램을 동시에 받을 수 있다.

③ 외래재활전문센터는 입원이 필요하지 않은 환자들의 접근성을 위해 도심에 위치하고 있다.

④ 산업재해 근로자들이 직장으로 복귀하면서 보험급여 지급에 대한 사회적 비용을 줄일 수 있고 새로운 경제적 가치를 창조하며 근로자 한 사람의 자립과 만족을 유도할 수 있다.

4 ⑤

문서의 내용에는 워크숍 개최 및 발표, 토론 내용이 요약되어 포함되어 있다. 따라서 담긴 내용이 이미 진행된 후에 작성된 문서이므로 '~계획(보고)서'가 아닌 '결과 보고서'가 되어야 할 것이다.

② 특정 행사의 일정만을 보고하는 문서가 아니며, 행사 전체의 내용을 모두 포함하고 있다.

---

5 ④

품의서에는 유관 부서, 경유 부서, 참조 부서 등을 나타내는 별도의 공간이 마련되어 있다. 이는 해당 문서의 내용을 수행함에 있어 협조가 필요한 부서의 의견을 기재할 수 있도록 한 공간이며, 협조 부서에서 문서의 결재 자체를 반려할 수는 없다.

품의서(또는 기안서) 뿐만 아니라 대부분의 업무상 문서에서 보존기간, 문서번호, 결재라인, 작성자 등은 필수 작성 요소이다.

---

6 ④

인권경영을 위한 노력의 활동들이 헌장의 내용으로 구성되어야 할 것이다. 따라서 ㈃의 내용은 기후변화 문제에 대한 대응의 활동이므로 적절하지 않다고 볼 수 있다.

---

7 ⑤

글의 전반부에서 비은행 금융회사의 득세에도 불구하고 여전히 은행이 가진 유동성 공급의 중요성을 언급한다. 여기서는 은행이 글로벌 금융위기를 겪으며 제기된 비대칭정보 문제를 언급하며, 금융시스템 안정을 위해서 필요한 은행의 건전성을 간접적으로 강조하고 있다. 후반부에서는 수익성이 함께 뒷받침되지 않을 경우의 부작용을 직접적으로 언급하며, 은행의 수익성은 한 나라의 경제 전반을 뒤흔들 수 있는 중요한 과제임을 강조한다. 따라서, 후반부가 시작되는 첫 문장은 건전성과 아울러 수익성도 중요하다는 화제를 제시하는 ⑤의 문구가 가장 적절하다고 볼 수 있다.

또한, 자칫 수익성만 강조하게 되면 국가 경제 전반에 영향을 줄 수 있는 불건전한 은행의 문제점이 드러날 수 있으므로 '적정 수준'이라는 문구를 포함시킨 것으로 볼 수 있다.

---

8 ④

주어진 두 대화에서는, 평소 상대방과의 대화 시 상대방의 입장을 잘 파악하고 상대방의 입장에서 상황을 판단해 보았던 강 부장과 신 대리의 사례가 소개되어 있다. 이것은 의사소통의 한 방법인 '경청'에 있어 매우 중요한 요소의 하나로, '상대방의 입장에서 대화하기'를 실천한 사례로 볼 수 있다.

9 ④

상대방을 설득해야 할 때는 일방적으로 강요하거나 상대방에게만 손해를 보라는 식으로 하는 '밀어붙이기식' 대화는 금물이다. ㈜는 불편을 당한 고객을 위해 본인이 직접 처리해 주겠다고 제안함으로써 일종의 혜택을 주겠다고 약속했으므로 바람직한 설득의 방법이라고 볼 수 있다.

① 마지막에 덧붙인 말은 고객을 무시하는 것으로 들릴 수 있는 불필요한 말이다.

② 고객보다 팀장의 호출이 더 급하다는 것을 의미하므로 무례한 행동이다.

③ 다양한 사정을 가진 고객의 입장을 생각하지 않고 일방적으로 획일적인 회사의 규정만 내세우는 것은 거절할 때의 적절한 테크닉이라고 할 수 없다.

⑤ 고객의 특수한 상황을 잘 알지 못하고 섣부르게 충고를 하는 것 역시 적절하지 않다. '내가 하는 충고는 고객이 모르고 있던 아주 좋은 방법'이라는 판단은 금물이다.

---

10 ②

주어진 글은 고령운전자에 대한 운전면허 자진반납을 유도해야 한다는 내용이 주를 이루고 있으며, 이것은 결국 고령운전자 본인을 포함하여 고령운전자로 인한 교통사고를 최소화하여야 한다는 주장인 것이며, 이를 위해 조례안을 제정해야 한다는 주제를 담고 있다고 할 수 있다.

---

11 ②

각 지역에서 마련한 할인 혜택이나 교통비 지원 등의 인센티브 제도는 결국 고령운전자의 교통사고로 인한 사회적 비용을 줄여 절약된 비용을 통해 이루어지는 제도일 것이므로, 인센티브 제도는 절약되는 비용과 새롭게 지출되는 비용의 크기를 따져 마련되었을 것으로 판단하는 것은 합리적이다.

① 고령운전자에 대한 면허반납의 유인책이 될 수 있으나, 그에 대한 결과를 예단하는 것은 합리적인 추론이라고 할 수는 없다.

③ 역시 일반화의 오류를 범하고 있는 주장이 된다.

④ 교통사고 또한 줄어들 것이므로 반드시 예산 지출이 증가할 것으로 추론할 수는 없다.

⑤ 합천군의 고령운전자 기준이 70세로 타 지역과 다르게 책정되어 있으나, 이것은 안전 운전능력을 판단할 수 있는 기준이 아닌, 지역적 특성, 고령운전자의 수, 예산 범위 등을 고려한 행정적 기준으로 보는 것이 타당하다.

---

12 ④

㈜ 유명인 모델이 한 상품의 광고에만 지속적으로 나올 경우의 장점에 대해 말하고 있으므로 첫 문장의 다음에 바로 이어지는 것이 적절하다.

㈜ ㈜에 대한 부가적인 설명이다.

㈎ ㈜와 반대되는 사례를 들고 있다.

㈐ '하지만'이 나오는 것으로 보아, 앞의 내용에 대한 부정적인 내용이 온다는 것을 알 수 있다. 모델의 중복 출연에 대한 단점에 대한 내용이므로 ㈎의 뒤에 오게 된다.

㈏ 전체적인 결론에 대한 내용이다.

13 ③

- 새로운 활로를 개척하다.
- 중소 자본으로 난립해 있던 시내·외의 노선버스 일부를 공영화하다.
- 원문을 오역하여서 뜻이 통하지 않는다.
- 그에 대한 불신은 하루 이틀에 생겨난 것이 아니다.

① **개척** : 새로운 영역, 운명, 진로 따위를 처음으로 열어 나감
② **난립** : 질서 없이 여기저기서 나섬
③ **표출** : 겉으로 나타냄
④ **오역** : 잘못 번역함, 잘못된 번역
⑤ **불신** : 믿지 아니함, 믿지 못함

---

14 ④

서양 음악에서 기악은 르네상스 말기에 탄생하였지만 바로크 시대에 이르면 악기의 발달과 함께 다양한 장르를 형성하면서 비약적인 발전을 이루게 된다. 하지만 (가사가 있는 성악에 익숙해져 있던 사람들에게 기악은 내용없는 공허한 울림에 지나지 않았다.) 이러한 비난을 면하기 위해 기악은 일정한 의미를 가져야하는 과제를 안게 되었다. 바로크 시대의 음악가들은 이러한 과제에 대한 해결의 실마리를 '정서론'과 '음형론'에서 찾으려 했다. 이 두 이론은 본래 성악 음악을 배경으로 태동하였으나 점차 기악 음악에도 적용되었다. 정서론에서는 웅변가가 청중의 마음을 움직이듯 음악가도 청자들의 정서를 움직여야 한다고 본다. (그렇게 하기 위해서는 한 곡에 하나의 정서만이 지배적이어야 한다.) 그것은 연설에서 한 가지 논지가 일관되게 견지되어야 설득력이 있는 것과 같은 이유에서였다. 한편 음형론에서는 가사의 의미에 따라 그에 적합한 음형을 표현 수단으로 삼는데, 르네상스 후기 마드리갈이나 바로크 초기 오페라 등에서 그 예를 찾을 수 있다. 바로크 초반의 음악 이론가 부어마이스터는 마치 웅변에서 말의 고저나 완급, 장단 등이 호소력을 이끌어 내듯 음악에서 이에 상응하는 효과를 낳는 장치들에 주목하였다. 예를 들어, (가사의 뜻에 맞춰 가락이 올라가거나, 한동안 쉬거나, 음들이 딱딱 끊어지게 연주하는 방식 등이 이에 해당한다.)

---

15 ②

임사홍은 그릇된 것을 옳은 것처럼 꾸며 자신을 드러내려 하고, 나라의 권력을 자기 손아귀에 쥐고 다른 사람들의 입을 막아 자신의 비행을 임금이 알지 못하도록 한 인물이다. 이러한 행위를 한 것은 임금이 자신의 비행을 알아채지 못하도록 함으로써 임금의 신임을 얻고, 그것을 바탕으로 더욱 큰 권력을 행사하려는 것으로 해석된다.

① 같은 동아리끼리 서로 왕래하여 사귐
② 잘못을 강요하여 사람을 함정에 빠뜨림, 윗사람을 농락하여 권세를 마음대로 휘두름
③ 좋은 일에 또 좋은 일이 더함
④ 남의 말을 귀담아 듣지 않음
⑤ 원수를 갚으려고 고생을 참고 견딤

16 ③

밑줄 친 부분에서 '사회를 이루고 사는 것이라면 서로 상충하는 목적이나 이해관계는 조정되어야 한다.'고 하여, 사회가 정상적으로 유지되기 위해서는 상충하는 목적이나 이해관계가 조정되어야 함을 밝히고 있다. 따라서 ③은 이에 어긋난다.

---

17 ③

① 우리가 허공이라고 부르는 것이 없다면, 물체가 존재할 곳이 없고, 움직일 수 있는 공간도 없을 것이다.

② 영혼을 구성하는 입자들이 전부 몸에서 없어진다면, 몸 전체 또는 일부가 계속 남아 있더라도 감각을 가지지 못할 것이다. 몸 전체가 분해된다면, 영혼도 더 이상 이전과 같은 능력을 가지지 못하고 해체되며 감각 능력도 잃게 된다.

④ 몸의 일부가 소실되어 거기에 속했던 영혼이 해체되어도 나머지 영혼은 몸 안에 있다.

⑤ 몸의 일부가 소실되어 거기에 속했던 영혼이 해체되어도 나머지 영혼은 몸 안에 있다. 또한 영혼의 한 부분이 해체되더라도, 나머지 영혼이 계속해서 존재하기만 한다면 여전히 감각을 유지할 것이다.

---

18 ③

① "도로에서는 시속 110km 이하로 운전하라."는 (도로에서는 시속 80km 이하로 운전하라)보다 약하다. → 시속 100km로 운전하는 사람에게는 성립되나 시속 110km로 운전하는 사람에게는 약하다.

② "도로의 교량 구간에서는 시속 80km 이하로 운전하라."는 (도로에서는 시속 110km 이하로 운전하라)보다는 약하다고 할 수 없다. → 약하거나 강하다고 할 수 없다.

③ "도로의 교량 구간에서는 시속 80km 이하로 운전하라."는 (도로의 터널 구간에서는 시속 80km 이하로 운전하라.)보다는 약하다. → 도로의 교량과 도로의 터널 구간은 무관하다.

④ "도로의 교량 구간에서는 100m 이상의 차간 거리를 유지한 채 시속 80km 이하로 운전하라."는 (도로의 교량 구간에서는 시속 80km 이하로 운전하라)보다는 강하다. → 적절

⑤ "도로의 교량 구간에서는 100m 이상의 차간 거리를 유지한 채 시속 80km 이하로 운전하라."는 (도로의 터널 구간에서는 90m 이상의 차간 거리를 유지한 채 시속 90km 이하로 운전하라)보다는 강하다고 할 수 없다. → 도로의 교량과 도로의 터널 구간은 무관하기 때문에 약하거나 강하지도 않다.

---

19 ②

① 욕망이나 분노에서 비롯된 행위들은 모두 비자발적이라고 할 수는 없다.

② 자제력이 있는 사람은 합리적 선택에 따라 행위하며, 합리적 선택에 따르는 행위는 모두 자발적인 행위이다.

③ 자제력이 없는 사람은 욕망 때문에 행위 하지만 합리적 선택에 따라 행위 하지는 않는다. 욕망 때문에 행위 하는 것은 자발적, 비자발적 다 가능하다.

④ 자발적인 행위 중 욕망, 분노에서 비롯된 행위도 있다.

⑤ 욕망이나 분노에서 비롯된 행위는 어떤 것도 합리적 선택을 따르는 행위가 아니다.

20 ①

①③ (가)의 반례

② (나)의 반례

---

21 ②

㉠ 갑은 을과 달리 이 주장에 동의하지 않는다.

㉢ 을은 갑과 달리 이 주장에 동의하지 않는다.

---

22 ②

甲은 사랑의 도시락 배달에 대한 정보를 얻기 위해 乙과 면담을 하고 있다. 그러므로 ㉢은 면담의 목적에 대한 동의를 구하는 질문이 아니라 알고 싶은 정보를 얻기 위한 질문에 해당한다고 할 수 있다.

---

23 ④

토론의 주제는 찬성과 반대로 뚜렷하게 나뉘어 질 수 있는 주제가 좋다. 위 토론의 주제는 찬성(전교생을 대상으로 무료급식을 시행해야 한다.)과 반대(전교생을 대상으로 무료급식을 시행해서는 안 된다.)로 뚜렷하게 나뉘어지므로 옳은 주제라 할 수 있다.

---

24 ⑤

어떤 기회를 이용해서 감사나 사과의 의미를 전달할 때는 '이 자리를 빌려서 감사드린다.'라는 표현을 쓰는 것이 적절하다.

※ 빌다 vs. 빌리다

　㉠ 빌다
　　• 바라는 바를 이루게 하여 달라고 신이나 사람, 사물 따위에 간청하다.
　　• 잘못을 용서하여 달라고 호소하다.
　　• 생각한 대로 이루어지길 바라다.
　㉡ 빌리다
　　• 남의 물건이나 돈 따위를 나중에 도로 돌려주거나 대가를 갚기로 하고 얼마 동안 쓰다.
　　• 남의 도움을 받거나 사람이나 물건 따위를 믿고 기대다.
　　• 일정한 형식이나 이론, 또는 남의 말이나 글 따위를 취하여 따르다.

---

25 ⑤

⑤ 기타사항에 3개월 인턴 후 평가(70점 이상)에 따라 정식 고용 여부를 결정한다고 명시되어 있다.

26 ④

제시된 글은 누구나 쉽게 정보를 생산하고 공유할 수 있는 소셜미디어의 장점이 부각된 기사로 ①②③⑤의 보기들은 사례내용과 관련이 없다.

---

27 ⑤

밑줄 친 '늘리고'는 '시간이나 기간이 길어지다.'의 뜻으로 쓰였다. 따라서 이와 의미가 동일하게 쓰인 것은 ⑤이다.
① 물체의 넓이, 부피 따위를 본디보다 커지게 하다.
② 살림이 넉넉해지다.
③ 힘이나 기운, 세력 따위가 이전보다 큰 상태가 되다.
④ 재주나 능력 따위가 나아지다.

---

28 ③

① 외부 전시장 사전 답사일인 7월 7일은 토요일이다.
② 丙 사원은 개인 주간 스케줄인 '홈페이지 전시 일정 업데이트' 외에 7월 2일부터 7월 3일까지 '브로슈어 표지 이미지 샘플조사'를 하기로 결정되었다.
④ 2018년 하반기 전시는 관내 전시장과 외부 전시장에서 열릴 예정이다.
⑤ 乙 사원은 7. 2(월) ~ 7. 5(목)까지 상반기 전시 만족도 설문조사를 진행할 예정이다.

---

29 ②

도농교류사업 추진 건수에 따라 예산을 배정할 경우, 소규모의 일회성 사업이 난립하게 된다. 또한 지속적이고 안정적인 예산 확보도 어렵다.
① 본론 I -2-1) 도시민들의 농촌에 대한 부정적 인식을 개선하기 위한 과제로 적절하다.
③ 본론 I -1-1) 소규모의 일회성 사업 난립에 대한 개선책으로 적절하다.
④ 본론 I -1-3) ㅁㅁ기관 내 일원화된 추진체계 미흡을 해결하기 위한 과제로 적절하다.
⑤ 본론 I -1-2) 지속적이고 안정적인 예산 확보 미비에 대한 해결책으로 적절하다.

---

30 ②

(가), (다), (라), (마)는 통계 조사 등의 결과를 과대 해석하여 보도하였다는 공통적인 문제가 있다. 반면 (나)의 경우는 같은 기간 훨씬 더 많이 발생한 산업재해 사망사건에 대해서는 거의 보도하지 않으면서, 상대적으로 적은 항공 사고에 대해서는 많은 보도를 발표하였다는 점에서 문제를 제기할 수 있다.

1	②	2	④	3	②	4	①	5	②	6	③	7	⑤	8	④	9	⑤	10	①
11	④	12	④	13	②	14	④	15	③	16	①	17	①	18	③	19	②	20	②
21	⑤	22	⑤	23	③	24	④	25	①	26	③	27	⑤	28	①	29	④	30	③

1 ②

우선 H사의 차량을 2년 사용했을 때의 경비를 구해 보면 다음과 같다.

$40,000 \div 13 \times 800 =$ 약 246만 원

구매가격 2,000만 원

총 2,246만 원

따라서 F사의 경비를 구하는 공식에서 2,246만 원이 되는 시점의 주행 거리를 알아보면 정답을 구할 수 있다. 차량 구매 가격이 2,100만 원이므로 주행 거리가 x일 때, $x \div 10 \times 1,500$이 146만 원이 되는 값을 구하면 된다. 계산해 보면 $x =$ 약 9,733km가 되므로 1년에 20,000km를 주행할 경우 1개월에 약 1,667km이므로 $9,733 \div 1,667 =$ 약 5.8개월이 된다.

따라서 F사 차량을 5개월 째 이용하는 시점이 정답이 된다.

---

2 ④

1980년까지는 초등학교 졸업자인 범죄자의 비중이 가장 컸으나 이후부터는 고등학교 졸업자인 범죄자의 비중이 가장 크게 나타나고 있음을 알 수 있다.

① 1985년 이후부터는 중학교 졸업자와 고등학교 졸업자인 범죄자 비중이 매 시기 50%를 넘고 있다.

② 해당 시기의 전체 범죄자의 수가 증가하여, 초등학교 졸업자인 범죄자의 비중은 낮아졌으나 그 수는 지속 증가하였다.

③ 해당 시기의 전체 범죄자의 수가 증가하여, 비중은 약 3배가 조금 못 되게 증가하였으나 그 수는 55,711명에서 251,765명으로 약 4.5배 이상 증가하였다.

⑤ 2000년에는 이전 시기보다 4천 명 이상 증가하였다.

---

3 ②

금융보험업의 경우는 $52 \div 327 \times 100 = 15.9\%$이며, 전기가스업은 $9 \div 59 \times 100 = 15.3\%$이다.

① 각 업종의 기업이 어떤 분야의 4차 산업 기술을 활용하고 있는지를 알 근거는 없다.

③ 1,014개로 제시되어 있으며, 1,993개와의 차이는 복수응답에 의한 차이이다.

④ 5G 모바일, 빅데이터, 클라우드이다.

⑤ $3 \div 246 \times 100 = 1.2\%$를 보이고 있는 부동산업이 가장 낮은 비중을 보이며, 운수·창고업은 $22 \div 715 \times 100 = 3.1\%$이다.

4 ①

(가) 종사자 규모 변동에 따른 사업체수의 증감은 두 해 모두 규모가 커질수록 적어지는 동일한 추이를 보이고 있으며, 종사자수 역시 사업체의 규모가 커짐에 따라 증가 → 감소 → 증가의 동일한 패턴을 보이고 있음을 알 수 있다. (×)

(나) 구성비는 해당 수치를 전체 수치로 나누어 백분율로 나타낸 값을 의미하는데 주어진 기여율은 그러한 백분율 산식에 의한 수치와 다르다. 기여율은 '해당 항목의 전년대비 증감분÷전체 수치의 전년대비 증감분×100'의 산식에 의해 계산된 수치이다. (×)

(다) 종사자수를 사업체수로 나누어 보면 두 해 모두 종사자 규모가 큰 사업체일수록 평균 종사자주사 커지는 것을 확인할 수 있다. (○)

(라) 모든 규모의 사업체에서 전년보다 종사자수가 더 많아졌음을 확인할 수 있다. (○)

5 ②

65세 이상 인구의 수를 알고 있으므로 노년부양비를 계산하기 위해서는 15 ~ 64세 인구를 알아야 한다. 전체 인구에서 0 ~ 14세 인구와 65세 이상 인구를 제외하면 15 ~ 64세 인구가 될 것이므로 다음과 같이 계산할 수 있다.

0 ~ 14세 인구를 x라 하면, $(18,536 \div x) \times 100 = 434.6$이 되므로 이를 계산하면 x는 약 4,265천 명이 된다. 따라서 15 ~ 64세 인구는 $45,246 - 18,536 - 4,265 = 22,445$천 명이 된다. 그런데 노년부양비는 해당인구 100명당 명을 의미하므로 이를 감안하여 계산하면 노년부양비는 $18,536 \div 224.4 = $약 82.6이 됨을 알 수 있다.

6 ③

전체 인구의 수에서 65세 이상 인구가 차지하는 비율은 단순한 '고령인구 비율'이며, 노령화지수는 전체 인구가 아닌 0 ~ 14세 인구의 수에서 65세 이상 인구가 차지하는 비율을 의미한다.

① 노년부양비를 의미하므로 1990년 7.4명에서 2050년 72.6명으로 10배 가까이 증가할 것으로 전망하고 있다.

② 부양능력이 있는 인구 대비 고령인구의 수를 측정하는 것이 노년부양비이므로 부양능력이 없다고 판단하는 0 ~ 14세 인구의 수는 제외한다.

④ 303.2 → 399으로 증가한 것이므로 $(399-303.2) \div 303.2 \times 100 = $약 31.6%로 30% 이상 증가한 것이 된다.

⑤ 2030년에서 2050년까지는 총 인구수가 감소해도 65세 이상 인구의 수는 증가할 것으로 전망하고 있다.

7 ⑤

① 2011년 대비 2012년 급식비는 335원 증가, 2012년 대비 2013년 급식비는 277원 증가

2013년 대비 2014년 급식비는 416원 증가, 2014년 대비 2015년 급식비는 136원 증가

2011 ~ 2015년까지 5,820 ~ 6,984로 증가폭에 비해 기본값이 크기 때문에 증가폭으로 비용감소가 크게 이루어지지 않는다.

$\dfrac{335}{6,155}$ 와 $\dfrac{416}{6,848}$ 을 보면 335에서 416은 20% 이상 증가인데 6,155에서 6,848는 11% 정도 증가한 것이다.

$\dfrac{416}{6,848}$ 이 더 큰 것을 알 수 있으며, 2014년 증가율이 가장 크다.

② $2,100 \times 0.88 = 1,848$명

실제 충원인원 1,924명보다 작다.

1,924명이 2012년 목표 충원인원의 88%라면 2012년 목표 충원 인원수는 2,100명보다 많을 것이다.

③ 2011년 대비 2012년 157명, 2012년 대비 2013년 100명, 2013년 대비 2014년 99명, 2014년 대비 2015년 72명으로 조리원 충원인원수는 매년 증가하면서 증가폭이 줄어드는데 전년대비 증가율은 매년 감소한다.

④ $\dfrac{6,984}{5,820} \times 100 = 120\%$로 2015년 급식비는 2011년 대비 20% 증가했음을 알 수 있다.

2012 ~ 2015년 물가상승률이 매년 5%임을 계산하면

$1.05 \times 1.05 \times 1.05 \times 1.05 = 1.2155\%$

2011년 대비 2015년 급식비 증가율 20%는 2011년 대비 2015년 물가상승률 21%보다 더 낮다.

⑤ 1인당 1일 급식비(원) 5년 평균 $\dfrac{5,820 + 6,155 + 6,432 + 6,848 + 6,984}{5} = 6,447.8$

2013년 1인당 1일 급식비는 6,432원으로 평균이 더 높다.

---

8 ④

㉠ 성수기 일반요금이 500, 350, 300, 250, 200인데 성수기 무기명 할인율이 각각 30, 25, 20, 15, 10%이다.

증가율이 가장 작은 300에서 350도 15%가 넘는데 할인율 차이는 각각 5%p에 불과하므로 할인 후 요금 순위는 변하지 않는다.

㉡ B 리조트 회원요금 중 가장 높은 값 : $350 - 350 \times 0.25 = 262,500$

회원요금 중 가장 낮은 값 : $250 - 250 \times 0.45 = 137,500$

$262,500 - 137,500 = 125,000$

㉢ 일반요금의 차이가 가장 큰 A 리조트의 경우를 보면

비수기 요금 : $300 - 300 \times 0.5 = 150$

성수기 요금 : $500 - 500 \times 0.35 = 325$

두 배 이상이 차이가 난다.

㉣ 리조트 A ~ E를 볼 때 비수기 기명 할인율과 무기명 할인율의 차이는 15%p, 5%p와 10%p가 존재하는데 비수기 일반요금이 가장 싼 E가 5%p 차이이다.

E 리조트는 성수기 일반요금이 가장 싸고 성수기 기명 할인율과 무기명 할인율의 차이도 5%p로 가장 작은 편에 속하므로 성수기 기명 회원요금과 무기명 회원요금의 차이도 가장 작다.

---

9 ⑤

㉠ 중국 이외의 다른 나라를 직접 언급하지 않으므로 국적별 통계는 필요 없다.

㉡ 2016년 중국인 관광객을 제외한 연간 전체 방한 외국인 관광객 수의 46.3%, 중국인 관광객 지출액을 제외한 전체 방한 외국인 관광객 총 지출액의 55.8% 수준이다. → 전체 방한 외국인 관광객 수 및 지출액 현황 자료가 필요하다.

㉢㉣ 산업부문별 매출액 규모 및 구성비는 표 1, 2로 알 수 없다. 반드시 필요한 자료이다.

---

10 ①

㉠ 용산구의 초과로 걸리는 것은 초미세먼지로 $1.5 \times (35 - 25) + 51 = 66$
성동구의 초과로 걸리는 것은 미세먼지로 67로 용산구가 더 작다.

㉡ 강북구의 미세먼지 농도와 초미세먼지 농도는 각각의 평균보다 낮고, 이산화질소 농도는 평균보다 높다.

㉢ 중랑구의 미세먼지는 48로 초과조건에 해당되지 않으며, 이산화질소는 0.041로 초과조건에 해당되므로 이산화질소로 통합대기환경지수가 결정될 가능성이 높다.
$800 \times (0.041 - 0.04) + 51 = 51.8$로 미세먼지 48을 초과한다.

㉣ 세 가지 오염물질 농도가 평균보다 모두 높은 구는 동대문구 1곳이다.

---

11 ④

빨간색 블록의 개수를 x, 파란색 블록의 개수를 y라 하면
전체 블록의 개수가 150개이므로 $x + y = 150 \cdots$ ①

빨간색 블록 x개가 넘어지는 데 걸리는 시간은 $\frac{1}{2}x$초이고

파란색 블록 y개가 넘어지는 데 걸리는 시간은 $\frac{1}{3}y$초이므로

$\frac{1}{2}x + \frac{1}{3}y = 60 \Rightarrow 3x + 2y = 360 \cdots$ ②

①식과 ②식을 연립하여 풀면
$x = 60$, $y = 90$
따라서 빨간색 블록은 60개, 파란색 블록은 90개이다.

12 ④

비밀번호의 끝 두 자리를 순서대로 x, y라 하면

| a | b | c | 4 | 2 | x | y |

문제에 따라 연립방정식으로 나타내어 풀면

$$\begin{cases} y = 2x \\ 4+2+x+y = 15 \end{cases} \Rightarrow \begin{cases} y = 2x \\ x+y = 9 \end{cases}$$

$x = 3$, $y = 6$

따라서 구하는 비밀번호는 [abc4236]이다.

---

13 ②

조건 ㈎에서 R 석의 티켓의 수를 a, S 석의 티켓의 수를 b, A 석의 티켓의 수를 c라 놓으면
$a+b+c = 1,500$ ······ ㉠

조건 ㈏에서 R 석, S 석, A 석 티켓의 가격은 각각 10만 원, 5만 원, 2만 원이므로
$10a+5b+2c = 6,000$ ······ ㉡

A 석의 티켓의 수는 R 석과 S 석 티켓의 수의 합과 같으므로
$a+b = c$ ······ ㉢

세 방정식 ㉠, ㉡, ㉢을 연립하여 풀면

㉠, ㉢에서 $2c = 1,500$ 이므로 $c = 750$

㉠, ㉡에서 연립방정식

$$\begin{cases} a+b = 750 \\ 2a+b = 900 \end{cases}$$

을 풀면 $a = 150$, $b = 600$ 이다.

따라서 구하는 S 석의 티켓의 수는 600장이다.

---

14 ④

통화량을 x, 문자메시지를 y라고 하면

A요금제 $\rightarrow (5x+10y) \times \left(1 - \dfrac{1}{5}\right) = 4x+8y = 14,000$ 원

B요금제 $\rightarrow 5,000+3x+15 \times (y-100) = 16,250$ 원

두 식을 정리해서 풀면

$y = 250$, $x = 3,000$

15 ③

㉠ 2015~2017년 동안의 유형별 최종에너지 소비량 비중이므로 전력 소비량의 수치는 알 수 없다.

㉡ 2017년의 산업부문의 최종에너지 소비량은 115,155천TOE이므로 전체 최종 에너지 소비량인 193,832천TOE의 50%인 96,916천TOE보다 많으므로 50% 이상을 차지한다고 볼 수 있다.

㉢ 2015~2017년 동안 석유제품 소비량 대비 전력 소비량의 비율은 $\dfrac{전력}{석유제품}$ 으로 계산하면 2015년 $\dfrac{18.2}{53.3} \times 100$ $=34.1\%$, 2016년 $\dfrac{18.6}{54} \times 100 = 34.4\%$, 2017년 $\dfrac{19.1}{51.9} \times 100 = 36.8\%$이므로 매년 증가함을 알 수 있다.

㉣ 2017년 산업부문과 가정·상업부문에서 $\dfrac{무연탄}{유연탄}$ 을 구하면 산업부문의 경우 $\dfrac{4,750}{15,317} \times 100 = 31\%$, 가정·상업부문의 경우 $\dfrac{901}{4,636} \times 100 = 19.4\%$이므로 모두 25% 이하인 것은 아니다.

---

16 ①

왼쪽부터 x의 값에 1부터 차례대로 정수를 대입할 경우 'x를 포함하는 수'도 같은 정수가 된다. 즉, x가 1이면 'x를 포함하는 수'도 1, x가 2이면 'x를 포함하는 수'도 2가 된다.

즉, $x=1$일 때 $(x^2+3) \div 4 \rightarrow (1+3) \div 4 = 1$

$x=2$일 때 $2x \div 2 \rightarrow 2 \times 2 \div 2 = 2$

$x=3$일 때 $(6+x) \div 3 \rightarrow (6+3) \div 3 = 3$

$x=4$일 때 $(x+x+x) \div 3 \rightarrow (4+4+4) \div 3 = 4$

따라서 마지막에는 5를 넣어서 5가 되는 수가 와야 하므로 $3 \times 5 - 10 = 5$인 ①이 정답이 된다.

---

17 ①

① 기계체조를 기준으로 하면 A, B국의 메달 수 합은 $1+1+4+2+1=9$로 다른 종목들에 비해 가장 많다.

② A국이 획득한 금메달 수 $3+3+3+3+1+1=14$
   C국이 획득한 동메달 수 $2+2+1+2+1+3=11$

③ A국이 복싱, 사이클 트랙, 소프트볼 종목에서 획득한 모든 메달 수의 합
   $3+1+2+3+1+1=11$
   C국이 레슬링 종목에서 획득한 모든 메달 수 $7+4+3=14$

④⑤ A국 $5+6+7+4+2+1+4+1+1=31$
   B국 $1+1+1+7+1+1+3+1+1+4+2=23$
   C국 $1+6+5+4+7+1+14+1=39$
   D국 $2+2+5+4+2+2+1+7+4=29$

⑤ 획득한 은메달의 수
   A국 $1+1+1+1+1+1+3+1=10$
   B국 $1+1+1+2+1+2=8$
   C국 $1+3+1+1+4+4=14$
   D국 $1+1+2+1+1+2=8$

18 ③

① 2018년과 2019년의 흡연율은 전년에 비해 감소하였다.

② 2013년, 2016년, 2017년만 7배 이상이다.

④ 2015년 장기 금연계획률은 39.2%로 전년과 같다.

⑤ ㉠에 들어갈 수치는 56.3이다.

---

19 ②

① 2월은 국내 8,900명, 국외 6,282명이다.

② 툼레이더스는 국외제작영화이다.

③ 월별 개봉편수를 보면 국외제작영화 개봉편수가 매달 많다.

④ 7월의 국외제작영화 개봉작은 어벤져스팀, 빨간 스페로 2편이다.

⑤ 1위의 관객 수는 12,100천 명
국내제작영화 전체 관객 수
$= 12,100 + 8,540 + 7,817 + 6,851 + 6,592 + 5,636 + 5,316 + 4,018 + 4,013 + 3,823 + 3,279 = 67,985$ 천 명

---

20 ②

② 2012년 가정폭력행위자 불기소율은 46.1%이고, 2013년 가정폭력행위자 불기소율은 59.2%이므로 불기소율은 전년대비 증가하였다.

---

21 ⑤

㉠㉡㉢ 모두 옳은 설명이다.

---

22 ⑤

표준편차는 자료의 값이 평균으로부터 얼마나 떨어져 있는지, 즉 흩어져 있는지를 나타내는 값이다. 표준편차가 0일 때는 자룻값이 모두 같은 값을 가지고, 표준편차가 클수록 자룻값 중에 평균에서 떨어진 값이 많이 존재한다.

---

23 ③

A, B, C의 장소를 각각 1대의 차량으로 방문할 시의 수송거리는(10 + 13 + 12)×2 = 70km, 하나의 차량으로 3곳 수요지를 방문하고 차고지로 되돌아오는 경우의 수송거리 10 + 5 + 7 + 12 = 34km, 그러므로 70-34 = 36km가 된다.

24 ④

丁 인턴은 甲, 乙, 丙 인턴에게 주고 남은 성과급의 1/2보다 70만 원을 더 받았다고 하였으므로, 전체 성과급에서 甲, 乙, 丙 인턴에게 주고 남은 성과급을 x라고 하면

丁 인턴이 받은 성과급은 $\frac{1}{2}x + 70 = x$ (∵ 마지막에 받은 丁 인턴에게 남은 성과급을 모두 주는 것이 되므로), ∴ $x = 140$이다.

丙 인턴은 甲, 乙 인턴에게 주고 남은 성과급의 1/3보다 60만 원을 더 받았다고 하였는데, 여기서 甲, 乙 인턴에게 주고 남은 성과급의 2/3는 丁 인턴이 받은 140만 원 + 丙 인턴이 더 받을 60만 원이 되므로, 丙 인턴이 받은 성과급은 160만 원이다.

乙 인턴은 甲 인턴에게 주고 남은 성과급의 1/2보다 10만 원을 더 받았다고 하였는데, 여기서 甲 인턴에게 주고 남은 성과급의 1/2은 丙, 丁 인턴이 받은 300만 원 + 乙 인턴이 더 받을 10만 원이 되므로, 乙 인턴이 받은 성과급은 320만 원이다.

甲 인턴은 성과급 총액의 1/3보다 20만 원 더 받았다고 하였는데, 여기서 성과급 총액의2/3은 乙, 丙, 丁 인턴이 받은 620만 원 + 甲 인턴이 더 받을 20만 원이 되므로, 甲 인턴이 받은 성과급은 340만 원이다.

따라서 네 인턴에게 지급된 성과급 총액은 340 + 320 + 160 + 140 = 960만 원이다.

---

25 ①

각 회사의 조사 회답 지수를 100%로 하고 각각의 회답을 집계하면 다음과 같은 표가 된다.

구분	불만	보통	만족	계
(가)회사	34(27.9)	38(31.1)	50(41.0)	122(100.0)
(나)회사	73(51.4)	11(7.7)	58(40.8)	142(100.0)
(다)회사	71(52.2)	41(30.1)	24(17.6)	136(100.0)
계	178(44.5)	90(22.5)	132(33.0)	400(100.0)

---

26 ③

17개의 메달 수가 속하는 계급의 도수는 4이다.

---

27 ⑤

각 노선의 건설비용과 사회적 손실비용을 구하면 다음과 같다.

노선	구분	비용
A	건설비용	$(1.2 \times 1,000) + (0.5 \times 200) + (8.3 \times 100) = 2,130$억 원
	사회적 손실비용	$20,000 \times 1,000 = 20,000,000$원
B	건설비용	$20 \times 100 = 2,000$억 원
	사회적 손실비용	$20,000 \times 1,000 \times 2 = 40,000,000$원
C	건설비용	$(0.8 \times 1,000) + (1.5 \times 200) + (12.7 \times 100) = 2,370$억 원
	사회적 손실비용	$20,000 \times 1,000 \times 1.5 = 30,000,000$원

28 ①

② 1997 ~ 2007년 중 Y선수의 타율이 0.310 이하인 해는 2002년, 2005년, 2006년으로 3번 있었다.

③ 전체 기간 중 Y선수의 타율이 가장 높은 해는 0.355인 2001년으로 C구단에 속해 있었다.

④ 2000년 이전 출전 경기수가 가장 많은 해는 1999년이다. 그러나 1997년에 가장 많은 홈런을 기록했다.

⑤ 타수와 안타수의 증감 추이는 동일하지 않다.

---

29 ④

- A의 세금 : 1,000,000,000 × 0.01 = 10,000,000원
- B의 세금 : 10,000,000 + (8,000,000,000 × 0.05) = 410,000,000원
- C의 세금 : 460,000,000 + (10,000,000,000 × 0.1) = 1,460,000,000원
- C의 가산금 : 1,460,000,000 × 0.03 = 43,800,000원

따라서 甲이 낸 총 금액은 19억 2,380만 원이다.

---

30 ③

③ 2008년 G계열사의 영업이익률은 8.7%로 1997년 E계열사의 영업이익률 2.9%의 2배가 넘는다.

① B계열사의 2008년 영업이익률은 나머지 계열사의 영업이익률의 합보다 적다.

② 1997년도에 가장 높은 영업이익률을 낸 계열사는 F, 2008년에 가장 높은 영업이익률을 낸 계열사는 B 이다.

④ 1997년 대비 2008년의 영업이익률이 증가한 계열사는 B, C, E, G 4곳이다.

⑤ 1997년과 2008년 모두 영업이익률이 10%을 넘은 계열사는 A, B 2곳이다.

1	③	2	④	3	④	4	①	5	②	6	③	7	③	8	⑤	9	⑤	10	④
11	④	12	④	13	②	14	③	15	①	16	①	17	②	18	④	19	①	20	④
21	②	22	④	23	②	24	④	25	②	26	①	27	⑤	28	③	29	③	30	③

1 ③

각 제품의 점수를 환산하여 총점을 구하면 다음과 같다. 다른 기능은 고려하지 않는다 했으므로 제시된 세 개 항목에만 가중치를 부여하여 점수화한다.

구분	A	B	C	D
크기	153.2×76.1×7.6	154.4×76×7.8	154.4×75.8×6.9	139.2×68.5×8.9
무게	171g	181g	165g	150g
RAM	4GB	3GB	4GB	3GB
저장 공간	64GB	64GB	32GB	32GB
카메라	16MP	16MP	8MP	16MP
배터리	3,000mAh	3,000mAh	3,000mAh	3,000mAh
가격	653,000원	616,000원	599,000원	549,000원
가중치 부여	20×1.3+18×1.2+ 20×1.1=69.6	20×1.3+16×1.2+ 20×1.1=67.2	18×1.3+18×1.2+ 8×1.1=53.8	18×1.3+20×1.2+ 20×1.1=69.4

따라서 가장 가중치 점수가 높은 것은 A제품이며, 가장 낮은 것은 C제품이므로 정답은 A제품과 C제품이 된다.

---

2 ④

무항공사의 경우 화물용 가방 2개의 총 무게가 20×2=40kg, 기내 반입용 가방 1개의 최대 허용 무게가 16kg이므로 총 56kg까지 허용되어 무항공사도 이용이 가능하다.

① 기내 반입용 가방의 개수를 2개까지 허용하는 항공사는 갑, 병항공사 밖에 없다.

② 155cm 2개는 화물용으로, 118cm 1개는 기내 반입용으로 운송 가능한 곳은 무항공사이다.

③ 을항공사는 총 허용무게가 23+23+12=58kg이며, 병항공사는 20+12+12=44kg이다.

⑤ 2개를 기내에 반입할 수 있는 항공사는 갑항공사와 병항공사이나 모두 12kg까지로 제한을 두고 있다.

3 ④

다음과 같이 유형을 구분할 수 있다.

㈎, ㈏ – 노조가입·조직, 정당한 조합활동·단체행동 등을 이유로 한 불이익 취급

㈐ – 정당한 이유 없는 단체교섭 거부

㈑, ㈒ – 노동조합의 조직·운영에 대한 지배·개입 및 운영비 원조

---

4 ①

제시된 네 개의 의견이 모두 올바른 판단이다.

㈎ 수소 이온 농도 지수(pH)는 5.5 → 8.3으로 변하였으므로 산성에서 알칼리성으로 바뀐 것이 되어 A 지점의 산성이 더 강하다. (○)

㈏ 용존 산소량(DO)의 수치는 수질이 나쁠수록 낮아지게 되므로 6.0인 A 지점이 4.6인 C 지점보다 맑고 깨끗한 물이다. (○)

㈐ 생화학적 산소 요구량(BOD)은 수질이 나쁠수록 그 값이 증가하므로 5.0의 수치를 보인 B 지점의 수질이 가장 나쁘다. (○)

㈑ 화학적 산소 요구량(COD)은 곧, 생물학적으로 분해할 수 없는 유기물의 양을 의미하므로 4.5 → 4.9 → 4.3으로 수치가 변한 것은 생물학적으로 분해할 수 없는 유기물의 양이 증가하다가 감소하였음을 의미한다. (○)

---

5 ②

팀장별 순위에 대한 가중치는 모두 동일하다고 했으므로 1~4순위까지를 각각 4, 3, 2, 1점씩 부여하여 점수를 산정해 보면 다음과 같다.

갑 : 2+4+1+2=9

을 : 4+3+4+1=12

병 : 1+1+3+4=9

정 : 3+2+2+3=10

따라서 〈보기〉의 설명을 살펴보면 다음과 같다.

㉠ '을' 또는 '정' 중 한 명이 입사를 포기하면 '갑'과 '병'이 동점자이나 A팀장이 부여한 순위가 높은 '갑'이 채용되게 된다.

㉡ A팀장이 '을'과 '정'의 순위를 바꿨다면, 네 명의 순위에 따른 점수는 다음과 같아지므로 바뀌기 전과 동일하게 '을'과 '정'이 채용된다.

갑 : 2+4+1+2=9

을 : 3+3+4+1=11

병 : 1+1+3+4=9

정 : 4+2+2+3=11

ⓒ 이 경우 네 명의 순위에 따른 점수는 다음과 같아지므로 '정'은 채용되지 못한다.

갑 : 2＋1＋1＋2＝6

을 : 4＋3＋4＋1＝12

병 : 1＋4＋3＋4＝12

정 : 3＋2＋2＋3＝10

---

6 ③

첫 번째 경우는 국내 간의 거래이며 인터넷 뱅킹을 이용하였으므로 금액에 관계없이 5,000원의 수수료가 발생한다.

두 번째 경우는 인터넷 뱅킹이 아닌 은행 창구에서 해외로 송금한 경우이므로 금액에 따른 수수료가 차등 적용된다. U$10,000이며 20,000원의 송금 수수료와 8,000원의 전신료가 발생하여 총 28,000원의 수수료가 발생한다.

세 번째 경우는 해외에서 송금된 경우로 금액과 송금 방법에 관계없이 건당 10,000원의 수수료가 발생하게 된다.

따라서 세 건의 총 수수료 금액은 5,000＋28,000＋10,000＝43,000원이 된다.

---

7 ③

문법반은 월, 화, 목요일에 강좌 개설이 가능하므로 월요일에도 가능 표시가 되어야 한다.

---

8 ⑤

3～4월에 문법반은 월, 수, 금 밤 8시에 중급반 강좌가 개설되었었다. 따라서 5～6월엔 월, 화, 목 밤 9시로 시간을 옮겨 고급반으로 진행되어야 한다.

① 회화반B는 화, 목, 금요일 개설 가능하므로 수정될 필요가 없다.

② 3～4월에 독해반이 고급이었으므로 입문반이 올바른 강좌이다.

③ 3～4월에 한자반은 초급이었으므로 5～6월엔 중급 강좌가 적절하며, 월, 수, 금이 가능한 요일이다.

④ 비즈니스반은 월, 목이 가능하며, 회화반A는 매일 가능하므로 적절하다.

---

9 ⑤

주어진 조건에 의해 가능한 날짜와 연회장을 알아보면 다음과 같다.

우선, 백 대리가 원하는 날은 월, 수, 금요일이며 오후 6시～8시까지 사용을 원한다. 또한 인원수로 보아 A, B, C 연회장만 가능하다. 기 예약된 현황과 연회장 측의 직원들 퇴근 시간과 시작 전후 필요한 1시간씩을 감안하여 예약이 가능한 연회장과 날짜를 표시하면 다음과 같다.

일	월	화	수	목	금	토
			1 A, C	2 B 19시 D 18시	3 A, B	4 A 11시 B 12시
5	6 A	7	8 B, C	9 C 15시	10 A, B	11
12	13 A, B	14 A 16시	15 B, C	16	17 A, C	18

따라서 A, B 연회장은 원하는 날짜에 언제든 가능하지 않다.
① 가능한 연회장 중 가장 저렴한 C 연회장은 월요일에 사용이 불가능하다.
② 6일은 가장 비싼 A 연회장만 사용이 가능하다.
③ 인원이 200명을 넘지 않으면 가장 저렴한 C 연회장을 1, 8, 15, 17일에 사용할 수 있다.
④ 8일과 15일은 사용 가능한 잔여 연회장이 B, C 연회장으로 동일하다.

---

10 ④
㉠ 이미 사망한 상태이더라도 근육 열변성은 발생할 수 있다.
㉡ 피부로의 혈액공급이 많아져야 가능한 증거이므로 예측할 수 있는 증거이다.
㉢ 화재 현장에서 호흡을 했다는 증거이므로 예측할 수 있는 증거이다.

---

11 ④
총 노선의 길이를 연비로 나누어 리터 당 연료비를 곱하면 원하는 답을 다음과 같이 구할 수 있다.
교통편 1 : $500 \div 4.2 \times 1,000 =$ 약 $119,048$ 원
교통편 2 : $500 \div 4.8 \times 1,200 = 125,000$ 원
교통편 3 : $500 \div 6.2 \times 1,500 =$ 약 $120,968$ 원
교통편 4 : $500 \div 5.6 \times 1,600 =$ 약 $142,857$ 원
따라서 교통비가 가장 적게 드는 교통편은 '교통편 1'이며, 가장 많이 드는 교통편은 '교통편 4'가 된다.

12 ④

각 교통편별로 속도와 정차 역, 정차 시간을 감안하여 최종 목적지인 I 지점까지의 총 소요 시간을 구하여 정리해 보면 다음 표와 같다.

구분	평균속도(km/h)	운행 시간(h)	정차 시간(분)	총 소요 시간
교통편 1	60	$500 \div 60 =$약 8.3	$7 \times 15 = 105$	$8.3 + 1.8 = 10.1$시간
교통편 2	80	$500 \div 80 =$약 6.3	$4 \times 15 = 60$	$6.3 + 1 = 7.3$시간
교통편 3	120	$500 \div 120 =$약 4.2	$3 \times 15 = 45$	$4.2 + 0.8 = 5$시간
교통편 4	160	$500 \div 160 =$약 3.1	$2 \times 15 = 30$	$3.1 + 0.5 = 3.6$시간

따라서 교통편 1과 교통편 4의 시간 차이는 6.5시간이므로 6시간 30분의 차이가 나는 것을 알 수 있다.

---

13 ②

㉠ A의 진술이 참이고, E의 진술이 거짓인 경우(○는 진술이 참, ×는 진술이 거짓을 의미)

A	B	C	D	E
목격자 ○				범인 ×

B, E의 진술이 거짓이므로, 세 번째 조건에 의해 C, D의 진술은 참
범인은 C가 되고 A의 진술은 참이 된다.

A	B	C	D	E
목격자 ○	×	범인 ○	○	범인 ×

결국 C, E가 범인이고 첫 번째 조건에 부합한다.
범인이 아닌 사람은 A, B, D이다.

㉡ A의 진술이 거짓이고 E의 진술이 참인 경우

A	B	C	D	E
×				~범인 ○

A의 진술이 거짓이므로 D의 진술도 거짓

A	B	C	D	E
×			×	~범인 ○

A, D의 진술이 거짓이므로, 세 번째 조건에 의해 B, C의 진술은 참
범인은 C, 목격자는 B가 된다.

A	B	C	D	E
×	목격자 ○	범인 ○	×	~범인 ○

범인이 아닌 사람은 B, E이다.
㉠㉡을 종합하여 보면 반드시 범인이 아닌 사람은 B가 된다.

14 ③

○ 악취 요인 A : 버섯과 술을 마셨을 때 악취 발생, 버섯은 먹고 술은 마시지 않았을 때는 악취가 발생하지 않았다.

○ 미각 상실 원인 B : 버섯을 먹고 술을 마시거나 마시지 않아도 발병했다. 또한 B는 물에 끓여도 효과가 약화되지 않는다는 것도 알 수 있다.

○ 백혈구 감소 물질 C : ○과 같이 물에 끓여도 효과가 약화되지 않는다. 만약 물에 끓여 효과가 약화된다면 을은 백혈구 감소가 나타나지 않아야 한다.

---

15 ①

만약 을의 예측이 맞고 병의 예측이 그르다고 한다면, 현구씨는 프랑스에 가고, 상민씨는 중국에 가는 것이 된다. 이렇게 되면 정의 예측은 그르다가 되고, 갑의 예측은 옳은 것이 된다.

만약 병의 예측이 맞고 을의 예측이 그르다고 한다면, 동근씨는 미국에 가게 되므로 정의 예측은 그르다가 된다. 그러면 갑, 을, 정의 예측이 모두 그르다가 되므로 조건이 성립되지 않는다.

정리를 하면, 갑의 예측은 옳은 것이므로 동근씨는 미국에 가고 현구씨는 프랑스에 가고, 상민씨는 중국에 간다.

---

16 ①

내용을 잘 읽어보면 '특정 행위 결과를 행위자가 의도했는가에 대한 사람들의 판단은 그 행위 결과의 도덕적 여부에 대한 판단에 의존한다'가 결론임을 알 수 있다.

○의 경우 부도덕한 의도를 가지고 부도덕한 결과를 낳는 행위는 위 지문에 나와 있지 않으므로 무관한 내용이다.

○의 경우 두 행위자가 동일한 부도덕한 결과를 의도했음이 분명한 경우에 대한 내용이 위 지문에서 찾을 수 없으므로 무관한 내용이다.

---

17 ②

• 착한 사람들 중에서 똑똑한 여자는 모두 인기가 많다. → 착함, 똑똑, 여자 → 인기 多
• 똑똑한 사람들 중에서 착한 남자는 모두 인기가 많다. → 똑똑, 착함, 남자 → 인기 多
• "인기가 많지 않지만 멋진 남자가 있다"라는 말은 거짓이다. → 멋진 남자 → 인기 多
• 영희는 멋지지 않지만 똑똑한 여자이다. → 멋지지 않음, 똑똑, 여자 → 영희
• 철수는 인기는 많지 않지만 착한 남자이다. → 인기 없음, 착함, 남자 → 철수 → 똑똑 못함
① 참
② 거짓
③ 참
④ 참
⑤ 참

18 ④

글의 내용을 분석해 보면 철이, 돌이, 석이 중 적어도 한 사람은 영이를 좋아한다.

철이가 영이를 좋아한다면 영이는 건강한 여성이다.

돌이가 영이를 좋아한다면 영이는 능력 있는 사람이다.

석이가 영이를 좋아한다면 영이는 원만한 성격의 소유자이다.

① 참

② 참

③ 참

④ 거짓(철이와 돌이가 둘 다 좋아할 수도 있음)

⑤ 참

19 ①

화재의 원인을 보는 견해를 정리해보면

• 화재의 원인이 새로 도입한 기계 M의 오작동이라면 → 기존에 같은 기계를 도입했던 X, Y공장에서 이미 화재가 났을 것이다. → 이미 X공장에서 화재가 났었다.

• 화재의 원인이 방화라면 → 감시카메라가 작동하고 수상한 사람이 찍히고 비상벨이 작동했을 것이다. → 비상벨이 작동했다면 경비원 갑이 B, C 지역 어느 곳으로도 화재가 확대되지 않도록 막았을 것이다. → B지역으로 화재가 확대되지 않았다. → 감시카메라에 수상한 사람이 포착되어 조사중이다.

• 화재의 원인이 시설 노후화로 인한 누전이라면 → 기기관리자 을 또는 시설관리자 병에게 책임이 있다. → 만약 을에게 책임이 있다면 정에게는 책임이 없다.

㉠ 이번 화재 전에 Y공장에서 화재가 발생했어도 기계 M의 오작동이 화재의 원인은 아닐 수 있다. → 오작동 아니라도 화재의 위험이 있으므로 참이다.

㉡ 병에게 책임이 없다면, 정에게도 책임이 없다. → 누전일 경우에만 해당되므로 거짓이다.

㉢ C지역으로 화재가 확대되었다면, 방화는 이번 화재의 원인이 아니다. → 방화는 아니므로 참이다.

㉣ 정에게 이번 화재의 책임이 있다면, 시설 노후화로 인한 누전이 이번 화재의 원인이다. → 누전이라는 사실이 도출되지 않으므로 거짓이다.

20 ④

현수막을 제작하기 위해서는 라, 다, 마가 선행되어야 한다. 따라서 세미나 기본계획 수립(2일) + 세미나 발표자 선정(1일) + 세미나 장소 선정(3일) = 최소한 6일이 소요된다.

21 ②

각 작업에 걸리는 시간을 모두 더하면 총 11일이다.

22 ④

㉠ a를 '을'팀이 맡는 경우 : 4개의 프로젝트를 맡은 팀이 2팀이라는 조건에 어긋난다. 따라서 a를 '을'팀이 맡을 수 없다.

갑	c, d, e	0→3개
을	a, b	1→3개
병		2→3개
정		2→3개
무		3→4개

㉡ f를 '갑'팀이 맡는 경우 : a, b를 '병'팀 혹은 '정'팀이 맡게 되는데 4개의 프로젝트를 맡은 팀이 2팀이라는 조건에 어긋난다. 따라서 f를 '갑'팀이 맡을 수 없다.

갑	f	0→1개
을	c, d, e	1→4개
병	a, b	2→4개
정		2→3개
무		3→4개

㉢ a, b를 '갑'팀이 맡는 경우 기존에 수행하던 프로젝트를 포함해서 2개의 프로젝트를 맡게 된다.

갑	a, b	0→2개
을	c, d, e	1→4개
병		2→3개
정		2→3개
무		3→4개

---

23 ②

② 시제품 B는 C에 비해 독창성 점수가 2점 높지만 총점은 같다. 따라서 옳지 않은 발언이다.

---

24 ④

가팀, 다팀을 연결하는 방법은 2가지가 있는데.
㉠ 가팀과 나팀, 나팀과 다팀 연결 : 3 + 1 = 4시간
㉡ 가팀과 다팀 연결 : 6시간
즉, 1안이 더 적게 걸리므로 4시간이 답이 된다.

---

25 ②

다팀, 마팀을 연결하는 방법은 2가지가 있는데.
㉠ 다팀과 라팀, 라팀과 마팀 연결 : 3 + 1 = 4시간
㉡ 다팀과 마팀 연결 : 2시간
즉, 2안이 더 적게 걸리므로 2시간이 답이 된다.

26 ①

① 乙과 甲, 乙과 丙이 '동갑' 관계이고 甲과 丙이 '위아래' 관계이므로 甲, 乙, 丙의 관계는 '모호'하다.

---

27 ⑤

㉠ a = b = c = d = 25라면, 1시간당 수송해야 하는 관객의 수는 40,000 × 0.25 = 10,000명이다. 버스는 한 번에 대당 최대 40명의 관객을 수송하고 1시간에 10번 수송 가능하므로, 1시간 동안 1대의 버스가 수송할 수 있는 관객의 수는 400명이다. 따라서 10,000명의 관객을 수송하기 위해서는 최소 25대의 버스가 필요하다.

㉡ d = 40이라면, 공연 시작 1시간 전에 기차역에 도착하는 관객의 수는 16,000명이다. 16,000명을 1시간 동안 모두 수송하기 위해서는 최소 40대의 버스가 필요하다.

㉢ 공연이 끝난 후 2시간 이내에 전체 관객을 공연장에서 기차역까지 수송하려면 시간당 20,000명의 관객을 수송해야 한다. 따라서 회사에게 필요한 버스는 최소 50대이다.

---

28 ③

지원 구분에 따르면 모친상과 같은 경조사는 경조사 지원에 포함되어야 한다. 따라서 F의 구분이 잘못되었다.

---

29 ③

③ 2017년 변경된 사내 복지 제도에 따르면 1인 가구 사원에게는 가 ~ 사 총 7동 중 가 ~ 다동이 지원된다.

---

30 ③

③ 丙이 2번 자리에 앉을 경우, 丁은 햇빛 알레르기가 있어 1번 자리에 앉을 수 없으므로 3, 4, 5번 중 한 자리에 앉아야 하며, 丙과 성격이 서로 잘 맞지 않는 戊는 4, 5번 중 한 자리에 앉아야 한다. 이 경우 성격이 서로 잘 맞은 甲과 乙이 떨어지게 되므로 최상의 업무 효과를 낼 수 있는 배치가 되기 위해서는 丙은 2번 자리에 앉을 수 없다.

① 창문 - 戊 - 乙 - 甲 - 丙 - 丁 순으로 배치할 경우 甲은 3번 자리에 앉을 수 있다.

② 창문 - 戊 - 丁 - 丙 - 甲 - 乙 순으로 배치할 경우 乙은 5번 자리에 앉을 수 있다.

④ 丁이 3번 자리에 앉을 경우, 甲과 성격이 서로 잘 맞는 乙, 丙 중 한 명은 甲과 떨어지게 되므로 최상의 업무 효과를 낼 수 있는 배치가 되기 위해서는 丁은 3번 자리에 앉을 수 없다.

⑤ 戊가 2번 자리에 앉을 경우, 丁은 햇빛 알레르기가 있어 1번 자리에 앉을 수 없으므로 3, 4, 5번 중 한 자리에 앉아야 하는데, 그러면 甲과 성격이 서로 잘 맞는 乙, 丙 중 한 명은 甲과 떨어지게 되므로 최상의 업무 효과를 낼 수 있는 배치가 되기 위해서는 戊는 2번 자리에 앉을 수 없다.

1	②	2	④	3	⑤	4	④	5	②	6	⑤	7	④	8	⑤	9	④	10	③
11	⑤	12	②	13	②	14	②	15	①	16	①	17	③	18	②	19	③	20	③
21	⑤	22	④	23	④	24	②	25	①	26	②	27	④	28	②	29	②	30	①

1   ②

3월 달력에 휴가일을 표시하면 다음과 같다.

일	월	화	수	목	금	토
		1	2	3	4	5
6	7	8	9	10	11	12
13	14	15	16	17	18	19
20	21	22	23	24	25	26
27	28	29	30	31		

따라서 남현우 씨가 31일 날 휴가를 사용해도 24일 목요일은 전원이 근무하는 날이 될 수 있다.

2   ④

'거리=속력×시간'을 이용하여 체류 시간을 감안한 총 소요 시간을 다음과 같이 표로 정리해 볼 수 있다. 시간은 왕복이므로 2번 계산한다.

활동	이동수단	거리	속력 (시속)	목적지 체류시간	총 소요 시간
당구장	전철	12km	120km	3시간	3시간+6분+6분=3시간12분
한강공원 라이딩	자전거	30km	15km	–	2시간+2시간=4시간
파워 워킹	도보	5.4km	3km	–	1.8시간+1.8시간=3시간36분
북 카페 방문	자가용	15km	50km	2시간	2시간+18분+18분=2시간36분
전시관 방문	도보	2km	4km	2시간	2시간+30분+30분=3시간

따라서 북 카페를 방문하고 돌아오는 것이 2시간 36분으로 가장 짧은 소요 시간이 걸리게 된다.

3 ⑤

솜 인형의 실제 무게는 18파운드이며, 주어진 산식으로 부피무게를 계산해 보아야 한다. 부피무게는 $28 \times 10 \times 10 \div 166 ≒ 17$파운드가 되어 실제 무게보다 가벼운 경우가 된다. 그러나 28inch는 $28 \times 2.54 = $약 71cm가 되어 50cm를 초과하므로, A배송사에서는 $(18 + 17) \times 0.6 = 21$파운드의 무게를 적용하게 된다. 따라서 솜 인형의 운송비는 19,000원이 된다.

---

4 ④

금리를 높일 수 있는 방법은 가입기간을 길게 하며, 해당 우대금리를 모두 적용받는 것이다. 따라서 3년 기간으로 계약하여 2.41%와 두 가지 우대금리 조건을 모두 충족할 경우 각각 0.2%p와 0.3%p(3명의 추천까지 적용되는 것으로 이해할 수 있다.)를 합한 0.5%p가 적용되어 총 2.91%의 연리가 적용될 수 있다.

① 비대면전용 상품이므로 은행 방문 가입은 불가능하다.
② 9개월은 계약기간의 3/4에 해당하는 기간이며 월 평균 적립금액이 10만 원이므로 이후부터는 1/2인 5만 원의 월 적립금액이 허용된다.
③ 가입기간별 우대금리가 다르게 책정되어 있음을 알 수 있다.
⑤ 예금자보호법에 따라 원금과 이자가 5천만 원이 넘을 경우, 유사 시 일부 금액을 받지 못할 수도 있다.

---

5 ②

시설물 설치와 관련한 주의사항에는 '대관일 하루 전날 사전 점검 및 시설물 설치 가능, 행사 종료 즉시 시설물 철거 요망'이라고 명시되어 있다.

① 실외 흡연 부스가 마련되어 있으므로 담배를 피울 수 있다.
③ 1시간에 3,000원이며 이후 30분당 1,000원씩 추가되므로 3시간엔 7,000원이 된다.
④ 취소 자체는 가능하며, 향후 대관이 불가하게 된다.
⑤ 7개까지는 무료이므로 $55 - 7 = 48$대의 비용을 지불하면 된다. 따라서 $48 \times 4,500 = 216,000$원이 된다.

---

6 ⑤

다이나믹 일반 마이크 32개 중 7개는 무료이므로 $25 \times 4,500 = 112,500$원
고급 마이크 $12 \times 25,000 = 300,000$원
써라운드 스피커 $2 \times 25,000 = 50,000$원
USB 영상 녹화 $3 \times 25,000 = 75,000$원
solo 라이트 6,000원
rail 라이트 $4 \times 55,000 = 220,000$원

7 ④

정은 홍보자료 작성 업무가 23일에 예정되어 있으며 3일 간의 시간이 걸리는 업무이므로 25일에 월차 휴가를 사용하는 것은 바람직하지 않다.

---

8 ⑤

넷째 주에는 을의 매출부진 원인 분석 업무, 정의 홍보자료 작성 업무, 갑의 부서 인사고과 업무가 예정되어 있다. 따라서 출장자로 가장 적합한 두 명의 직원은 병과 무가 된다.

---

9 ④

공사가 진행 중인 지점으로 향하는 방법을 제외하면 될 것이므로 다음과 같은 6가지 방법이 있게 된다.

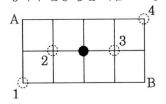

1지점을 통과하는 1가지 방법
2지점을 통과하는 2가지 방법
3지점을 통과하는 2가지 방법
4지점을 통과하는 1가지 방법

---

10 ③

A사의 제조원가의 10%는 20억 원, B사의 제조원가의 10%는 60억 원

총 순이익이 200억 원이므로 분배액은 120억 원

광고홍보비를 분배기준으로 하면 2 : 1이 비율이 되므로

A사의 분배액은 20억 원 + 120억 원 × $\frac{2}{3}$ = 100억 원

---

11 ⑤

ㄱ A은행의 경우 자동차 소유권을 얻기까지 은행에 내야 하는 금액은 없다. B은행의 경우 1,200만 원을 상환해야 하고, C은행의 경우 매월 90만 원씩 임대료를 1년 동안 내야 하므로 90 × 12 = 1,080만 원을 내야 한다.

ㄴ A은행의 경우 50만 원의 수리비를 동근씨가 부담해야 한다. 총비용을 따지면 원금 1,000만 원, 이자 1,000 × 0.01 × 12 = 120만 원, 수리비 50만 원을 포함하여 1,170만 원이다. B은행의 경우 1,200만 원, C은행의 경우 1,080만 원이 총비용이므로 B은행을 선택하는 것은 유리하지 않다.

ㄷ A은행은 동근씨가 자동차를 구입하여 소유권을 취득할 때 은행이 구입금액을 지불하는 것이므로 자동차 소유권을 가장 빨리 얻을 수 있다.

ㄹ 총비용은 은행에 내야 하는 금액과 수리비만을 고려하며, B, C은행은 수리비를 모두 은행에서 부담하므로 사고 여부와 관계없이 자동차 소유권 취득 시까지의 총비용은 B은행 1,200만 원, C은행 1,080만 원이므로 C은행을 선택해야 한다.

12 ②

	시행 전 요금	시행 후 요금	정책 시행 후 절감액	연간환승유형이용건수	총 절감액
A	1,900	1,100	800	1,650	1,320,000
B	1,900	1,150	750	1,700	1,275,000
C	1,900	1,150	750	1,150	862,500
D	2,850	1,250	1,600	800	1,280,000
E	2,850	1,350	1,500	600	900,000

13 ②

① 발전소를 1개 더 건설하고, 전기요금을 10% 인상한다. → 발전소를 1개 더 건설하면 총공급전력량은 100만kW 증가하므로 7,300만kW가 된다. 전기요금을 10% 인상하면 최대전력수요는 10% 감소하므로 최대전력수요는 $6,000 \times 0.9 = 5,400$만kW가 된다.

따라서 전력예비율은 $\dfrac{7,300 - 5,400}{5,400} \times 100 = 35.18\%$

② 발전소를 3개 더 건설하고, 전기요금을 3% 인상한다. → 발전소를 3개 더 건설하면 총공급전력량 300만kW 증가하므로 7,500만kW, 전기요금을 3% 인상하면 최대전력수요는 3% 감소하므로 $6,000 \times 0.97 = 5,820$만kW가 된다.

따라서 전력예비율은 $\dfrac{7,500 - 5,820}{5,820} \times 100 = 28.86\%$

③ 발전소를 6개 더 건설하고, 전기요금을 1% 인상한다. → 발전소를 6개 더 건설하면 총공급전력량 600만kW 증가하므로 7,800만kW, 전기요금을 1% 인상하면 최대전력수요는 1% 감소하므로 $6,000 \times 0.99 = 5,940$만kW가 된다.

따라서 전력예비율은 $\dfrac{7,800 - 5,940}{5,940} \times 100 = 31.31\%$

④ 발전소를 8개 더 건설하고, 전기요금을 동결한다. → 발전소를 8개 더 건설하면 총공급전력량 800만kW 증가하므로 8,000만kW, 전기요금은 동결이므로 6,000만kW이다.

따라서 전력예비율은 $\dfrac{8,000 - 6,000}{6,000} \times 100 = 33.33\%$

⑤ 발전소를 더 이상 건설하지 않고, 전기요금을 12% 인상한다. → 발전소를 건설하지 않으므로 총공급전력량은 7,200만kW, 전기요금을 12% 인상하면 최대전력수요는 12% 감소하므로 $6,000 \times 0.88 = 5,280$만kW이다.

따라서 전력예비율은 $\dfrac{7,200 - 5,280}{5,280} \times 100 = 36.36\%$

14 ②

① 택시만 이용 → 10km를 가야하므로 총 소요시간은 5분, 이용요금은 기본요금 2km 2,000원, 나머지 8km는 2km마다 100원이므로 400원 추가하므로 총 요금은 2,400원,
대기비용은 15분이므로 $15 \times 200 = 3,000$원, 총비용은 5,400원

② 버스만 이용 → 2km에 3분씩 소요되므로 10km를 갈 경우 15분, 이용요금은 1,000원, 대기비용은 5분이므로 $5 \times 200 = 1,000$원, 총비용은 2,000원

③ 지하철만 이용 → 2km에 2분씩 소요되므로 10km를 갈 경우 10분, 이용요금은 1,000원, 대기비용은 10분이므로 $10 \times 200 = 2,000$원, 총비용은 3,000원

④ 버스와 택시를 환승 → 환승시 반드시 4정거장을 가야 하므로 8km, 택시로 2km를 가면 된다. 환승시간 2분도 추가하여야 하므로 버스 12분, 택시 1분, 환승 2분 하면 총 15분, 이용요금은 버스 1,000원, 택시 2,000원, 환승비용 900원(환승소요시간 2분, 1분에 450원) 하면 3,900원, 대기비용은 5분이므로 1,000원, 총비용은 4,900원

⑤ 버스와 지하철을 이용 → 버스는 반드시 4정거장을 가야 하므로 8km, 지하철 1정거장 2km, 환승시간 2분 추가하여야 하므로 버스 12분, 지하철 2분, 환승 2분 하면 총 16분, 이용요금은 버스 1,000원, 환승비용 900원 하면 1,900원, 대기비용은 4분이므로 800원, 총비용은 2,700원

---

15 ①

모든 사람이 한 국가 이상 출장을 가야 한다고 했으므로 김과장은 꼭 중국을 가야 하며, 장과장은 꼭 일본을 가야 한다. 또한 영국으로 4명이 출장을 가야 되고, 출장 가능 직원도 4명이므로 이과장, 신과장, 류과장, 임과장이 영국을 가야 한다. 4국가 출장에 필요한 직원은 12명인데 김과장과 장과장이 1국가 밖에 못가므로 나머지 5명이 2국가씩 출장가야 한다는 것에 주의한다.

	출장가는 직원
미국(1명)	이과장
영국(4명)	류과장, 이과장, 신과장, 임과장
중국(3명)	김과장, 최과장, 류과장
일본(4명)	장과장, 최과장, 신과장, 임과장

---

16 ①

각 신용카드별 할인혜택을 통해 갑이 할인받을 수 있는 내역은 다음과 같다.

신용카드	할인금액
A	• 버스 · 지하철, KTX 요금 20% 할인(단, 한도 월 2만원) → 2만원 • 외식비 주말 결제액 5% 할인 → 2,500원 • 학원 수강료 15% 할인 → 3만원 ※ 최대 총 할인한도액은 없고 연회비 1만 5천원이 부과되므로 줄어드는 금액은 총 37,500원이다.
B	• 버스 · 지하철, KTX 요금 10% 할인(단, 한도 월 1만원) → 1만원 • 온라인 의류구입비 10% 할인 → 1만 5천원 • 도서구입비 권당 3천우너 할인(단, 정가 1만 2천원 이상 적용) → 9,000원 ※ 연회비는 없지만, 최대 총 할인한도액이 월 3만원이므로 줄어드는 금액은 총 3만원이다.
C	• 버스 · 지하철, 택시 요금 10% 할인(단, 한도 월 1만원) → 1만원 • 카페 지출액 10% 할인 → 5,000원 • 재래시장 식료품 구입비 10% 할인 → 5,000원 • 영화관람료 회당 2천원 할인(월 최대 2회) → 4,000원 ※ 최대 총 할인한도액은 월 4만원이고 연회비가 없으므로 줄어드는 금액은 총 24,000원이다.

17 ③

③ 전입직원 수가 가장 많은 지역부터 순서대로 나열하면 D(760)>A(598)>B(595)>C(577)이다.

① 2015년 직원 인사이동 현황표에 따르면 총 2,530명이 이동하였다.

② 전출직원 수가 가장 많은 지역본부부터 순서대로 나열하면 A(725)>B(685)>D(660)>C(460)이다.

④ 2016년 직원이 가장 많은 지역부터 순서대로 나열하면 D(3,180)>A(3,105)>C(3,048)>B(3,030)이다.

⑤ 2015년과 2016년의 직원 수 차이가 가장 큰 지역부터 순서대로 나열하면 A(127명 감소)>C(117명 증가)>D(100명 증가)>B(90명 감소)이다.

---

18 ②

A(7일)		C(4일)	F(3일)		H(2일)
B(5일)	D(2일)	E(4일)	G(2일)		H(2일)

---

19 ③

A(3일)	C(4일)		F(3일)		H(2일)
B(5일)		D(2일)	E(4일)	G(2일)	H(2일)

총 13일이 소요되므로 전체일정은 3일이 단축된다.

---

20 ③

30일 동안 최대 수익을 올릴 수 있는 진행공정은 다음과 같다.

F(20일, 70명)			C(10일, 50명)
B(10일, 30명)	A(5일, 20명)		C(10일, 50명)

F(85억)+B(20억)+A(15억)+C(40억)=160억

---

21 ⑤

Ⓐ은 제3사분면에 들어가야 할 일이다.

---

22 ④

④ ○○그룹에게 있어 A자원의 실익은 100만 원이고 B자원의 실익은 150만 원이므로 더 큰 실제의 이익을 주는 자원은 B자원이다.

23 ④

ⓒ OFF-JT은 구성원(인적자원)들을 일정기간 동안 직무로부터 분리시켜 기업 내 연수원 또는 교육원 등의 일정한 장소에 집합시켜서 교육훈련을 시키는 방식을 의미하며, 현 업무와는 별개로 예정된 계획에 따라 실시가 가능하고 한 번에 많은 수의 구성원들에 대한 교육이 가능하다.

24 ②

이 문제는 프랜차이즈 시스템의 특성을 반영한 사례로 프랜차이지의 단점을 문제화한 것이다. 통상적으로 소비자들은 프랜차이즈에 대한 신뢰도를 구축하고 소비를 하고 있지만, 한 지점(가맹점)의 실수로 인해 전체 프랜차이즈 시스템인 '본O'의 브랜드 이미지에 좋지 않은 영향을 미칠 수 있다는 것을 보여주고 있다. 그렇기에 본사에서는 인적자원들에 대한 꾸준한 지원 및 개발을, 각 점포들은 제공된 자원을 적절히 활용하여 본사 서비스의 개발을 발판으로 삼아 조직의 이미지를 개선시킬 수 있는 노력이 필요하다.

25 ①

① 도보로 버스정류장까지 이동해서 버스를 타고 가게 되면 도보(30분), 버스(50분), 도보(5분)으로 1시간 25분이 걸리지만 버스가 정체될 수 있으므로 1시간 45분으로 계산하는 것이 바람직하다. 민기씨는 1시 30분에 출발할 수 있으므로 3시 15분에 도착하게 되고 입장은 할 수 있으나 늦는다.

※ 소요시간 계산
  ㉠ 도보-버스 : 도보(30분), 버스(50분), 도보(5분)이므로 총 1시간 25분(정체 시 1시간 45분) 걸린다.
  ㉡ 도보-지하철 : 도보(20분), 지하철(1시간), 도보(10분)이므로 총 1시간 30분 걸린다.
  ㉢ 택시-버스 : 택시(10분), 버스(50분), 도보(5분)이므로 총 1시간 5분(정체 시 1시간 25분) 걸린다.
  ㉣ 택시-지하철 : 택시(5분), 지하철(1시간), 도보(10분)이므로 총 1시간 15분 걸린다.

26 ②

1분기의 km당 연료비는 휘발유 100원, 경유 60원이다.
  ㉠ 갑 지역 이동(집화터미널-A허브-갑 지역)
    집화터미널-A허브(60km) : 100원 × 60km × 5회 = 30,000원
    A허브-갑 지역(50km) : 60원 × 50km × 5회 = 15,000원
  ㉡ 정 지역 이동(집화터미널-B허브-정 지역 또는 집화터미널-C허브-정 지역)
    집화터미널-B허브(50km) : 100원 × 50km × 5회 = 25,000원
    B허브-정 지역(70km) : 60원 × 70km × 5회 = 21,000원
    또는
    집화터미널-C허브(100km) : 100원 × 100km × 5회 = 50,000원
    C허브-정 지역(40km) : 60원 × 40km × 5회 = 12,000원
  ∴ 총 연료비는 91,000원이다(∵ 정 지역 이동시 B허브 이용).

27 ④

2분기의 km당 연료비는 휘발유 140원, 경유 90원이다.

㉠ 정 지역으로 가는 방법

집화터미널-B허브(50km) : 140원 × 50km = 7,000원

B허브-정 지역(70km) : 90원 × 70km = 6,300원

또는

집화터미널-C허브(100km) : 140원 × 100km = 14,000원

C허브-정 지역(40km) : 90원 × 40km = 3,600원

∴ 13,300원(∵ 정 지역 이동시 B허브 이용)

㉡ 무 지역으로 이동 후 정 지역으로 가는 방법

집화터미널-C허브(100km) : 140원 × 100km = 14,000원

C허브-무 지역(60km) : 90원 × 60km = 5,400원

무 지역-정 지역(100km) : 90원 × 100km = 9,000원(∵ 무 지역과 정 지역은 C허브로 연결)

∴ 28,400원

∴ 15,100원 손해이다.

28 ②

3분기의 km당 연료비는 휘발유 120원, 경유 75원이다.

집화터미널-A허브(60km) : 120원 × 60km = 7,200원

A허브-을 지역(50km) : 75원 × 50km = 3,750원

또는

집화터미널-B허브(50km) : 120원 × 50km = 6,000원

B허브-을 지역(70km) 75원 × 70km = 5,250원 이므로

을 지역은 A허브를 통해 이동하는 것이 더 저렴하다(10,950원)

∴ 총 4회 왕복 가능하다(∵ 1회 왕복 연료비 21,900원).

29 ②

8 ~ 9일, 15 ~ 16일 모두 "국"실은 모두 예약이 완료되었다. 워크숍 인원이 15 ~ 18명이라고 했으므로 "매"실 또는 "난"실을 추천해주는 것이 좋다. 8 ~ 9일에는 "난"실, 15 ~ 16일에는 "매"실의 예약이 가능하다.

30 ①

8 ~ 9일로 예약하겠다고 했으므로 예약 가능한 방은 "난"실이다. 1월은 성수기이지만 비수기 가격으로 해주기로 했으므로 비수기 주말 가격인 기본 30만 원에 추가 3만 원으로 안내해야 한다.

1	③	2	③	3	①	4	⑤	5	④	6	③	7	②	8	①	9	⑤	10	②
11	①	12	③	13	③	14	③	15	③	16	③	17	④	18	②	19	③	20	③
21	⑤	22	③	23	③	24	③	25	②	26	③	27	②	28	④	29	④	30	③

1 ③

F3셀의 올바른 수식은 = SUM(D3:E3)이다.

---

2 ③

F4셀의 수식은 =SUM(C4:E4)이며, G4셀의 수식은 =RANK(F$4:F$7)이다.

---

3 ①

주어진 조건에 따라 '남', '여'를 출력하는 함수식은 다음과 같다.
=IF(OR(MID(B2,8,1)="1",MID(B2,8,1)="3"),"남","여")

---

4 ⑤

오류 문자는 'AVENGORS'이며, 오류 발생 위치는 'JINIANWAVE'이다.
두 값의 일치하는 알파벳 개수는 A, V, E, N로 4개이다.
따라서 시스템 상태 판단 기준 '3 < 일치하는 알파벳의 개수 ≤ 4'에 의해 Final code는 'Hockey'가 된다.

---

5 ④

오류 문자는 'QUESMAB'이며, 오류 발생 위치는 'ANDIEGOS'이다.
두 값의 일치하는 알파벳 개수는 E, S, A로 3개이다.
따라서 시스템 상태 판단 기준 '2 < 일치하는 알파벳의 개수 ≤ 3'에 의해 Final code는 'Aceraceae'가 된다.

---

6 ③

오류 문자는 'CAESORB'이며, 오류 발생 위치는 'IVNUME'이다.
오류 문자의 처음과 끝 알파벳에 해당하는 아라비아 숫자의 합은 3(C)+2(B)=5가 되며, 오류 발생 위치의 처음과 끝 알파벳에 해당하는 아라비아 숫자의 합은 9(I)+5(E)=14가 된다. 따라서 5와 14의 차이인 9가 시스템 판단 기준이 되어 Final code는 'macquin'이 된다.

7 ②

오류 문자는 'KAYJERA'이며, 오류 발생 위치는 'HOTSPIE'이다.

오류 문자의 처음과 끝 알파벳에 해당하는 아라비아 숫자의 합은 11(K)+1(A)=12가 되며, 오류 발생 위치의 처음과 끝 알파벳에 해당하는 아라비아 숫자의 합은 8(H)+5(E)=13이 된다. 따라서 12와 13의 차이인 1이 시스템 판단 기준이 되어 Final code는 'acejin'이 된다.

---

8 ①

출판연도는 1210이며, 출판지와 출판사 코드는 5K, 고등학교 참고서는 02005가 된다. 뒤의 시리얼 넘버는 지정하지 않았으므로 12105K0200500025가 정답이 된다.

---

9 ⑤

출판물의 분야를 의미하는 코드는 알파벳 바로 다음인 일곱 번째와 여덟 번째 자릿수이므로, 이것이 모두 '03 라이프' 분야로 동일하게 짝지어진 김재환과 최주환이 정답임을 알 수 있다.

① 오재일, 박세혁 : 컴퓨터, 참고서

② 오재원, 김재호 : 참고서, 철학

③ 정수빈, 양의지 : 참고서, 아동

④ 박건우, 김태형 : 참고서, 요리

---

10 ②

제주에서 출판된 서적에는 다섯 번째 상품 코드가 7로 기재되어 있으며, '라이프' 분야 서적에는 일곱 번째와 여덟 번째 상품 코드가 03으로 기재되어 있게 된다. 따라서 다섯 번째 상품 코드로 7을 가진 상품을 담당하는 책임자는 김재환, 양의지이며, 일곱 번째와 여덟 번째 상품 코드로 03을 가진 상품을 담당하는 책임자는 김재환, 최주환이므로 모두 3명이 된다.

---

11 ①

작업 표시줄 및 시작 메뉴 속성

㉠ 작업 표시줄의 모양

㉡ 화면에서의 작업 표시줄 위치

㉢ 작업 표시줄 단추

㉣ 알림 영역 사용자 지정

㉤ 시작 메뉴 사용자 지정

㉥ 도구 모음

12 ③

'#NULL!'은 교차하지 않은 두 영역의 교차점을 참조 영역으로 지정하였을 경우 발생하는 오류 메시지이며, 잘못된 인수나 피연산자를 사용했을 경우 발생하는 오류 메시지는 '#VALUE!'이다.

---

13 ③

그림판의 기능으로 삽입한 도형은 [색 채우기] 도구로 다른 색으로 변경할 수 있지만 선택한 영역의 색은 [색 채우기] 도구가 비활성화 된다.

---

14 ③

=COUNTIF를 입력 후 범위를 지정하면 지정한 범위 내에서 중복값을 찾는다.
㉠ COUNT함수 : 숫자가 입력된 셀의 개수를 구하는 함수
㉡ COUNTIF함수 : 조건에 맞는 셀의 개수를 구하는 함수
'철'을 포함한 셀을 구해야 하므로 조건을 구하는 COUNTIF함수를 사용하여야 한다.
A2행으로부터 한 칸씩 내려가며 '철'을 포함한 셀을 찾아야 하므로 A2만 사용한다.

---

15 ③

FREQUENCY(배열1, 배열2) : 배열2의 범위에 대한 배열1 요소들의 빈도수를 계산
*PERCENTILE(범위, 인수) : 범위에서 인수 번째 백분위수 값
함수 형태=FREQUENCY(Data_array, Bins_array)
Data_array : 빈도수를 계산하려는 값이 있는 셀 주소 또는 배열
Bins_array : Data_array를 분류하는데 필요한 구간 값들이 있는 셀 주소 또는 배열
수식 : {=FREQUENCY(B3:B9, E3:E6)}

---

16 ③

INDEX(범위, 행, 열)이고 MOD 함수는 나누어 나머지를 구해서 행 값을 구한다.
INDEX 함수=INDEX($E$2:$E$4, MOD(A2-1, 3)+1)
범위 : $E$2:$E$4
행 : MOD(A2-1, 3)+1
MOD 함수는 나머지를 구해주는 함수=MOD(숫자, 나누는 수), MOD(A2-1, 3)+1의 형태로 된다.
A2의 값이 1이므로 1-1=0, 0을 3으로 나누면 나머지 값이 0이 되는데 0+1을 해줌으로써 INDEX($E$2:$E$4,1)이 된다.
번호 6의 김윤중의 경우
INDEX($E$2:$E$4, MOD(A7-1, 3)+1)
6(A7의 값)-1=5, 5를 3으로 나누면 나머지가 2
2+1=3이므로 3번째 행의 총무팀 값이 들어감을 알 수 있다.

17 ④

단축키 Alt + V는 다른 이름으로 저장하기를 실행한다.

① 불러오기 : Alt + O
② 모두 선택 : Ctrl + A
③ 저장하기 : Alt + S
⑤ 붙이기 : Ctrl + V

18 ②

제시된 내용은 엑셀에서 제공하는 스파크라인 기능에 대한 설명이다.

19 ③

COUNTBLANK 함수는 비어있는 셀의 개수를 세어준다. COUNT 함수는 숫자가 입력된 셀의 개수를 세어주는 반면 COUNTA 함수는 숫자는 물론 문자가 입력된 셀의 개수를 세어준다. 즉, 비어있지 않은 셀의 개수를 세어주기 때문에 이 문제에서는 COUNTA 함수를 사용해야 한다.

20 ③

오 대리가 수집하고자 하는 고객정보에는 고객의 연령과 현재 사용하고 있는 스마트폰의 모델, 좋아하는 디자인, 사용하면서 불편해 하는 사항, 지불 가능한 액수 등에 대한 정보가 반드시 필요하다.

21 ⑤

정보활용의 전략적 기획(5W2H)

㉠ WHAT(무엇을?) : 50 ~ 60대 고객들이 현재 사용하고 있는 스마트폰의 모델과 좋아하는 디자인, 사용하면서 불편해 하는 사항, 지불 가능한 액수 등에 대한 정보
㉡ WHERE(어디에서?) : 사내에 저장된 고객정보
㉢ WHEN(언제까지?) : 이번 주
㉣ WHY(왜?) : 스마트폰 신상품에 대한 기획안을 작성하기 위해
㉤ WHO(누가?) : 오 대리
㉥ HOW(어떻게?) : 고객센터에 근무하는 조 대리에게 관련 자료를 요청
㉦ HOW MUCH(얼마나?) : 따로 정보수집으로 인한 비용이 들지 않는다.

22 ③

특정한 데이터만을 골라내는 기능을 필터라고 하며 이 작업을 필터링이라 부른다.

① 원하는 기준에 따라 서식을 변경하는 기능으로 특정 셀을 강조할 수 있다.

② 원하는 단어를 찾는 기능이다.

④ 무작위로 섞여있는 열을 기준에 맞춰 정렬하는 기능으로 오름차순 정렬, 내림차순 정렬 등이 있다.

⑤ 시트에서 수식에 대한 여러 값을 적용해 본다.

---

23 ③

$A = 1, \ S = 1$

$A = 2, \ S = 1 + 2$

$A = 3, \ S = 1 + 2 + 3$

...

$A = 10, \ S = 1 + 2 + 3 + \cdots + 10$

∴ 출력되는 S의 값은 55이다.

---

24 ③

$n = 0, \ S = 1$

$n = 1, \ S = 1 + 1^2$

$n = 2, \ S = 1 + 1^2 + 2^2$

...

$n = 7, \ S = 1 + 1^2 + 2^2 + \cdots + 7^2$

∴ 출력되는 S의 값은 141이다.

---

25 ②

(개)는 WAVE, (내)는 MP3에 관한 설명이다.

---

26 ③

Alt + PrtSc : 활성창을 클립보드로 복사

Alt + Esc : 실행 중인 프로그램을 순서대로 전환

27 ②

① 'ㅎ'을 누르면 2명이 뜬다(민하린, 김혜서).

③ '55'를 누르면 3명이 뜬다(0254685<u>55</u>4, 0514954<u>55</u>4, 0319485<u>55</u>74).

④ 'ㅂ'을 누르면 1명이 뜬다(심<u>빈</u>우).

⑤ '4'를 누르면 7명 모두의 번호 뒤의 네 자리가 뜬다.

---

28 ④

코드 1605(2016년 5월), 1D(유럽 독일), 01001(가공식품류 소시지) 00064(64번째로 수입)가 들어가야 한다.

---

29 ④

④는 아프리카 이집트에서 생산된 장갑의 코드번호이다.

① 중동 이란에서 생산된 신발의 코드번호

② 동남아시아 필리핀에서 생산된 바나나의 코드번호

③ 일본에서 생산된 의류의 코드번호

⑤ 중국에서 생산된 맥주의 코드번호

---

30 ③

1703(2017년 3월), 4L(동남아시아 캄보디아), 03011(농수산식품류 후추), 00001(첫 번째로 수입)

1	③	2	③	3	⑤	4	③	5	③	6	②	7	⑤	8	④	9	②	10	②
11	②	12	①	13	②	14	⑤	15	②										

1 ③

변압기의 병렬 운전 조건

㉠ 각 변압기의 극성이 같을 것

㉡ 권수비가 같고 1차 및 2차의 성격전압이 같을 것

㉢ %임피던스 전압의 비가 같을 것

㉣ 각 변압기의 임피던스가 정격용량에 반비례할 것

㉤ 부하전류가 같은 위상일 것

㉥ 부하전류가 용량에 비례해서 각 변압기에 흐를 것

---

2 ③

최대 수용 전력의 합 $= 5 \times 0.6 + 10 \times 0.6 + 8 \times 0.5 + 6 \times 0.5 + 15 \times 0.4 = 22\,\mathrm{kW}$

합성 최대 전력 $= \dfrac{\text{최대 수용 전력의 합}}{\text{부동률}} = \dfrac{22}{1.5} = 14.66 \fallingdotseq 15$

변압기 용량 $= \dfrac{15}{0.75} = 20\,\mathrm{kVA}$

---

3 ⑤

부동률 $= \dfrac{\text{개개의 최대 전력의 합계}}{\text{합성 최대 전력}}$

수용률 $= \dfrac{\text{최대 전력}}{\text{설비 용량}} \times 100$, 최대 전력 = 설비 용량 × 수용률

합성 최대 전력 $= \dfrac{\text{최대 수용 전력의 합계}}{\text{부동률}}$

$= \dfrac{(50 \times 0.6) + (100 \times 0.6) + (80 \times 0.5) + (60 \times 0.5) + (150 \times 0.4)}{1.3} = 169\,\mathrm{kW}$

변압기 용량 $= \dfrac{169}{0.8} = 211\,\mathrm{kVA}$

4 ③

$$I = \sqrt{I_R{}^2 + I_L{}^2} = \sqrt{5^2 + 12^2} = 13[\text{A}]$$

5 ③

기기보호

㉠ 차동 계전기 : 양쪽 전류의 차로 동작

㉡ 비율 차동 계전기 : 발전기 · 변압기 층간, 단락 보호

㉢ 부흐홀츠 계전기 : 변압기 보호에 콘서베이터와 파이프 도중에 연결, 절연유의 아크분해 시 발생되는 수소 가스 검출

6 ②

피뢰기 설치장소

㉠ 발전소, 변전소 또는 이에 준하는 장소의 가공 전선 인입구 및 인출구

㉡ 특별 고압 옥외 배전용 변압기의 고압측 및 특별 고압측

㉢ 특별 고압이나 고압 가공 전선로에서 공급받는 수용장소의 인입구

㉣ 가공 전선로와 지중 전선로가 만나는 곳

7 ⑤

배전반이나 분전반의 금속프레임 등의 접지

㉠ 고압 및 특고압 : 제1종 접지공사

㉡ 400V 미만 : 제3종 접지 공사

㉢ 400V 이상 600V 이하 : 특별 제3종 접지 공사

8 ④

$$\text{전열기 효율 } \eta = \frac{\text{열}}{\text{전기}} \times 100 = \frac{cm\theta}{860Pt} \times 100 = \frac{1 \times 5 \times (90 - 20)}{860 \times 1 \times \dfrac{40}{60}} \times 100 = 61.046 \fallingdotseq 61\%$$

9 ②

철근 콘크리트주로서 그 전체의 길이가 14m 이상 20m 이하이고, 설계하중이 9.81kN 초과 14.72kN 이하의 것을 논이나 그 밖에 지반이 연약한 곳 이외에 다음과 같이 시설하는 경우 표준 깊이

㉠ 전체의 길이가 15m 이하인 경우에는 그 묻는 깊이를 규정 기준보다 50cm를 더한 값 이상으로 할 것

㉡ 전체의 길이가 15m 초과 18m 이하인 경우에는 그 묻히는 깊이를 3m 이상으로 할 것

㉢ 전체의 길이가 18m를 초과하는 경우에는 그 묻히는 깊이를 3.2m 이상으로 할 것

10 ②

전력 퓨즈(PF) – 단락전류 차단

㉠ 장점
- 소형이며, 경량이다.
- 차단용량이 크다.
- 보수가 용이하다.
- 가격이 저렴하다.
- 정전용량이 작다.

㉡ 단점
- 재투입이 불가능하다.
- 과도전류에 용단되기 쉽다.
- 한류형은 차단 시 과전압을 유기한다.
- 고임피던스 접지 계통은 보호할 수 없다.
- 계전기처럼 시한 특성을 자유롭게 할 수 없다.

---

11 ②

캐스케이드 보호방식은 분기회로 차단기의 설치점에서 회로의 단락용량이 분기회로 차단기의 차단용량을 초과할 경우 주회로 차단기가 후비보호를 하는 방식으로 단락전류가 10kA가 넘는 장소에 적용되며 개폐기의 협조를 취하기가 어려워 주로 저압회로에 사용된다.

---

12 ①

대지를 귀로로 하는 경우에는 대지의 인덕턴스가 있으므로

$$L = 2\log\frac{H+h}{r} = \frac{1}{2} + \frac{1}{2}\,[\text{emu/cm}]$$

$$= 2\log\frac{2H_c}{r} + 1\,[\text{emu/cm}]$$

$$= \left(2\log\frac{H_c}{r} + 1\right) \times 10^{-7}\,[\text{H/m}]$$

$$= 0.4605\log_{10}\frac{2H_c}{r} + 0.1\,[\text{mH/km}]$$

---

13 ②

변압기 전로의 절연내력〈전기설비기술기준의 판단기준(전기설비) 제16조〉 ··· 변압기(방전등용 변압기·엑스선관용 변압기·흡상 변압기·시험용 변압기·계기용변성기와 전기집진 응용 장치용의 변압기 기타 특수 용도에 사용되는 것 제외)의 전로는 다음에서 정하는 시험전압 및 시험방법으로 절연내력을 시험하였을 때에 이에 견디어야 한다.

권선의 종류	시험전압	시험방법
1. 최대 사용전압 7kV 이하	최대 사용전압의 1.5배의 전압(500V 미만으로 되는 경우에는 500V) 다만, 중성점이 접지되고 다중 접지된 중성선을 가지는 전로에 접속하는 것은 0.92배의 전압(500V 미만으로 되는 경우에는 500V)	시험되는 권선과 다른 권선, 철심 및 외함 간에 시험전압을 연속하여 10분간 가한다.
2. 최대 사용전압 7kV 초과 25kV 이하의 권선으로서 중성점접지식 전로(중선선을 가지는 것으로서 그 중성선에 다중 접지를 하는 것에 한한다)에 접속하는 것.	최대 사용전압의 0.92배의 전압	
3. 최대 사용전압 7kV 초과 60kV 이하의 권선(2란의 것을 제외한다)	최대 사용전압의 1.25배의 전압(10,500V 미만으로 되는 경우에는 10,500V)	
4. 최대 사용전압이 60kV를 초과하는 권선으로서 중성점 비접지식 전로(전위 변성기를 사용하여 접지하는 것을 포함한다. 8란의 것을 제외한다)에 접속하는 것.	최대 사용전압의 1.25배의 전압	
5. 최대 사용전압이 60kV를 초과하는 권선(성형결선, 또는 스콧결선의 것에 한한다)으로서 중성점 접지식 전로(전위 변성기를 사용하여 접지 하는 것, 6란 및 8란의 것을 제외한다)에 접속하고 또한 성형결선(星形結線)의 권선의 경우에는 그 중성점에, 스콧결선의 권선의 경우에는 T좌 권선과 주좌 권선의 접속점에 피뢰기를 시설하는 것.	최대 사용전압의 1.1배의 전압(75kV 미만으로 되는 경우에는 75kV)	시험되는 권선의 중성점단자(스콧결선의 경우에는 T좌권선과 주좌권선의 접속점 단자. 이하 이 표에서 같다) 이외의 임의의 1단자, 다른 권선(다른 권선이 2개 이상 있는 경우에는 각권선)의 임의의 1단자, 철심 및 외함을 접지하고 시험되는 권선의 중성점 단자 이외의 각 단자에 3상교류의 시험 전압을 연속하여 10분간 가한다. 다만, 3상 교류의 시험전압 가하기 곤란할 경우에는 시험되는 권선의 중성점 단자 및 접지되는 단자 이외의 임의의 1단자와 대지 사이에 단상교류의 시험전압을 연속하여 10분간 가하고 다시 중성점 단자와 대지 사이에 최대 사용전압의 0.64배(스콧 결선의 경우에는 0.96배)의 전압을 연속하여 10분간 가할 수 있다.

6. 최대 사용전압이 60kV를 초과하는 권선(성형결선의 것에 한한다. 8란의 것을 제외한다)으로서 중성점 직접접지식 전로에 접속하는 것. 다만, 170kV를 초과하는 권선에는 그 중성점에 피뢰기를 시설하는 것에 한한다.	최대 사용전압의 0.72배의 전압	시험되는 권선의 중성점단자, 다른 권선(다른 권선이 2개 이상 있는 경우에는 각 권선)의 임의의 1단자, 철심 및 외함을 접지하고 시험되는 권선의 중성점 단자이외의 임의의 1단자와 대지 사이에 시험전압을 연속하여 10분간 가한다. 이 경우에 중성점에 피뢰기를 시설하는 것에 있어서는 다시 중성점 단자의 대지 간에 최대사용전압의 0.3배의 전압을 연속하여 10분간 가한다.
7. 최대 사용전압이 170kV를 초과하는 권선(성형결선의 것에 한한다. 8란의 것을 제외한다)으로서 중성점직접접지식 전로에 접속하고 또한 그 중성점을 직접 접지하는 것.	최대 사용진입의 0.64배의 전압	시험되는 권선의 중성점 단자, 다른 권선(다른 권선이 2개 이상 있는 경우에는 각 권선)의 임의의 1단자, 철심 및 외함을 접지하고 시험되는 권선의 중성점 단자 이외의 임의의 1단자와 대지 사이에 시험전압을 연속하여 10분간 가한다.
8. 최대 사용전압이 60kV를 초과하는 정류기에 접속하는 권선	정류기의 교류 측의 최대 사용전압의 1.1배의 교류전압 또는 정류기의 직류 측의 최대 사용전압의 1.1배의 직류전압	시험되는 권선과 다른 권선, 철심 및 외함 간에 시험전압을 연속하여 10분간 가한다.
9. 기타 권선	최대 사용전압의 1.1배의 전압 (75kV 미만으로 되는 경우는 75kV)	시험되는 권선과 다른 권선, 철심 및 외함 간에 시험전압을 연속하여 10분간 가한다.

14 ⑤

저압전로에서 그 전로에 지락이 생겼을 경우에 0.5초 이내에 자동적으로 전로를 차단하는 장치를 시설하는 경우에는 제3종 접지공사와 특별 제3종 접지공사의 접지저항 값은 자동 차단기의 정격감도전류에 따라 다음 표에서 정한 값 이하로 하여야 한다〈전기설비기술기준의 판단기준(전기설비) 제18조〉.

정격감도전류(mA)	접지저항 값(Ω)	
	물기 있는 장소, 전기적 위험도가 높은 장소	그외 다른 장소
30 이하	500	500
50	300	500
100	150	500
200	75	250
300	50	166
500	30	100

15 ②

고압 또는 특고압과 저압의 혼촉에 의한 위험방지 시설〈전기설비기술기준의 판단기준(전기설비) 제23조〉

① 고압전로 또는 특고압전로와 저압전로를 결합하는 변압기(혼촉방지판이 있는 변압기에 접속하는 저압 옥외전선의 시설 및 철도 또는 궤도의 신호용 변압기를 제외)의 저압 측의 중성점에는 제2종 접지공사 (사용전압이 35kV 이하의 특고압 전로로서 전로에 지락이 생겼을 때에 1초 이내에 자동적으로 이를 차단하는 장치가 되어 있는 것 및 특고압 가공전선로의 전로 이외의 특고압 전로와 저압전로를 결합하는 경우 계산한 값이 10을 넘을 때에는 접지저항 값이 10Ω 이하인 것에 한함)를 하여야 한다. 다만, 저압 전로의 사용전압이 300V 이하인 경우에 그 접지공사를 변압기의 중성점에 하기 어려울 때에는 저압 측의 1단자에 시행할 수 있다.

② 접지공사는 변압기의 시설장소마다 시행하여야 한다. 다만, 토지의 상황에 의하여 변압기의 시설장소에서 접지저항 값을 얻기 어려운 경우에 인장강도 5.26kN 이상 또는 지름 4mm 이상의 가공 접지선을 저압가공전선에 관한 규정에 준하여 시설할 때에는 변압기의 시설장소로부터 200m까지 떼어놓을 수 있다.

③ 접지공사를 하는 경우에 토지의 상황에 의하여 ②의 규정에 의하기 어려울 때에는 다음에 따라 가공공동지선(架空共同地線)을 설치하여 2 이상의 시설장소에 공통의 제2종 접지공사를 할 수 있다.

1. 가공공동지선은 인장강도 5.26kN 이상 또는 지름 4mm 이상의 경동선을 사용하여 저압가공전선에 관한 규정에 준하여 시설할 것.

2. 접지공사는 각 변압기를 중심으로 하는 지름 400m 이내의 지역으로서 그 변압기에 접속되는 전선로 바로 아래의 부분에서 각 변압기의 양쪽에 있도록 할 것. 다만, 그 시설장소에서 접지공사를 한 변압기에 대하여는 그러하지 아니하다.

3. 가공공동지선과 대지 사이의 합성 전기저항 값은 1km를 지름으로 하는 지역 안마다 제2종 접지공사의 접지저항 값을 가지는 것으로 하고 또한 각 접지선을 가공공동지선으로부터 분리하였을 경우의 각 접지선과 대지 사이의 전기저항 값은 300Ω 이하로 할 것

④ 가공공동지선에는 인장강도 5.26kN 이상 또는 지름 4mm의 경동선을 사용하는 저압 가공전선의 1선을 겸용할 수 있다.

⑤ 직류단선식 전기철도용 회전변류기 · 전기로 · 전기보일러 기타 상시 전로의 일부를 대지로부터 절연하지 아니하고 사용하는 부하에 공급하는 전용의 변압기를 시설한 경우에는 ①의 규정에 의하지 아니할 수 있다.

Look Forward!

Go Ahead !